# Programação neurolinguística, coaching e equipes de alta performance

Tania Maria Sanches Minsky
Sílvia Cristina da Silva

Rua Clara Vendramin, 58 . Mossunguê
CEP 81200-170 . Curitiba . PR . Brasil
Fone: (41) 2106-4170
www.intersaberes.com
editora@intersaberes.com

| | |
|---|---|
| Conselho editorial | Dr. Ivo José Both (presidente) |
| | Dr. Alexandre Coutinho Pagliarini |
| | Dr.ª Elena Godoy |
| | Dr. Neri dos Santos |
| | Dr. Ulf Gregor Baranow |
| Editora-chefe | Lindsay Azambuja |
| Gerente editorial | Ariadne Nunes Wenger |
| Assistente editorial | Daniela Viroli Pereira Pinto |
| Revisão de texto | Natasha Saboredo |
| | Arte e Texto Edição e Revisão de Textos |
| Capa | Sílvio Gabriel Spannenberg (*design*) |
| | Krakenimages.com/Shutterstock (imagem) |
| Projeto gráfico | Fernando Zanoni Szytko |
| Diagramação | Intro Design |
| Equipe de *design* | Débora Gipiela |
| | Iná Trigo |
| | Sílvio Gabriel Spannenberg |
| Iconografia | Regina Claudia Cruz Prestes |

Dados Internacionais de Catalogação na Publicação (CIP)
(Câmara Brasileira do Livro, SP, Brasil)

Minsky, Tania Maria Sanches
  Programação neurolinguística, coaching e equipes de alta performance/
Tania Maria Sanches Minsky, Sílvia Cristina da Silva. Curitiba:
InterSaberes, 2021.

  Bibliografia.
  ISBN 978-65-89818-70-0

  1. Coaching 2. Equipes – Desempenho 3. Língua e linguagem
4. Linguagem – Desenvolvimento 5. Performance 6. Programação
neurolinguística I. Silva, Sílvia Cristina da. II. Título.

21-65285                                                    CDD-158.1

Índices para catálogo sistemático:

1. Programação neurolinguística e coaching: psicologia aplicada 158.1
Maria Alice Ferreira – Bibliotecária – CRB-8/7964

Foi feito o depósito legal.
1ª edição, 2021.

Informamos que é de inteira responsabilidade das autoras a emissão
de conceitos.
Nenhuma parte desta publicação poderá ser reproduzida por qualquer
meio ou forma sem a prévia autorização da Editora InterSaberes.
A violação dos direitos autorais é crime estabelecido na Lei n. 9.610/1998
e punido pelo art. 184 do Código Penal.

# Sumário

5 *Sumário*
9 *Apresentação*
11 *Como aproveitar ao máximo este livro*

---1---

16 **Língua e linguagem**
17 1.1 Conceitos de língua e linguagem
22 1.2 A relação entre o pensamento e a linguagem
27 1.3 Conceito de linguagem na perspectiva de Lev Vygotsky
30 1.4 A linguagem como artefato de desenvolvimento educacional e social
37 1.5 Comunicação como recurso linguístico

---2---

46 **Estudo do desenvolvimento linguístico: neurolinguística e sociolinguística**
47 2.1 Desenvolvimento linguístico
56 2.2 Língua e linguagem
57 2.3 Neurolinguística e aquisição de linguagem
64 2.4 Sociolinguística: relação entre língua e sociedade
69 2.5 Sociolinguística variacionista

---3---

78 **Compreendendo a programação neurolinguística (PNL)**
79 3.1 A origem da PNL
81 3.2 Fundamentos da PNL
91 3.3 Programação neurolinguística: princípios e aplicações
98 3.4 PNL e as crenças
105 3.5 Estados de comportamento
112 3.6 Metáfora na PNL

---- 4 ----

116 **Sistemas, linguagens e significados na programação neurolinguística (PNL)**
117  4.1 Compreendendo a PNL
118  4.2 Sistemas representacionais
127  4.3 Benefícios da utilização dos sistemas representacionais
128  4.4 Linguagem sensorial
130  4.5 Linguagem do corpo: comunicação não verbal
132  4.6 Linguagem: palavras e significado
133  4.7 Estados emocionais
136  4.8 PNL e inteligência emocional
138  4.9 Ressignificação
145  4.10 Técnica da dissociação
145  4.11 Técnica de enquadramento
147  4.12 Técnica da ancoragem

---- 5 ----

152 **Processos que compõem a programação neurolinguística (PNL)**
153  5.1 PNL e seus resultados
161  5.2 Objetivos e resultados
166  5.3 Estrutura ecológica
167  5.4 Estado atual e estado desejado
168  5.5 Estados fisiológicos e liberdade emocional
170  5.6 Comunicação
172  5.7 Comunicação e escuta
176  5.8 Níveis de aprendizagem
178  5.9 Múltiplas inteligências e a aprendizagem
181  5.10 Níveis neurológicos
183  5.11 *Practitioner*

## 6

186 **Programação neurolinguística (PNL) como processo de coaching e desenvolvimento de equipes de alta performance**
187 6.1 O processo de coaching
191 6.2 Tipos de coaching
192 6.3 Elementos do coaching
194 6.4 Coaching com PNL
196 6.5 Competências de alta performance
197 6.6 Equipes de alta performance
201 6.7 A importância da liderança para as equipes de alta performance
206 6.8 Desenvolvimento de equipes de alta performance
213 6.9 Gerenciamento de equipes de alta performance
218 6.10 A PNL e o coaching formando líderes e equipes de alto desempenho

223 *Considerações finais*
227 *Referências*
239 *Bibliografia comentada*
243 *Sobre as autoras*

# Apresentação

Desde muito tempo buscamos meios para conhecer, entender e, até mesmo, dominar nossa mente. São infindáveis os mistérios guardados dentro de nós mesmos e, diversas vezes, tentamos justificar ações e reações que, aparentemente, não tem sentido algum para terem acontecido. Então, quando se trata de algo negativo, tentamos justificar mais ainda dizendo não saber.

Não sabemos mesmo? Ou nosso cérebro sabe muito bem como sabotar nossos pensamentos? Bem, mas se a sabotagem é de "nosso" cérebro, trata-se de autossabotagem. Sim. É isso mesmo. Somos seres unos, formados por corpo e mente. O que acontece é que desenvolvemos muito pouco nosso autoconhecimento e nos deixamos impregnar por crenças limitantes. Não aprendemos a comandar positivamente nossas escolhas cerebrais e, muito menos, a estabelecer objetivos claros e concisos. Assim, nos perdemos pensando nos problemas e nos esquecemos de focar nas soluções.

Foi observando todos esses desperdícios de energia e qualidades que Joseph Grinder e Richard Bandler, nos idos da década de 1970, fundaram a programação neurolinguística (PNL). O que eles pretendiam? Orientar as pessoas a usar suas potencialidades para construir suas vidas com qualidade e excelência. Diante desse desafio, eles perceberam que todos temos padrões de desempenho e que é possível criar padrões com base em pessoas que atingiram patamares fantásticos, ou seja, criar modelos com técnicas específicas, aplicar esses modelos a outras pessoas e, assim, elevá-las a padrões diferenciados e satisfatórios.

Desde o início dos estudos de PNL até os dias de hoje, muita coisa aconteceu: as técnicas foram aperfeiçoadas e as ideias, amplamente divulgadas, bem como surgiram diversos estudiosos, verdadeiras estrelas da PNL.

A mente nos permite realizar o que quisermos, desde que tenhamos as ferramentas e percepções adequadas. A PNL ampliou seu leque de atuação e, atualmente, está presente em consultórios, em empresas, nos esportes, na educação, entre outros. Ela também se aliou a outras disciplinas para auxiliar nos processos de condução e aperfeiçoamento.

É possível constatar isso nos processos de coaching, o que gera uma compreensão clara e objetiva do funcionamento do cérebro para, partindo desse conhecimento, controlar e modificar posicionamentos em situações em que podem surgir problemas ou, até mesmo, situações extremas, seja na vida pessoal, seja na vida profissional.

Você encontrará, neste livro, história, técnicas, ferramentas, aplicações e abordagens da PNL que demonstram como ela pode contribuir para melhorar a vida das pessoas e dos processos. Além disso, será esclarecido como o coaching aplica a PNL e como os processos de desenvolvimento de pessoas influenciam a formação e a manutenção de equipes de alta performance.

Bons estudos!

# Como aproveitar ao máximo este livro

Empregamos nesta obra recursos que visam enriquecer seu aprendizado, facilitar a compreensão dos conteúdos e tornar a leitura mais dinâmica. Conheça a seguir cada uma dessas ferramentas e saiba como estão distribuídas no decorrer deste livro para bem aproveitá-las.

**Conteúdos do capítulo**
Logo na abertura do capítulo, relacionamos os conteúdos que nele serão abordados.

**Após o estudo deste capítulo, você será capaz de:**
Antes de iniciarmos nossa abordagem, listamos as habilidades trabalhadas no capítulo e os conhecimentos que você assimilará no decorrer do texto.

**Introdução do capítulo**
Logo na abertura do capítulo, informamos os temas de estudo e os objetivos de aprendizagem que serão nele abrangidos, fazendo considerações preliminares sobre as temáticas em foco.

## Perguntas e respostas
Nesta seção, respondemos a dúvidas frequentes relacionadas aos conteúdos do capítulo.

## Exercícios resolvidos
Nesta seção, você acompanhará passo a passo a resolução de alguns problemas complexos que envolvem os assuntos trabalhados no capítulo.

## Para saber mais
Sugerimos a leitura de diferentes conteúdos digitais e impressos para que você aprofunde sua aprendizagem e siga buscando conhecimento.

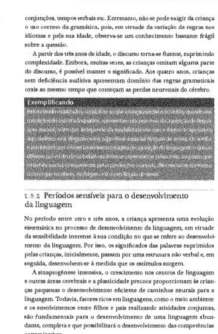

**Exemplificando**
Disponibilizamos, nesta seção, exemplos para ilustrar conceitos e operações descritos ao longo do capítulo a fim de demonstrar como as noções de análise podem ser aplicadas.

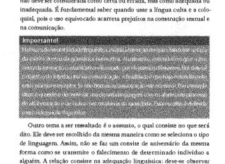

**Importante!**
Algumas das informações centrais para a compreensão da obra aparecem nesta seção. Aproveite para refletir sobre os conteúdos apresentados.

**O que é?**
Nesta seção, destacamos definições e conceitos elementares para a compreensão dos tópicos do capítulo.

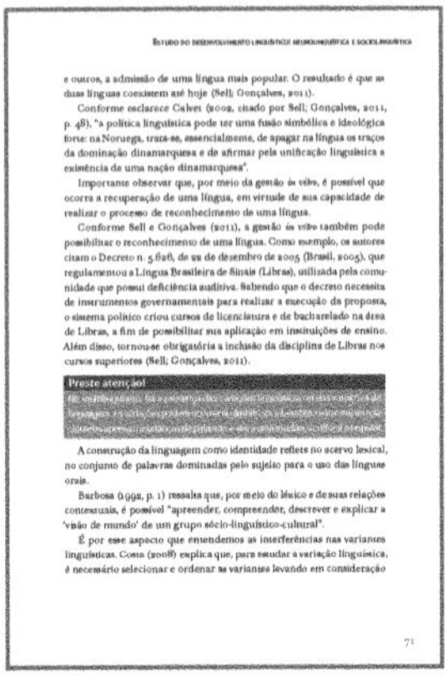

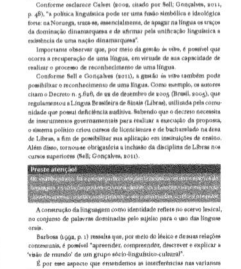

**Preste atenção!**
Apresentamos informações complementares a respeito do assunto que está sendo tratado.

**Síntese**
Ao final de cada capítulo, relacionamos as principais informações nele abordadas a fim de que você avalie as conclusões a que chegou, confirmando-as ou redefinindo-as.

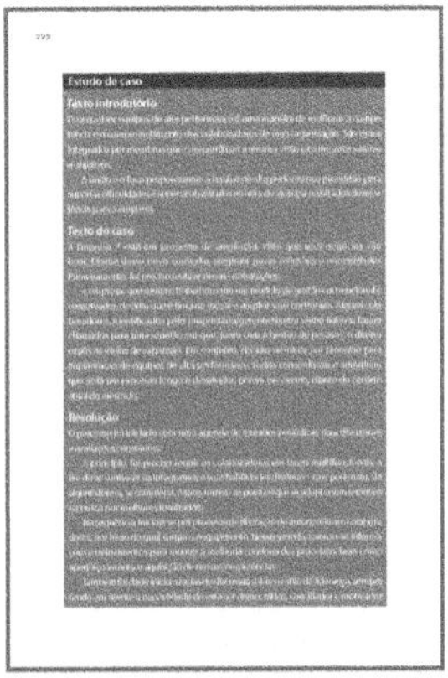

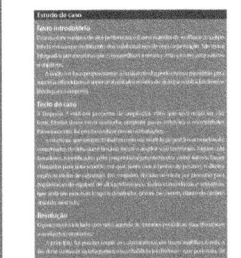

**Estudo de caso**
Nesta seção, relatamos situações reais ou fictícias que articulam a perspectiva teórica e o contexto prático da área de conhecimento ou do campo profissional em foco com o propósito de levá-lo a analisar tais problemáticas e a buscar soluções.

## Bibliografia comentada

Nesta seção, comentamos algumas obras de referência para o estudo dos temas examinados ao longo do livro.

### Bibliografia comentada

BANDLER, R.; GRINDER, J. A estrutura da magia: um livro sobre linguagem e terapia. Tradução de Raul Bezerra Pedreira Filho. Rio de Janeiro: J. Zahar, 1977.

John Grinder e Richard Bandler são os criadores da programação neurolinguística (PNL). Esta obra é utilizada por terapeutas no mundo todo, visto que apresenta a forma como o ser humano representa suas experiências. Embora sua linguagem possa parecer difícil, à medida que você conhece a PNL, fica mais fácil observar os ensinamentos que são apresentados.

BANDLER, R.; GRINDER, J. Ressignificando: programação neurolinguística e a transformação do significado. Tradução de Maria Silvia Mourão Netto. 8. ed. São Paulo: Summus, 1986.

Neste livro, os autores dão continuidade à proposta da programação neurolinguística (PNL) apresentada em Sapos em príncipes: programação neurolinguística e A estrutura da magia. De acordo com a PNL, qualquer significado depende da "moldura" em que o percebemos. Assim, ao mudarmos a moldura, mudamos também o significado. Tudo ser que tem significado tem algum comportamento ou evento que nos incomoda, atribuamos-lhe novos significados e propriedades que nos permitam evoluir.

CHARAN, R. O líder criador de líderes: a gestão de talentos para garantir o futuro e a sucessão. Tradução de Cristina Yamagami. Rio de Janeiro: Elsevier, 2008.

O autor apresenta uma nova e revolucionária abordagem, propondo práticas a líderes e seus chefes. Trata-se de uma metodologia diferenciada para desenvolver lideranças e gerar alta performance. Esta abordagem está fundamentada nos preceitos trazidos por Charan sobre como os líderes se surgem dos deles, se desenvolvem. Tendo trabalhado em estreito contato com muitos líderes de sucesso ao longo de várias décadas, Charan conclui que os líderes são diferentes das outras pessoas, visto que desenvolvem seu talento por meio da prática e da autocorreção. Trata-se de uma leitura controversa e instigante.

# 1 Língua e linguagem

Conteúdos do capítulo:

- Conceito de língua e linguagem.
- A relação entre pensamento e linguagem.
- Conceito de linguagem na perspectiva de Lev Vygotsky.
- A linguagem como artefato de desenvolvimento educacional e social.

Após o estudo deste capítulo, você será capaz de:

1. aprimorar seus conhecimentos sobre a teoria histórico-cultural de Lev Vygotsky;
2. definir os conceitos de língua e linguagem;
3. entender a linguagem como função do pensamento;
4. compreender a função da escola e da sociedade como mediadoras para a aquisição de linguagem;
5. reconhecer conhecimentos sobre a linguagem como elemento primordial para o desenvolvimento humano;
6. reconhecer a linguagem como elemento formador da comunicação.

Neste capítulo, indicaremos a relação da linguagem como função principal para o desenvolvimento do pensamento, tendo em vista os estudos de Lev Vygotsky.

O embasamento teórico tem como pressuposto essencial oferecer subsídios necessários para o estudo dos conceitos de língua, linguagem e comunicação, bem como para a compreensão das variações da comunicação existentes na Língua Brasileira de Sinais (Libras) e nas mais variadas línguas do mundo.

Com base nesse entendimento, esperamos que você, leitor, compreenda os conceitos teóricos ofertados e se sinta motivado a ampliar seus conhecimentos ao se deparar com o conteúdo das variações linguísticas presentes na língua de sinais.

Esperamos que você faça um bom e proveitoso percurso e que, ao final deste capítulo, consiga aplicar os conceitos aprendidos em diferentes segmentos da sua atuação profissional.

## 1.1 Conceitos de língua e linguagem

A linguagem é facilmente conceituada pelo senso comum como a capacidade do ser humano de falar sobre um assunto. Contudo, entre o pensamento e a palavra existe uma relação interna que se caracteriza como função da linguagem. Dessa forma, conforme explica Vygotsky (2001), a função da linguagem sobre cada sujeito define o papel na formação do pensamento e do caráter do indivíduo. Assim, a linguagem caracteriza-se como instrumento de comunicação social e cultural, pois, sem ela, não seríamos seres sociais nem culturais.

Para Vygotsky (2001), pensamento e linguagem apresentam etapas ao longo do desenvolvimento, as quais estão relacionadas com formas de expressão de pensamentos, desejos e sensações. Desde o início da vida humana, é possível perceber mecanismos de comunicação por meio do balbucio e do choro.

Com o avanço da idade, inicia-se o desenvolvimento do pensamento conceitual e, consequentemente, a escola emerge como elemento importante para mediar o conhecimento e o canal para a evolução dos processos mentais. Para Vygotsky (1987, p. 79), "a reflexão chega à consciência através dos portais dos conhecimentos científicos", que se constituem na sociedade e nos meios que o sujeito frequenta, como igreja, escola e comunidades em geral.

A linguagem se constitui como veículo primordial para a mediação; é por meio dela que são transmitidos os significados pelos quais se forma a comunicação presente, identificando-se marcas culturais no grupo em que o indivíduo está inserido. Por meio desse grupo, o indivíduo aprende a perceber o mundo e a interagir com ele.

À medida que o homem se apropria de conceitos e significados, surge a percepção de mundo, na qual novas ideias são recriadas para definir desejos. A própria relação humana passa a sofrer influências culturais, e os processos que inicialmente se fundamentavam em mecanismos físicos, bioquímicos e fisiológicos se convertem em novas estruturas e novos conteúdos nas inter-relações (sistemas psicológicos superiores).

As nossas emoções e os sistemas psicológicos estão ligados à linguagem e à descoberta da nomeação de objetos, de maneira que a influência cultural é um fator que define a linguagem como um conjunto de signos e códigos dotados de significado e sentido por meio dos quais os homens se comunicam.

Como explica Leontiev (1978), a linguagem só se torna possível a partir das necessidades de cada um, como a evolução de tarefas, a produção de produtos e as relações humanas. Dessa forma, ela estabelece um sistema de comunicação que altera e transforma a atividade humana. A interação humana permite que o indivíduo se aproprie dos significados linguísticos de forma interindividual em um primeiro momento e, com a prática, adquira significados e características interindividuais.

É necessário ressaltar que a aquisição da linguagem é estabelecida também pela imaginação, em que se permite que o concreto represente, suponha, levante e deduza hipóteses. A memória nos primeiros anos consiste em uma atividade biológica, e, com a aquisição da linguagem, torna-se uma atividade consciente.

A linguagem contribui para a organização dos processos cognitivos e tem sua importância também para a formação dos sentimentos. No início da vida, as emoções são resumidas a aspectos de natureza lógica e aos reflexos de sobrevivência, que independem dos desejos intrínsecos do indivíduo. Conforme o sujeito recebe mais estímulos, ocorre o aprendizado e o desenvolvimento da linguagem e do pensamento, levando sempre consigo as características do grupo e da cultura nos quais ele está inserido. Assim, o homem aprende a controlar e a expressar suas emoções em diferentes situações e contextos.

Conforme afirma Feza (2013), o comportamento do homem também é regulado pela linguagem e, por isso, como ressalta Vygotsky (1998), é necessário investir ao máximo no potencial formador da linguagem como instrumento de comunicação e formação. Por meio da mediação, desenvolvem-se campos de percepção, memória, raciocínio, sentimentos e regulação de comportamento, que, na interação social, são transformados em funções mentais, afetivas e psíquicas em geral, sendo essencial verificar se as práticas existentes permitem desenvolver raciocínios mais complexos, assim como o modo como essas práticas são aplicadas.

É importante lembrar que a linguagem não é somente um instrumento para as pessoas interagirem, mas um artefato fundamental para o desenvolvimento da comunicação. Atualmente, é possível compreender que o homem constrói a si mesmo e ao mundo e desenvolve a consciência e o intelecto por meio da linguagem. No decorrer de seus estudos, será possível constatar que existem propriedades universais na linguagem humana, as quais possibilitam adquirir diversos entendimentos sobre a mente humana e seu desenvolvimento.

Inicialmente, é preciso entender a diferença entre os conceitos de língua e linguagem. Segundo linguistas, a língua é um fenômeno social e constitui um conjunto de sinais (palavras) determinados por um grupo que o utiliza para se comunicar e interagir entre si.

Trata-se de um mecanismo de comunicação que pode ocorrer por meio da escrita, da sinalização ou da fala, consistindo na expressão que os indivíduos transmitem por intermédio dos símbolos (gráficos e auditivos) predeterminados pela sociedade. Assim, a língua é um fenômeno social que está estruturado conforme ilustra a Figura 1.1.

Figura 1.1 – Desenvolvimento da linguagem

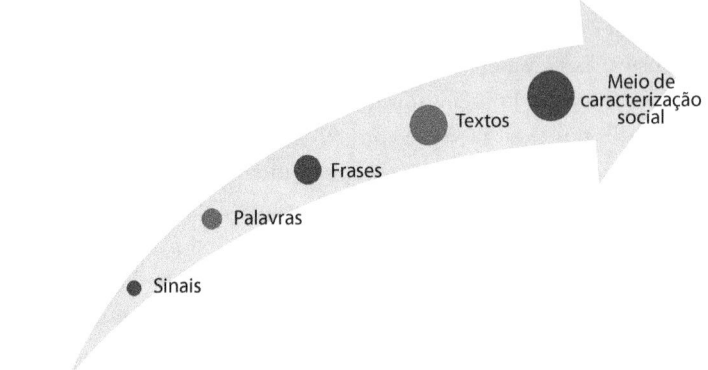

Fonte: Elaborado com base em Vygotsky, 1987.

A linguagem é importante no desenvolvimento do indivíduo e está relacionada tanto ao campo verbal (palavras, frases, textos etc.) quanto ao campo não verbal, no qual podemos perceber as emoções de uma pessoa, as características de um objeto, entre outros aspectos.

É fundamental que tanto a linguagem verbal quanto a não verbal estabeleçam um processo comunicativo para as pessoas interagirem entre si, ou seja, é possível estabelecer uma comunicação falando ou escrevendo, bem como com gestos, olhares, desenhos, imagens, notas musicais etc.

> **Perguntas e respostas**
>
> **Você sabe quais são as particularidades da linguagem?**
> A linguagem não se restringe somente à fala ou à escrita. As imagens, os gestos, as mímicas e os sinais, por exemplo, são elementos que correspondem também à linguagem, podendo ser utilizados como forma de comunicação por muitos indivíduos. A linguagem é ampla e pode ser aplicada de várias formas para passar sua informação. Em alguns momentos, é necessário nos desafiarmos a estabelecer outras formas de comunicação e, assim, definir em nosso cérebro novas rotas comunicativas que não a lexical (fala e escrita).

O nascimento da linguagem levou ao crescimento progressivo de todo um sistema de códigos que designa objetos e ações. Logo esse sistema de códigos começou a diferenciar as características dos objetos e das ações, bem como suas relações (Luria, 1986). Conforme especificado por Luria (1986), a linguagem é o canal de expressão dos indivíduos, constituído por um conjunto de signos da língua.

A linguagem é ampla e engloba diversas áreas do conhecimento, como a linguagem matemática, a científica, a visual, entre outras. Cada área do conhecimento apresenta uma linguagem própria expressa por meio da língua – códigos verbais que estabelecem comunicação.

Diante desses conceitos, é possível entender que a linguagem é universal, diferentemente da língua. Entretanto, destacam-se alguns traços estruturais comuns a todas as línguas, a saber:

- As línguas são representações humanas.
- A linguagem é complexa, visto que é difícil exprimir uma ideia universal.
- As línguas sofrem influência do tempo e da cultura.
- As línguas orais estão ligadas às estruturas sonoras da construção das palavras das línguas orais auditivas.
- Toda língua humana conta com um sistema finito de sons, gestos ou sinais que possibilita a constituição de um sistema infinito de frases possíveis.
- Toda língua está pautada em regras gramaticais.
- Toda língua oral tem propriedades sonoras que permitem a construção de inúmeras frases e palavras.
- Todas as línguas orais e auditivas têm um sistema gramatical semelhante (com sintaxe, semântica, morfologia, entre outros).
- Toda língua tem flexão de gênero.
- Toda língua contém função de flexão temporal, bem como a capacidade de formular perguntas, emitir ordens e expressar sentimentos.

## Exercício resolvido

Conforme os estudos realizados com base nos apontamentos de Saussure (1972, p. 17), a língua não se confunde com a linguagem; é somente uma parte determinada como essencial dela, indubitavelmente. É, ao mesmo tempo, um produto social da faculdade de linguagem e um conjunto de convenções necessárias, adotadas pelo corpo social para permitir o exercício dessa faculdade nos indivíduos.

Com base na citação anterior, assinale a alternativa que apresenta o conceito correto de língua.

a) A língua refere-se a um conjunto de expressões e palavras usadas por determinado povo, composto por um conjunto de regras que auxilia no processo de interação na sociedade.
b) A língua refere-se a um conjunto de expressões e palavras usadas por determinado povo, o qual não apresenta regras específicas e, por isso, sua existência não é necessária ao sistema de interação social.
c) A língua refere-se a um conjunto de símbolos usado pelas pessoas portadoras de necessidades especiais, composto por um conjunto de regras.
d) A língua refere-se à expressão de um pensamento e é usada de forma subjetiva, sem regras para limitá-la, pois cada um pode se expressar como desejar.

Gabarito: a

*Feedback* **do exercício**: A linguagem consiste em usar uma língua para se comunicar, com base em todos os sistemas de sinais convencionais que permitem a comunicação. Por isso, a língua refere-se a um conjunto de expressões e palavras usado por determinado povo e composto por um conjunto de regras denominadas *regras gramaticais*, as quais devem ser conhecidas e usadas por todos os falantes da língua.

## 1.2 A relação entre o pensamento e a linguagem

Inúmeros estudos demonstram que a linguagem é um sistema simbólico fundamental para o desenvolvimento humano. Desde seus primeiros dias de vida, os sujeitos entram em contato com pessoas que se comunicam pela linguagem de forma oral, gestual ou escrita, além de outras formas. Por meio dela, apropriam-se da cultura humana e, durante esse processo, desenvolvem o pensamento.

Segundo a teoria histórico-cultural, a linguagem é fundamental na formação e no desenvolvimento das funções superiores, ou seja, na formação do pensamento, pois ela se constitui como um sistema simbólico elaborado no decorrer da história social dos homens. A linguagem é uma das primeiras e principais formas de socialização que se tornaram importantes para o desenvolvimento do homem. Conforme Palangana (2001, p. 97, 99):

> Na perspectiva vygotskyana, a constituição das funções complexas do pensamento é veiculada principalmente pelas trocas sociais e, nesta interação social, o fator de maior peso é a linguagem, ou seja, a comunicação entre os homens. [...] A aquisição de um sistema linguístico organiza, pois, todos os processos mentais da criança, dando forma ao pensamento.

Segundo Leontiev (1978), a atividade intelectual é predominante no homem. Somente ele é capaz de planejar suas ações a partir das condições apresentadas e, por isso, tem condições de executar o plano estabelecido e avaliar os resultados obtidos. Em outras palavras, somente o homem é capaz de planejar suas ações e, ainda, estudá-las. Já o animal não consegue planejar suas ações e escolher um método mais apropriado para a resolução de seus problemas, resolvendo-os por meio da ação imediata, do "ensaio e erro". Assim, concluímos que o intelecto do animal é prático e que ele resolve seus problemas mediante atividades imediatas.

O mesmo ocorre com o ato intelectual do sujeito, que tem a estrutura do pensamento muito semelhante ao animal: quando muito pequeno, não é capaz de planejar suas ações, guiando-se somente pela atividade prática. No entanto, é válido destacar que, no adulto, ainda há o intelecto de característica prática.

No livro *Pensamento e linguagem: as últimas conferências de Luria* (1986), o autor apresenta as diferenças entre a linguagem dos homens e a dos animais. Para Luria (1986), a linguagem dos homens é um sistema complexo de códigos, e os códigos objetivos possuem como função principal codificar e transmitir informações. Assim, também podemos definir a linguagem humana como um sistema de códigos objetivos, formados no processo da história social. "Pelo termo linguagem humana, entendemos um complexo sistema de códigos que designam objetos, características, ações ou relações; códigos que possuem a função de codificar e transmitir a informação, introduzi-la em determinados sistemas" (Luria, 1986, p. 25).

A linguagem dos animais, isto é, suas manifestações fonéticas, busca somente expressar seu estado emocional, seus desejos e estados subjetivos. São simplesmente sinais externos que expressam seu estado ou sua vivência afetiva.

Figura 1.2 – A linguagem animal

O animal utiliza sua linguagem para contagiar seus semelhantes. Por exemplo, quando está em perigo, grita para contagiar os outros animais do bando para que estes possam fugir. O animal "não está informando aos outros aquilo que viu, mas, antes, contagiando-os com seu medo" (Oliveira, 2006, p. 29).

> Consequentemente, a linguagem dos animais não é um instrumento para designar objetos e abstrair propriedades e, por isso, de nenhuma forma pode ser considerado como meio formador de pensamento abstrato. Esta linguagem é apenas um meio para a criação de formas complexas de comunicação afetiva. (Luria, 1986, p. 26)

Pelos estudos referentes à questão da linguagem, percebe-se sua relevância em nossa vida, tendo em vista suas funções extremamente importantes. Marta Kohl de Oliveira (2006), no livro *Vygotsky: aprendizado e desenvolvimento*, explica as duas principais funções da linguagem. Segundo a autora, a função primordial da linguagem consiste na capacidade de estabelecer relações sociais, ou seja, a fala é utilizada para a comunicação entre os indivíduos. Em um primeiro momento, ela foi criada com o objetivo explícito de comunicação entre os membros de determinada espécie.

Na verdade, quando falamos da linguagem como meio de comunicação, referimo-nos antes de mais e sobretudo à possibilidade de transmitir a outra pessoa certos dados, certa informação verbal de importância essencial para seu comportamento e a sua atividade, dados que essa informação organiza. É esse o único sentido da palavra comunicação. (Leontiev, s/d, p. 58)

Essa função [...] é bem visível no bebê que está começando a aprender a falar: ele não sabe ainda articular as palavras, nem é capaz de compreender o significado preciso das palavras utilizadas pelos adultos, mas consegue comunicar seus desejos e seus estados emocionais aos outros através de sons, gestos e expressões. (Oliveira, 2006, p. 42)

Segundo Oliveira (2006), a **função comunicativa** da linguagem também está presente nos animais, pois eles também se comunicam por meio de sons e/ou gestos. A linguagem apresentada por eles tem ainda como objetivo principal a comunicação entre os membros da espécie.

A segunda função da linguagem, que aparece posteriormente no desenvolvimento do sujeito, é a de **pensamento generalizante**. Nessa função, a relação entre pensamento e linguagem é muito intensa, pois, segundo Palangana (2001), nesse momento, a palavra é capaz de especificar as principais características do objeto, generalizando-as para, no momento seguinte, poder segmentá-las em categorias.

## Exercício resolvido

De acordo com Terra (1997, p. 13), a língua pode ser compreendida como "a linguagem que utiliza a palavra como sinal de comunicação". Ela é um aspecto da linguagem e pertence a um grupo de indivíduos. Estes, por sua vez, concretizam a língua por meio da fala. Tendo em vista essas informações, analise as assertivas a seguir e, em seguida, assinale a alternativa correta:

a) No ato da comunicação, as pessoas utilizam apenas um conjunto específico de palavras faladas e escritas, não favorecendo o desenvolvimento amplo da comunicação entre os povos.
b) As imagens, os gestos, as cores e os sinais, mesmo não trazendo a representação escrita ou sinalizada, passam claramente sua mensagem.
c) A língua não está relacionada com a linguagem, pois não faz parte de um conjunto necessário de informações práticas que favorecem a comunicação entre os povos, função específica dos sinais.
d) A língua não representa um grupo de indivíduos. Estes concretizam a língua por meio da fala, pois a língua se limita aos aspectos relativos da comunicação.

Gabarito: b

*Feedback* do exercício: A língua é um aspecto da linguagem e pertence a um grupo de indivíduos. Estes, por sua vez, concretizam a língua por meio da fala. Podemos dizer que, no ato da comunicação, não utilizamos somente um conjunto de palavras faladas e/ou escritas, mas também imagens, gestos, cores e sinais.

Segundo Oliveira (2006), ao nomear determinado objeto, estamos realizando uma classificação e, por isso, acabamos agrupando elementos de uma mesma categoria e diferenciando-o de elementos de outras categorias. Há, porém, outras funções referentes à linguagem interior, como: a linguagem como instrumento do pensamento, pois ela é um elemento básico usado pelo homem para planejar suas atividades; a linguagem como elemento regulador dos atos; e a linguagem como instrumento do conhecimento.

Depois de entendermos as funções referentes à fala, a relação de importância entre o pensamento e a linguagem torna-se mais explícita, pois é possível observar que "a linguagem sistematiza a experiência direta e serve para orientar seu comportamento, propiciando-lhes condições de ser tanto sujeito como objeto desse comportamento" (Palangana, 2001, p. 99).

Antes de Vygotsky desenvolver sua teoria sobre a relação entre o pensamento e a linguagem, os dois elementos eram vistos com teorias separadas. Portanto, segundo Vygotsky (2000), os métodos oscilavam entre dois extremos: a plena fusão e a plena dissociação entre o pensamento e a linguagem. Podemos definir, assim, que o pensamento, bem como a linguagem, estão dissociados do som (fala). "Se o pensamento e a linguagem coincidem, são a mesma coisa, não pode surgir nenhuma relação entre eles nem a questão pode constituir-se em objeto de estudo" (Vygotsky, 2000, p. 3). Segundo o autor, o que existe entre eles é somente uma interação mecânica. Por isso, ele propõe a existência de uma interação entre a linguagem e o pensamento.

> **Para saber mais**
>
> Aprendemos a falar por meio de uma interação neuronal e da ligação de duas áreas cerebrais: a área de Wernicke e a área de Broca. Conforme esclarece Nadia Bossa, os neurônios auditivos temporais reconhecem a forma auditiva da palavra e ativam neurônios na área de Broca correspondentes à sua fonação. Para saber mais sobre essa questão, leia o material a seguir:
>
> BOSSA, N. **Abordagem neurobiológica da aprendizagem**: fundamento essencial para o ensinar. 2016. Disponível em: <http://www.nadiabossa.com.br/pdf/palestras/palestra-nadia-bossa-19-07-2016.pdf>. Acesso em: 10 out. 2020.

O pensamento e a fala têm raízes genéticas distintas e se desenvolvem de maneira independente. Eles não surgem ao mesmo tempo e não se desenvolvem de modo paralelo, e sim de modo independente.

## 1.3 Conceito de linguagem na perspectiva de Lev Vygotsky

O psicólogo russo Lev Vygotsky, criador da teoria histórico-cultural, fundamentou seus estudos na importância da linguagem para o desenvolvimento do pensamento humano. Em sua obra, ele apresenta a importância social das interações culturais e históricas, bem como o homem como resultado de sua vida e de sua história. De acordo com o autor, ao longo da vida, o homem adquire e transforma conceitos, ideias e valores, ao mesmo tempo que também é transformado.

Vygotsky (1987) afirma que o conhecimento consiste em uma apropriação empírica e imediata. Por meio da mediação sistemática, ele passa a agregar elementos teóricos e científicos; por isso, é considerado um conceito científico e apropriado.

O conceito científico de linguagem vai além das percepções imediatas e das relações com o objeto. Por meio da mediação, desenvolve-se do concreto para espontâneo, do científico para o abstrato. Assim, os novos conhecimentos ampliam as possibilidades de significação e ressignificação, proporcionando, assim, uma evolução humana, social, cultural e histórica.

Figura 1.3 – **Relações linguísticas sociais**

Vygotsky (1987) aborda o processo de formação de conceitos e as relações entre pensamento e linguagem. Essas ideias relacionam-se com a questão cultural durante o processo de construção de conceitos e internalização do conhecimento. A teoria vygotskiana propõe uma visão de formação das funções psíquicas superiores mediada pela cultura.

Segundo Palangana (2001), Vygotsky apresenta concepções sobre o funcionamento do cérebro humano como base biológica, colocando as funções psicológicas superiores como construção social dada ao longo da história. Desse modo, as funções psicológicas superiores referem-se a processos voluntários, ações conscientes e mecanismos intencionais, além de dependerem de processos de aprendizagem.

Conforme explica Palangana (2001), Vygotsky apresenta as funções psicológicas superiores não como fruto do processo de maturação biológica, mas como fruto do desenvolvimento cultural, construído pela mediação de instrumentos psicológicos. O processo de aquisição da linguagem ocorre pela mediação social, responsável também pela formação dos conceitos, valores e sentimentos. A mediação propicia ao homem o alcance do conhecimento.

A linguagem, componente das funções psicológicas superiores, consiste em um sistema simbólico que fornece os conceitos, as formas de organização do real e a mediação entre o sujeito e o objeto do conhecimento. É por meio dela que as funções mentais superiores são socialmente formadas e culturalmente transmitidas. Portanto, sociedades e culturas distintas produzem estruturas diferenciadas.

A cultura e a interação social são instrumentos de desenvolvimento linguístico que resultam em uma ampliação das capacidades cognitivas de cada indivíduo. Diante dessa concepção, a escola tem um papel de destaque, pois consiste no espaço de intervenção e aplicação pedagógica, que resulta no ensino e na aprendizagem. Nesse mesmo espaço, o professor torna-se o canal para o desenvolvimento linguístico. Ele é o mediador que observa e valoriza a história (cultura e vivências) já apresentada pelo aluno e a transforma em conhecimentos sistematizados.

A educação, segundo as interpretações das teorias vygotskianas, precisa da atuação de outros membros do grupo social na mediação entre a cultura e o indivíduo. Assim, pode-se dizer que a aprendizagem é fundamental ao desenvolvimento dos processos internos na interação com outras pessoas.

Nesse sentido, a escola é um importante espaço de propagação do conhecimento, pois nela o sujeito é apresentado ao conhecimento sistematizado, o qual proporciona apropriação do conceito e de pensamentos com diferentes formas de utilização. Em outros termos, a ação do mediador está intencionalmente dirigida para que os aprendizes realizem operações intelectuais que ainda não realizam sozinhos.

### Exemplificando

Ao compartilhar a essência de uma empresa ou corporação, é preciso provocar nos consumidores um impacto mediante uma imagem, letra ou outro elemento que transmita uma informação capaz de fazer com que os consumidores se sintam atraídos a conhecer melhor a organização. Essa é a função da logomarca: instigar os consumidores por meio de uma linguagem visual atrativa. Para tanto, a logomarca precisa causar impacto, ser lembrada e reconhecida pelos diversos públicos das empresas.

O mediador tem um papel fundamental e precisa favorecer atividades sistematizadas que envolvam domínio de informações e de operações intelectuais, de modo a promover a formação de conceitos. O conhecimento, porém, como vimos, é adquirido nas relações entre as pessoas, e a sociedade e os mediadores só se tornam possíveis por meio da linguagem e da interação social.

## 1.4 A linguagem como artefato de desenvolvimento educacional e social

De acordo com Vygotsky, Luria e Leontiev (1988), as funções superiores, que consistem em sensação, percepção, atenção, memória, pensamento, linguagem e imaginação, são primordiais para o desenvolvimento humano. Por meio dessas funções, as relações humanas são formadas e compartilhadas com outras pessoas.

> **Importante!**
> As funções superiores apresentam uma relação social e cultural com o meio. Os homens formam conceitos e significados sobre o mundo que os cerca.

O ser humano necessita de estímulos externos e internos para sua aprendizagem, razão por que a escola se torna um grande motivador do processo. Os instrumentos materiais, dos mais simples aos mais complexos, apresentam valores, finalidades, conceitos, padrões e princípios que regulam a vida no grupo social.

A escola constitui-se como principal canal de transmissão de conhecimento. Nela, torna-se possível interagir com instrumentos de aprendizagem e, sob a mediação dos professores, a criança interioriza conteúdos, habilidades, funções cognitivas e sentimentos neles apresentados. Segundo Vygotysky, Luria e Leontiev (1988), a aprendizagem acontece com influência do meio social e temporal em que o indivíduo convive.

A relação do homem com o mundo não é uma relação direta, mas, fundamentalmente, uma relação mediada. A mediação é fundamental para que a criança forme conceitos, valores e sentimentos. Além da família e da sociedade, a escola também é importante nesse processo, visto que, nesse espaço, é estabelecida uma relação recíproca entre a linguagem e o pensamento, a palavra e o discurso:

> qualquer significado da palavra surge como produto e processo de pensamento, logo, já não se pode dizer do significado da palavra que ele é um discurso ao pensamento. É um pensamento discursivo ou a unidade real viva que conserva em si toda a propriedade pertencente ao discurso e ao pensamento processo indiviso. (Vygotsky, 1987, citado por Feza, 2013, p. 20)

Conforme é possível perceber no trecho citado, a linguagem torna-se responsável por formar conceitos e opiniões no indivíduo. Dessa forma, acabamos nos diferenciando dos animais, pois a linguagem permite a aquisição de consciência. Em outras palavras, é por meio dela que se passa de comunicações natas e primárias, como o choro de um bebê ao pedir comida, para comunicações abstratas, como a capacidade de expressar sentimentos por meio de palavras. Ou seja, adquirimos a capacidade de evoluir o pensamento sensorial, abstrato e generalizante.

Figura 1.4 – **Artefatos da linguagem**

fizkes/Shutterstock

A vida familiar e social permite que cada homem tenha as próprias concepções e, por meio delas, recrie suas formas de perceber o mundo. O sujeito detém, assim, capacidades intrínsecas, físicas e biológicas. Nessa perspectiva, é a inserção social que permite que as funções cognitivas sejam apropriadas e se convertam em novas estruturas e novos conteúdos nas inter-relações com outros seres humanos.

O conteúdo e a forma dos sistemas psicológicos estão relacionados à linguagem e aos objetos materiais que realizam a mediação das interações entre sujeitos na constante recriação da cultura. A linguagem corresponde a um conjunto de signos e códigos dotados de significado e informações usados para a comunicação humana. Como explica Leontiev (1978, p. 62), "a linguagem – oriunda das necessidades, ações e gestos que permeiam o fabrico e emprego de objetos – é aperfeiçoada conforme se modificam o processo de produção, o produto e as relações". Por outro lado, o sistema de comunicações estabelece a atividade prática humana.

Vygotsky, Luria e Leontiev (1988) afirmam que o processo interativo, a linguagem e os objetos são fatores responsáveis pela mediação social e, nessa medida, pela formação dos conceitos, valores e sentimentos. Por meio da mediação, os conteúdos e conceitos ensinados informam e formam campos de percepção, memória, raciocínio, sentimentos e regulação de comportamento.

## Exercício resolvido

A linguagem não é somente um conjunto de palavras escritas ou faladas, mas também de gestos e imagens. Ela apresenta particularidades que vão além de substantivos, adjetivos, verbos, pronomes e demais elementos gramaticais. A linguagem pode apresentar-se por aspectos verbais e não verbais. Tendo em vista essas informações, assinale a alternativa que apresenta corretamente o motivo pelo qual a linguagem é reconhecida como o veículo primordial para a mediação entre os sujeitos:

a) Por meio da linguagem, o sujeito apropria-se da fala e da escrita, mas ela não permite sua interação com o mundo, pois o sistema apresentado pela linguagem não é suficiente para realizar o ato de comunicação.

b) A mediação ocorre por intermédio da palavra e da linguagem. É por meio delas que são transmitidos os significados formados, os conceitos e as identidades.

c) A linguagem é o veículo primordial para a mediação porque ela é estruturada por regras e elementos gramaticais, visto que o sistema de comunicação é complexo.

d) A linguagem é subjetiva e não pode ser considerada um elemento responsável pela mediação e interação dos sujeitos, pois o sistema de comunicação é ambivalente.

Gabarito: b

*Feedback* do exercício: Para que ocorra a mediação, é necessário haver a palavra e a linguagem, ou seja, o sujeito precisa ser capaz de se expressar por meio de uma linguagem e, para isso, precisa ter uma língua. Elas permitem a transmissão dos significados formados e presentes no grupo cultural no qual o indivíduo está inserido, além de propiciar que o sujeito se aproprie de conhecimentos científicos e aprenda a perceber o mundo.

Prieto (2002, p. 57) afirma que "a educação para todos não se faz apenas pela garantia de acesso ao ensino, mas pela compreensão e atendimento das necessidades educacionais dos alunos". Os instrumentos materiais, dos mais simples aos mais complexos, apresentam valores, finalidades, conceitos, padrões e princípios que regulam a vida no grupo social.

Luria e Yudovich (1987) ressaltam que, nas crianças, a linguagem está relacionada à percepção. O conteúdo das interações sociais imprime no indivíduo formas de análise e síntese que ajudam o sujeito a discriminar, estabelecer relações, deduzir, entender e situar-se no ambiente. A interpretação do real depende, portanto, da qualidade e do conteúdo da linguagem veiculada nas relações do indivíduo com seus pares.

Na interação com adultos ou outras crianças mais experientes, a criança se apropria de significados linguísticos. Nesse processo, os significados se tornam interindividuais, propriedades da criança. A linguagem pode se constituir por meio da imaginação, a qual permite libertar-se do concreto, representar e levantar hipóteses.

Segundo Vygotsky (1998, p. 140), "a linguagem escrita é considerada uma linguagem em ausência de interlocutor", na qual os meios de codificação da ideia em enunciações verbais – meios dos quais não se tem consciência na linguagem oral – são objetos de uma ação consciente. Por não apresentar um meio não verbal, a linguagem escrita deve ser gramaticalmente completa, possibilitando, dessa forma, sua compreensão.

Assim, o processo de compreensão da linguagem escrita diferencia-se do processo de compreensão da linguagem oral, principalmente pelo fato de ser sempre possível reler o que foi escrito, ou seja, retornar a todos os elementos que estão incluídos no texto, o que é praticamente impossível na linguagem oral.

Para escrever determinada palavra, é necessário, antes de tudo, discriminar os sons que integram sua composição, ou seja, realizar sua análise acústica. Somente após essa análise a palavra pode ser registrada. Vygotsky (1998) caracterizou a escrita como uma função linguística distinta, que se difere da oralidade tanto na estrutura quanto no funcionamento. A escrita, conforme afirma Vygotsky (1998), exige uma ação que parte do sujeito, além de implicar a aquisição de conhecimento da estrutura sonora de cada palavra para dissecá-la e reproduzi-la em símbolos alfabéticos, que devem ser estudados e memorizados previamente. Da mesma forma, as palavras precisam ser colocadas em certa sequência, de modo a formar frases.

No processo de escrita, há uma relação consciente entre a fala interior e a fala oral. Assim, Vygotsky, Luria e Leontiev (1988, p. 169) destacam:

> A fala oral precede a fala interior no decorrer do desenvolvimento, ao passo que a escrita segue a fala interior e pressupõe a sua existência (o ato de escrever implica uma tradução a partir da fala interior). A escrita é desenvolvida em toda a sua plenitude, sendo mais completa com relação à fala oral. A fala interior é quase inteiramente predicativa porque a situação e o objeto de pensamento são sempre conhecidos por aquele que pensa. A escrita, por sua vez, precisa explicar plenamente a situação para que se torne inteligível.

A escrita e a oralidade são duas modalidades de uso da linguagem que empregam o mesmo sistema linguístico, mas que contam com características próprias. Portanto, não devem ser analisadas de modo dicotômico. Assim, para que se promova um ensino-aprendizagem da língua materna, faz-se necessário desfazer o mito que separa essas duas práticas indissociáveis da língua nas sociedades letradas.

Conforme apontam os estudos de Vygotsky (1987), há dois aspectos importantes de evolução do pensamento e da linguagem. O primeiro consiste na compreensão e no respeito pelas etapas do desenvolvimento da criança. Já o segundo se refere à importância de estudos relacionados ao discurso e à comunicação Para Vygotsky (1987, p. 150-151),

> qualquer significado da palavra surge como produto e processo de pensamento, logo, já não se pode dizer do significado da palavra que ele é um discurso ao pensamento. É um pensamento discursivo ou a unidade real viva que conversa em si toda a propriedade pertencente ao discurso e ao pensamento processo indiviso.

Segundo Vygotsky (1987), a linguagem pode ser entendida como um "processo de transmissão de conhecimento", um sistema de códigos construído historicamente que atende diferentes aspectos, como a transmissão de conhecimento, a comunicação estabelecida entre as pessoas ou, ainda, como um veículo entre o ouvinte e o falante. Assim, o homem pode tanto falar para si quanto se expressar externamente por meio da linguagem.

Dentro do processo de desenvolvimento humano, emprega-se a linguagem oral em diferentes situações: para que seja possível desenvolver a escrita por meio de práticas sociais, para que se reflita sobre textos apresentados, para aperfeiçoar o contato com textos literários, entre outras. Sobre o processo de ensino-aprendizagem desenvolvem-se algumas práticas. Para Smolka (2004), por meio da linguagem, é possível construir relações e trabalhar com a imaginação. A linguagem torna-se, assim, fundamental para haver interações entre os indivíduos. Segundo a autora, a escola é um ambiente diferenciado no espaço e no tempo, onde a criança encontrará meios para interagir socialmente. O modo de organizar essa prática é sustentado por relações sociais. Essas relações estão pontuadas em todo o ambiente escolar, mais especificamente nas práticas educativas utilizadas pelos educadores. Um exemplo disso está na rotina da sala de aula e na forma como as crianças estão organizadas.

Nessa perspectiva, Smolka (2004, p. 79) afirma que "o comportamento humano não é como algo meramente natural da espécie, mas como algo produzido e transformado pela atividade do próprio homem dentro da sociedade". Assim, a escola também apresenta um movimento contínuo, mas modificado pelas ações do homem fundamentadas no conhecimento recebido.

A escrita conta com funções distintas, como a social e a comunicativa. A função da escrita social permite o registro de signos entendidos por determinado grupo social, transformando esses registros em memórias que podem ser eternizadas. A escrita também detém uma função de comunicação expressiva, capaz de representar emoções e sentimentos por meio de palavras. Vale ressaltar que a escrita consiste em movimentos motores coordenados que registram símbolos historicamente constituídos e institucionalizados por um grupo social.

Nesse sentido, a escrita pode ser compreendida como um tipo de atividade que exige, dos membros superiores, uma movimentação específica dos músculos e, por isso, associa-se às atividades de coordenação. Contudo, mesmo sabendo-se que o uso da mão e da visão são importantes para o processo de leitura e escrita, é possível realizar leituras mesmo sem a visão ou o tato.

Figura 1.5 – **Linguagem oral**

Africa Studio/Shutterstock

A leitura e a escrita são processos complexos. Para que ocorra a leitura de forma interpretativa, é necessário que haja aprendizagem de novos sinais e uma plena relação entre aspectos visuais e auditivos – ou seja, a relação entre grafema e fonema. Trata-se de um processo que busca relacionar a memória visual da grafia das letras com a memória auditiva produzida por cada fonema. A escrita, por sua vez, não corresponde apenas à reprodução e à cópia de símbolos ou à repetição de condutas motoras, mas à relação de cada expressão gráfica representada com sons que, quando associados, referem-se ao significado escrito.

Existe uma ordem a ser seguida para a aquisição da escrita, que corresponde à decodificação de grafemas como fonemas. É o que deve se manter na escrita. A organização dos grafemas em sequências de letras e, em seguida, em palavras é o processo de síntese que também encerra a escrita.

### A alfabetização da linguagem

Sobre os aspectos essenciais que podem ser observados no âmbito da leitura e da escrita, observa-se que:

> A alfabetização implica leitura e escritura como momentos discursivos, porque esse processo de aquisição também vai se dando numa sucessão de encontros dialógicos, de interlocução. A linguagem deve ser construída a partir de elementos relacionados com a construção do pensamento. (Smolka, 2004, p. 54)

De acordo com Oliveira (2006, p. 16):

> Apesar de tantas controvérsias quanto ao material teórico deixado, as elaborações de Vygotsky vão além da questão instrumental; ressaltam, sobretudo, o caráter "constitutivo" da linguagem, como será comentado mais adiante. Conceber a linguagem simplesmente, como instrumento negligencia o aspecto constitutivo que transparece nos estudos de Vygotsky.

## 1.5 Comunicação como recurso linguístico

Ao refletir sobre o uso da língua portuguesa, podemos fazer a seguinte comparação: falar sobre o assunto é como escolher o que vestir em uma ocasião específica, pois, para cada ocasião, adotamos um tipo de linguagem, uma vez que temos um estilo adequado para cada momento. Na infância, por exemplo, aprende-se uma linguagem informal, transmitida pelo grupo familiar, geralmente constituído por pai, mãe, avós ou tutores legais. Ao longo do tempo, a criança atinge a idade escolar e é introduzida em um novo grupo, onde será apresentada à linguagem formal, considerada gramaticalmente correta. As linguagens informal e formal não podem ser classificadas como corretas ou incorretas, pois não se trata de estar certo ou errado, mas de utilizá-las no lugar e no momento adequados.

Isso significa que o emissor deve observar o ambiente para empregar o nível correto de linguagem, a fim de que a mensagem seja entendida pelo receptor. Neste livro, demonstraremos quais são esses níveis, suas diferenças e alguns exemplos para uma reflexão sobre o assunto.

O que determina o nível de linguagem é o meio social no qual o indivíduo se encontra. A língua falada é mais desprendida de regras. Por isso, a mudança da escrita começa sempre pela língua falada, que, por esse motivo, também tem grande importância.

### Perguntas e respostas

#### O que são pressupostos sócio-históricos?

Esses pressupostos advêm da teoria marxista, que prevê como base do desenvolvimento social a dialética. Os pressupostos sócio-históricos preconizam que o desenvolvimento do homem é criado pelo homem, bem como afirmam que a aptidão do homem está, justamente, no fato de ele poder desenvolver várias aptidões, interagir com seus pares e utilizar suas habilidades natas para acessar mais conhecimento.

Em cada ambiente social, há a presença de um vocabulário, um modo de se comunicar, uma expressão a ser empregada. É claro que isso acontece porque o sujeito não conversa com os amigos da mesma forma que interage em um ambiente profissional. Ele deverá observar sempre a adequação do uso da linguagem.

Como vimos, os seres humanos detêm a capacidade de interagir por meio de palavras (de maneira oral e escrita) e de gestos, expressões, imagens, sons musicais etc. – e tudo isso se define como linguagem. Dessa forma, o objetivo da linguagem é a produção de entendimento entre os interlocutores, razão por que sua **adequação linguística** é essencial. No entanto, como já mencionamos, a linguagem não pode ser empregada sempre da mesma maneira, visto que sua variação depende dos receptores, do contexto e do local. Por isso, a classificação do nível de linguagem não deve ser considerada como certa ou errada, mas como adequada ou inadequada. É fundamental saber quando usar a língua culta e a coloquial, pois o uso equivocado acarreta prejuízos na construção textual e na comunicação.

> **Importante!**
> Na busca de imutabilidade linguística, existia a intenção de que a fala fosse a cópia da escrita dentro da gramática normativa. Atualmente, entendemos que o processo da interação comunicativa é formado por elementos diferentes. Um deles é o objetivo do interlocutor na comunicação. A finalidade é que haja entendimento entre emissor e receptor. Se não houver, a comunicação não acontece. Um exemplo disso é quando o docente faz uso de uma linguagem com os alunos em processo de alfabetização e de outra com os alunos da faculdade. Essa escolha é definida como *adequação linguística*.

Outro tema a ser ressaltado é o **assunto**, o qual consiste no que será dito. Ele deve ser escolhido da mesma maneira como se seleciona o tipo de linguagem. Assim, não se faz um convite de aniversário da mesma forma como se transmite o falecimento de determinado indivíduo a alguém. A relação consiste na adequação linguística: deve-se observar se há intimidade ou não entre os interlocutores. Quando falamos com um receptor com o qual não temos intimidade, usamos uma linguagem mais formal.

A **intencionalidade** se refere ao elemento responsável pela transmissão do texto (escrito ou falado), que apresenta uma pretensão. Quando, por exemplo, uma pessoa apaixonada faz uma declaração ou escreve uma carta de amor, sua intenção é demonstrar seu sentimento pela pessoa amada. Por outro lado, quando a pessoa está em busca de emprego, seu modo de se expressar será mais formal.

Todos esses aspectos devem ser considerados no diálogo. Em cada ambiente sociocultural existirá uma maneira de falar mais adequada, bem como uma entonação melhor, palavras certas, intenções etc. Todos esses elementos, presentes na linguagem, fazem com que ela possa ser classificada como *formal* ou *informal*.

A linguagem **formal** está presente no ambiente escolar e é ensinada mediante livros didáticos. Como seu uso é mais frequente na escrita, pode-se dizer que é dominada mais por pessoas cultas. Ela faz uso de regras da gramática normativa e é usada em: discursos políticos, religiosos e educacionais, na apresentação de trabalhos científicos, em reuniões de trabalho, entre outros ambientes. Na escrita, a linguagem formal segue também um padrão, como é possível perceber, por exemplo, em atas, declarações, textos acadêmicos ou de teor científico.

A linguagem **informal** ou coloquial consiste na manifestação espontânea da língua e pode apresentar gírias, vocabulário mais limitado e formas subtraídas das palavras. É comum encontrar esse tipo de linguagem na forma escrita empregada em conversas em redes sociais, usadas pela maioria das pessoas no dia a dia. Trata-se da linguagem em um nível espontâneo, em que não há preocupação com estar de acordo com as regras.

Na linguagem coloquial, pode haver a presença de gírias, as quais representam um grupo e uma cultura que reconhece seus significados. As gírias podem se expandir para além de uma comunidade, mesmo que não haja ligação entre grupos distintos. Trata-se de um estilo linguístico ligado à linguagem popular, o qual pode ser subdividido em dois grupos: o da gíria de grupo e o da gíria comum.

A **gíria de grupo** é restrita a determinado grupo, pois só ele pode decifrar o que está sendo dito. Já a **gíria comum** ocorre quando atinge a população, tornando-se frequente seu uso mais generalizado, ou seja, passa a ser normal ouvi-la nas ruas. É importante estudar esse nível em virtude de seu valor social, como modo de entender o mundo atual.

Para que o processo de aquisição do conhecimento seja realizado com eficácia, os indivíduos necessitam da linguagem. Por isso, pessoas portadoras de alguma necessidade especial precisam de um acompanhamento adequado para que consigam se comunicar, pois, segundo Weiss et al. (2018, p. 20), caso exista algum

> problema, a diferença de significado do que foi captado de uma mensagem e o que o transmissor queria exatamente dizer é o ícone que pode atrapalhar o elo comunicativo. [...] todas as relações humanas e interpessoais abrangem a comunicação, pois ela é um veículo de significados que pode influenciar, inclusive, nossos comportamentos.

Na Figura 1.6, ilustramos os elementos do processo de comunicação.

Figura 1.6 – **Elementos da comunicação**

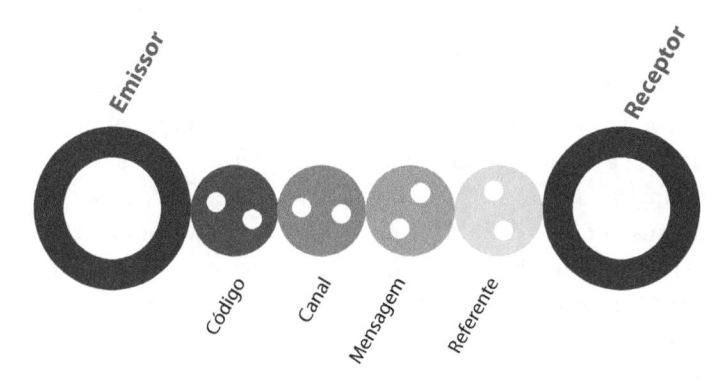

Os elementos responsáveis pela comunicação são: o emissor (quem emite a mensagem), o receptor (quem recebe a mensagem), a mensagem (o objeto da comunicação), o código (a forma como a mensagem deve ser passada), o canal (o meio pelo qual será levada a mensagem) e, por fim, o referente (o contexto ou o assunto da comunicação). Nesse sentido, Weiss et al. (2018) observam que todas as pessoas são capazes de se comunicar e, ao observarmos os aspectos da comunicação, podemos constatar que se trata de uma espécie de processo complexo onde ocorre a troca de informação e a influência no comportamento, na opinião e, por fim, no pensamento do outro.

Para tanto, a comunicação deve se constituir em uma conversação, uma forma de diálogo que, segundo Weiss et al. (2018), é estabelecida por dois ou mais indivíduos. A conversação pode ocorrer de diversas maneiras: por meio da fala, que é um ato motor que permite a transmissão de sons; mediante palavras e frases; e de modo oral. A fala pode ser definida como a articulação, o movimento ou a produção de sons realizada pelas pessoas. Outra maneira de ocorrer a comunicação é por meio de sinais ou imagens, definidas por Weiss et al. (2018) como *comunicação visual*.

Conforme destacado na seção anterior, a língua é um conjunto de expressões e palavras usado por determinado povo, caracterizando-se, assim, como uma forma de representação. Em toda língua, há regras para seu uso adequado. Além disso, também sabemos que a língua é um dos atributos da linguagem.

Para interagir com os outros, o ser humano expressa seu pensamento por meio da linguagem, fazendo uso de uma língua. A língua é constituída de uma gramática com estruturas e formas próprias – e, por ser viva, ela se transforma constantemente. Por esse motivo, é natural que exista, por vezes, um distanciamento entre o que é prescrito pelas normas de uma gramática tradicional e o que é efetivamente utilizado por seus falantes.

A língua pode ser definida como "a linguagem que utiliza a palavra como sinal de comunicação. A língua é um aspecto da linguagem e pertence a um grupo de indivíduos, estes, por sua vez, concretizam a língua através da fala" (Terra, 1997, p. 13).

Podemos, assim, afirmar que, no ato da comunicação, não utilizamos somente um conjunto de palavras faladas e/ou escritas, mas também imagens, gestos, cores e sinais. A Figura 1.7 traz um exemplo de como, mesmo sem uma representação escrita ou sinalizada, pode-se transmitir uma mensagem claramente.

Figura 1.7 – **Comunicação não verbal**

Veniamin Kraskov/Shutterstock

O semáforo é um símbolo que, mesmo sem caracteres escritos, transmite sua mensagem. No entanto, para conhecer essa mensagem, o sujeito precisa estar inserido em uma sociedade, ter desenvolvido a cognição e já ter recebido a informação, por meio de um mediador, de que cada cor representa uma atitude, bem como de que a sequência de cores define uma mensagem. Para que se tenha ideia da importância dessa mediação, é possível mencionar transtornos mentais e alterações cognitivas associados à falta de mediação e estímulo que comprometem o processo de aquisição e utilização da língua.

Em síntese, a linguagem consiste em uma forma de interação que abre espaço para as questões sociais e que reflete sobre a cultura trabalhada juntamente com a formação dos sujeitos, tendo em vista a construção de sua identidade.

Concluímos, assim, que a língua é apresentada como um conceito estruturado e institucionalizado. Trata-se de uma organização equitativa e sensata da vida da sociedade humana que visa proporcionar a cada um a possibilidade prática de apreender e participar como criador das realizações do progresso histórico.

A prática interlocutora, que contribui para a interação social, acaba se desenvolvendo no meio social, onde penetra mediante expressões de experiências vivenciadas nas relações com os sujeitos e na comunicação. Também entendemos que essa prática está carregada de características particulares e culturais, afinal, a linguagem humana é um "complexo sistema de códigos que designam objetos, características, ações ou relações; códigos que possuem a função de codificar e transmitir a informação, traduzi-la em determinados sistemas" (Luria, 1986, p. 25).

Por fim, entendemos que, desde seus primeiros dias de vida, os sujeitos entram em contato com pessoas que se comunicam pela linguagem – seja ela oral, seja gestual ou escrita – e, por meio dela, apropriam-se da cultura humana. Nesse processo, o sujeito desenvolve o pensamento.

## Síntese

- Com base em uma concepção social, a linguagem é conceituada como a possibilidade que o indivíduo tem de se expressar.
- A função da linguagem se localiza entre o pensamento e a palavra.
- A linguagem humana é um processo complexo e está presente em diversas situações.
- A linguagem é compreendida como um instrumento adequado para a realização da mediação. É por meio dela que a necessidade de compreensão acerca do que se deseja expressar é colocada em prática.
- A linguagem fomenta o desenvolvimento das relações interpessoais e, consequentemente, favorece o desenvolvimento da comunicação.
- A língua, apesar de ser institucionalizada, não se caracteriza de maneira uniforme.

- Não utilizamos somente palavras escritas ou faladas para nos comunicar, mas também gestos, sinais, imagens, expressões corporais e faciais, entre outros.
- A linguagem é uma função psicológica superior que está atrelada ao pensamento.
- A escola e a sociedade são os mediadores responsáveis pelo desenvolvimento da linguagem.
- A mediação consiste em permitir um aprofundamento de conteúdos e a transformação dos conteúdos de senso comum em conhecimento científico.

# 2 Estudo do desenvolvimento linguístico: neurolinguística e sociolinguística

Conteúdos do capítulo:

- Estudos do desenvolvimento linguísticos.
- Língua e linguagem.
- Neurolinguística: neurociência e aquisição da linguagem.
- Sociolinguística: relação entre a língua e a sociedade.
- Sociolinguística variacionista.

Após o estudo deste capítulo, você será capaz de:

1. analisar as peculiaridades da linguística a partir de uma perspectiva histórica;
2. diferenciar *língua* e *linguagem* no processo de comunicação;
3. identificar o processo pelo qual se dá a construção dos signos e o processo de interação destes com outras palavras;
4. perceber a linguística como uma ciência interdisciplinar;
5. compreender a psicolinguística, que é fundamentada na relação entre linguística e psicologia;
6. explicar a relação existente entre língua e sociedade;
7. identificar os tipos de variação linguística.

Dentro dos estudos da linguística está a pragmática, área que se ocupa dos usos concretos da linguagem dentro dos diversos contextos em que a língua pode se apresentar. Trata-se de um campo que extrapola a estrutura linguística e está voltado para uma perspectiva não referencial da língua.

Após estudar os conceitos de língua e linguagem, bem como sua importância no processo do desenvolvimento humano, neste capítulo, demonstraremos dois conceitos importantes para nosso estudo: o de neurolinguística e o de sociolinguística. Para tanto, abordaremos aspectos da neurociência e sua influência no processo de aprendizagem humana.

Entender a relação entre a neurociência e a educação é algo fundamental nesse conteúdo, visto que cada aspecto neurológico corresponde a uma etapa do desenvolvimento.

Abordaremos, ainda, a sociolinguística, segmento da linguística que trata da língua e de suas relações com a sociedade, desde os aspectos culturais até os efeitos que ela pode produzir em uma comunidade.

## 2.1 Desenvolvimento linguístico

Klein (2019) afirma que existem diversas formas de conceber a linguagem, algo que está explícito na literatura da área e em escritos diversos.

> **Para saber mais**
>
> Assista, a seguir, a um bate-papo promovido pela Editora Contexto no programa *on-line Café Contexto*. O episódio trata de um dos temas deste capítulo: a sociolinguística. O *blog*, que vem discutindo grandes eixos da linguística, recebeu Stella Maris Bortoni-Ricardo, professora da Universidade de Brasília (UnB) que se dedica ao estudo da sociolinguística. O bate-papo foi mediado pelo professor Jaime Pinsky, historiador e diretor editorial da Contexto.
>
> BORDONI-RICARDO, S. M. Sociolinguística. **Café Contexto**, 3 jun. 2020. Disponível em: <http://blog.editoracontexto.com.br/cafe-contexto-sociolinguistica/>. Acesso em: 21 abr. 2021.

A concepção que cada um tem a respeito da linguagem pode ser fruto de pesquisas detalhadas e aprofundadas, bem como da reunião de diversas expressões que se incorporam à linguagem no cotidiano por meio do senso comum. "De qualquer modo, desde o senso comum à consciência científica, várias são as concepções sobre a origem da linguagem" (Klein, 2009, p. 11).

O processo de evolução da linguística começou muito antes de Saussure ser considerado o pai da linguística moderna. É preciso considerar os estudos realizados por Bopp, no século XIX, a respeito da linguística histórica, utilizando o método comparativo (Faraco, 2004, citado por Mengarda, 2012). Bopp demonstrou em suas pesquisas, "por meio da comparação da morfologia verbal de cada uma das línguas que analisou, que as correspondências sistemáticas que havia entre elas eram a base fundamental para revelar empiricamente seu efetivo parentesco" (Faraco, 2004, p. 45, citado por Mengarda, 2012, p. 4).

Outra contribuição para os estudos relacionados à linguística histórica foi de Jacob Grimm. "A lei de Grimm é um conjunto de regras que determina como um punhado de letras germânicas difere de seus cognatos indo-europeus" (Greelane, 2020). Ou seja, segundo Mengarda (2012, p. 4), "essa lei reconheceu a existência de correspondências fonéticas sistemáticas entre as línguas como resultado de mutações regulares no tempo".

Para Mengarda (2012), a contribuição dos neogramáticos a partir de 1878 aprofundou os estudos históricos das línguas. Eles criticaram a concepção naturalista e propuseram uma concepção de língua ligada ao indivíduo falante. Introduziu-se, assim, "uma orientação psicológica subjetivista na interpretação dos fenômenos de mudança, pois de acordo com essa corrente, a língua existe no indivíduo e as mudanças se originam nele" (Mengarda, 2012, p. 5). Hermann Paul (1846-1921) foi quem inspirou essa corrente. Ele propôs uma diretriz ao se estudar a mudança linguística; esta deveria ir "além da mera observação dos fatos", pois, conforme o autor, "os estudos deveriam expor o mais universalmente possível as condições de vida da língua, traçando assim, de maneira geral, as linhas fundamentais de uma teoria da evolução da língua, cujos resultados deveriam ser aplicados a todas as línguas" (Faraco, 2004, citado por Mengarda, 2012, p. 5).

Hermann acreditava que os princípios fundamentais da mudança linguística deveriam ser fundamentados "nos fatores psíquicos e físicos tomados como determinantes dos objetivos culturais, como a língua" (Mengarda, 2012, p. 6). Nesse sentido, a linguística deveria contar com duas ciências – por exemplo, a psicologia e a fisiologia – a fim de perceber a realidade da mutação histórica das línguas. Paul também desenvolveu a tese de que a mudança linguística é originada, principalmente, no processo de aquisição da linguagem (Faraco, 2004, citado por Mengarda, 2012).

Nesse sentido, é interessante destacar, de acordo com Mengarda (2012), o trabalho realizado por Whitney e Humboldt, que destacaram a importância de se desenvolver uma ciência autônoma com relação às demais ciências, como é o caso das ciências naturais e da psicologia. Por isso, segundo Faraco (2004, citado por Mengarda, 2012), o presente sistema deve ser compreendido como um conjunto de partes que, estando interligadas, auxiliam-se mutuamente no processo de desenvolvimento.

### Perguntas e respostas

**Você sabe quais são as particularidades da língua?**

A língua torna o homem capaz de transformar conceitos, ideias e valores. As experiências cotidianas, que são entendidas como processos empíricos e imediatos, modificam-se e atingem, de acordo com Vygotsky, o *status* de conceito científico (Nébias, 1999). Dessa forma, o conceito científico abrange a percepção e a análise das diferentes relações envolvidas em um objeto.

> A criança adquire consciência dos seus conceitos espontâneos relativamente tarde; a capacidade de defini-los por meio de palavras, de operar com eles à vontade, aparece muito tempo depois de ter adquirido os conceitos. Ela possui o conceito (...), mas não está consciente do seu próprio ato de pensamento. O desenvolvimento de um conceito científico, por outro lado, geralmente começa com sua definição verbal e com sua aplicação em operações não-espontâneas (...) Poder-se-ia dizer que o desenvolvimento dos conceitos espontâneos da criança é ascendente, (indutivo) enquanto o desenvolvimento dos seus conceitos científicos é descendente (dedutivo). (Vygostsky, 1991, citado por Nébias, 1999, p. 136)

> Os novos significados ampliam as possibilidades de significação daquilo que é conhecido. O papel da escola na infância torna-se fundamental para ressignificar o mundo e os espaços, bem como utiliza a linguagem para adquirir conhecimentos sistematizados.

A língua tem um caráter constitutivo. Ela viabiliza a elaboração conceitual e os atos criativos da mente. De acordo com Mengarda (2012, p. 6), Humboldt, um dos defensores da tradição de pensamento chamada *virada linguística*, "afirma que a língua é um processo, uma atividade (*energeia*) e não um produto (*ergon*)". Todavia, para Faraco (2004, citado por Mengarda, 2012), apesar de ser um processo, a língua é, simultaneamente, algo permanente, ou seja, o *ergon* que se acumula a cada geração que a recebe e que constitui, no seu conjunto, a visão de mundo da nação, o espírito do povo e os produtos transitórios. Isso porque ela é inerentemente *energeia*, isto é, trabalho mental, criativo e contínuo, um verdadeiro ato artístico que opera sobre o *ergon* permanentemente, reconfigurando-o (Faraco, 2004, citado por Mengarda, 2012).

Retomar as nuances apresentadas no processo de construção histórica dos estudos da linguística é importante para compreender a influência de Saussure, visto que, com base em seus estudos, criou-se o fundamento da linguística como ciência autônoma, capaz de trabalhar diretamente com a linguagem (Faraco, 2004, citado por Mengarda, 2012).

> Quando falamos em estudar a língua na perspectiva histórica, referimo-nos à dimensão **diacrônica**, ou seja, a uma fase de sua evolução. Quando nos referimos ao estudo da língua em termos **sincrônicos**, trata-se de um **estado de língua** ou a tudo aquilo que se relacione ao aspecto estático de nossa ciência. Saussure (1916) assim explica essa dualidade: à sincronia interessa apenas a perspectiva dos sujeitos falantes. O seu método consiste em recolher o seu testemunho para sabermos em que medida uma coisa é uma realidade. Para isso, é necessário e suficiente investigar em que medida ela existe na consciência dos sujeitos. Já a linguística diacrônica, pelo contrário, deve distinguir duas perspectivas: uma, prospectiva, que segue o curso do tempo, e outra retrospectiva, que visa analisar o passado. (Mengarda, 2012, p. 6-7, grifo nosso e do original)

Dessa maneira, para se referir ao processo de desenvolvimento da língua, observam-se os elementos sincrônicos e diacrônicos. Para representar esse aspecto dual, Saussure (citado por Mengarda, 2012) utilizou o jogo de xadrez, destacando que este se reveste da artificialidade do que a língua pode apresentar ao leitor de maneira natural, pois as peças detêm, individualmente, um valor específico e, por isso, representam os aspectos da estrutura da língua, que, a depender da situação, reveste-se de um valor diferenciado.

A noção saussuriana determina que tudo aquilo que está relacionado às evoluções da língua é diacrônico, ao passo que a sincronia diz respeito ao aspecto estático da língua. Assim, a diacronia designa a transmissão de uma língua de geração em geração no decorrer do tempo, sofrendo mudanças em todos os níveis nesse processo, constituindo, assim, a evolução linguística (Câmara Jr, 1978, citado por Mengarda, 2012). Por essa razão, Saussure dá prioridade à linguística sincrônica em vez da diacrônica (Santos, 2019).

Faraco (2004, citado por Mengarda, 2012, p. 7) destaca que "a proposta original de Saussure foi mostrar que a língua poderia ser tratada exclusivamente como uma forma (livre de suas substâncias)mas, principalmente, como essa forma se constituía, isto é, pelo jogo sistêmico de relações de oposição, demonstrando, por meio desse exemplo, que o sistema linguístico se dá por meio de "uma teia de relações de oposição".

## Exercício resolvido

Existe determinado estágio da vida, aproximadamente aos dois anos de idade, no qual o pensamento e a linguagem "estabelecem entre si uma interdependência contínua e sistemática" (Jobin; Souza, 2012, citados por Saad, 2018, p. 83), ou seja, pensamento e linguagem passam a se relacionar e a estabelecer uma relação mútua de dependência. A identificação e o conhecimento dessas fases são de fundamental importância para o conhecimento do desenvolvimento da fala. Com base nessas informações, assinale a alternativa correta:
a) Para dominar a linguagem, o indivíduo demonstra capacidade de resolver problemas práticos, de utilizar instrumentos e meios indiretos para conseguir determinados objetivos. Trata-se da fase pré-verbal do pensamento.

b) Mesmo quando o sujeito ainda não domina o pensamento linguístico, ou seja, não adquiriu o sistema simbólico (símbolo – significado), ele já utiliza manifestações verbais. Trata-se da fase intelectual da fala.
c) Para dominar a linguagem, o indivíduo demonstra capacidade de resolver problemas práticos, de utilizar instrumentos e meios indiretos para conseguir determinados objetivos. Trata-se da fase verbal do pensamento.
d) Mesmo quando o sujeito ainda não domina o pensamento linguístico, ou seja, não adquiriu o sistema simbólico (símbolo – significado), ele já utiliza manifestações verbais. Trata-se da fase pré-intelectual da fala.

Gabarito: a

*Feedback* do exercício: A **fase pré-verbal do pensamento** é aquela na qual percebemos que o pensamento evolui sem a ocorrência da fala, ou seja, "Antes de dominar a linguagem, o sujeito demonstra capacidade de resolver problemas práticos, de utilizar instrumentos e meios indiretos para conseguir determinados objetivos" (Oliveira, 2006, p. 46). Na **fase pré-intelectual da fala**, o sujeito ainda não tem domínio sobre o pensamento linguístico, "não domina o sistema simbólico (símbolo – significado), já utiliza manifestações verbais" (Oliveira, 2006, p. 46). Nesse momento, o choro, o riso, o balbucio, o grito, as expressões faciais e o olhar servem como uma forma de alívio emocional e de comunicação social.

A linguagem humana é fundamentalmente diferente da linguagem animal porque consegue veicular símbolos, ideias e conceitos abstratos. Ela é adquirida e resulta de um processo de aprendizagem. Por isso, afirma-se que a língua(gem) humana tem propriedades de recorrência – ela se forma por meio da adaptação do homem. Por sua vez, a linguagem animal é inata, limitada. Ela só exprime necessidades básicas e sempre por meio do instinto, sem racionalidade.

A habilidade de falar que o ser humano detém tem base genética e se desenvolve a partir do nascimento. A aquisição da língua inicia-se na primeira infância de modo natural ou no ambiente familiar. Estudiosos dessa área, como Lenneberg (1967, citado por Lima Junior, 2013), afirmam que, ao nascermos, nosso cérebro passa a desenvolver as potencialidades necessárias para a sobrevivência. Uma delas é a linguagem oral, que se desenvolve normalmente ao indivíduo ser exposto a um ambiente linguístico estimulante.

Contudo, existe um período crítico, ou um teto (limite de tempo), em relação ao desenvolvimento da linguagem e ao desenvolvimento neurobiológico. Atente para o fato de que, se o recém-nascido não adquirir a linguagem nesse tempo considerado ótimo ou oportuno, que é a primeira infância, por fatores de origem neurológica ou psíquica, dificilmente desenvolverá a linguagem, podendo comprometer sua comunicação verbal para o resto de sua vida.

Figura 2.1 – **Fala social**

Pensee Sauvage/Shutterstock

Saussure (1972) destaca que a língua é um sistema de signos formado pela união do sentido e da imagem acústica. Nessa perspectiva, *sentido* significa a mesma coisa que *ideia*: trata-se da representação mental de um objeto ou acontecimento. Essa representação se dá pelo ambiente sociocultural existente desde o nascimento.

> Mattoso Câmara Jr. (1975) esclarece que Saussure enfrentou o primeiro e crucial problema referente à natureza da linguagem. Para ele, tratava-se de um sistema de signos. Por isso, considerava a Linguística como um aspecto de uma ciência mais geral, ou seja, a ciência dos signos. Esse sistema de signos apresentava-se como a realização mais elaborada e mais completa do homem em sua capacidade de operar com signos. Devido a sua natureza simbólica, a língua lhe parecia como uma entidade abstrata, resultante da relação que uma comunidade estabelecia entre os complexos sons vocais e os outros conceitos. De acordo com este ponto de vista,

a língua nada mais é do que um sistema de relações entre **significante** (uma forma fonética) e **significado** (conceito ou feixe de ideias), do qual resulta a forma linguística.

Assim, entende-se que a linguística se distingue da gramática tradicional ou normativa. Nesse sentido, a linguística não é prescritiva, e sim descritiva. No entanto, os linguistas ainda distinguem as regras descritivas das prescritivas, interpretando os dados da experiência, conforme assevera Mengarda (2012). Como descritiva, a linguística busca "explicar os usos linguísticos concretos e definir as regras segundo as quais se comportam os membros de uma comunidade linguística, sem tentar impor-lhes outras regras" (Mengarda, 2012, p. 12). No que se refere ao gramático, ele "acredita que sua missão é formular os padrões de correção e impor, se necessário, aos falantes, normas rígidas de uso da língua, a qual dispõe de uma gramática, que é o conjunto das regras do seu funcionamento" (Mengarda, 2012, p. 13).

Mengarda (2012) considera que, segundo as concepções de Saussure (1972), a língua é constituída de uma realidade psíquica que tem significados e sons. Trata-se de um sistema de signos no qual só existe a união do sentido e da imagem acústica, e as duas partes do signo são pertencentes à psiquê. É também um bem depositado pela prática da fala em todos os indivíduos pertencentes à mesma comunidade, bem como um sistema gramatical que existe virtualmente em cada cérebro ou, de maneira mais pontual, nos cérebros de um conjunto de indivíduos (Mengarda, 2012).

A língua é a conjugação de sinais que são depositados nos cérebros, de maneira similar ao que pode ser observado com um dicionário, mas que se revestem de significados distintos. Assim, entende-se que a língua é a soma de sinais depositados em cada cérebro, mais ou menos como um dicionário cujos exemplares, todos idênticos, são repartidos entre os indivíduos (Mengarda, 2012).

Para Mengarda (2012, p. 18), a língua é um sistema de signos distintos e que corresponde a ideias distintas, ou seja, trata-se de um sistema em que, essencialmente, "só existe a união do sentido e da imagem acústica". Diante dessas informações, apresentaremos a influência da neurociência durante o processo de aprendizagem da língua.

## Exercício resolvido

Com base nos estudos realizados, percebe-se que a linguística, ao mesmo tempo que estuda o código como sistema coeso de regras adotado por uma comunidade de fala, também estende sua investigação para o campo da realização concreta da língua. É nessas circunstâncias de transformação da língua que a linguística procura desenvolver uma descrição dos fatos linguísticos em bases empíricas. Tendo em vista essas informações, assinale a alternativa correta:

a) A linguística consiste em um conjunto de regras denominado *gramática*, e a gramática é o registro de todas as regras e interações que o homem faz tanto na escrita quanto na manifestação verbal.

b) A linguística é um sinônimo de língua e linguagem humana e se manifesta apenas pela linguagem oral. O estudo da linguagem escrita é restrito à gramática.

c) A linguística é uma ciência destinada a estudar somente a fala humana e está ligada aos fatos e às interações do homem relacionados à expressão verbal. Não considera gestos, imagens, sinais e outras formas de comunicação.

d) A linguística é a ciência que estuda a linguagem humana e os fatos que a constituem enquanto código, como sistema coeso de regras adotado por uma comunidade de fala.

Gabarito: d

*Feedback* do exercício: A linguística, ao mesmo tempo que estuda o código como sistema coeso de regras adotado por uma comunidade de fala, também estende sua investigação para o campo da realização concreta da língua. Em outras palavras, ao mesmo tempo que a linguística descreve o sistema linguístico em sua estrutura interna, também se preocupa com o uso efetivo da língua e com as transformações que incidem sobre o próprio sistema linguístico.

## 2.2 Língua e linguagem

Sabemos que a língua é um atributo do ser humano. É ela que nos diferencia de outros seres. Para Castilho (2017), a língua caracteriza-se como um processo criativo. Dentro da linguística moderna, duas abordagens são fundamentais para estudarmos a língua: a língua como enunciado e a língua como enunciação.

O conceito de língua como enunciado refere-se à sistematização e aos conteúdos que encontramos nas gramáticas, nos dicionários, enfim, em todos os instrumentos que compilam esse conjunto de normas e regras, independentemente de quem fala. São discursos que tanto podem ser escritos quanto falados, mas que não se preocupam com o contexto social em que falantes e ouvintes estão inseridos.

A abordagem que estuda a língua como enunciação é aquela na qual o objeto de estudo é pensado dentro de um contexto cultural, que analisa a língua como processo de diferenciação cultural, concebendo-a como um conjunto de processos que a admite como mecanismo vivo em suas manifestações. Partindo desse entendimento, sabemos que a língua é uma atividade social, e a gramática que se ocupa da língua, com base nessa interpretação, é chamada de *gramática interdisciplinar*, pois a língua atua como agente de interação.

A língua utiliza uma série de ferramentas para se fazer entender: utiliza signos e códigos que proporcionam significados. Esse conjunto de elementos recebe o nome de *linguagem*. Pode-se dizer que linguagem é:

> todo e qualquer sistema de signos empregados pelos seres humanos na produção de sentido, isto é, para expressar sua faculdade de representação da experiência e do conhecimento. É dessa segunda acepção de linguagem que provém uma distinção fundamental: a de **linguagem verbal** e **linguagem não verbal**. A **linguagem verbal** é aquela que se expressa por meio do **verbo** (termo de origem latina que significa "palavra"), ou seja, da **língua**, que é, de longe, o sistema de signos mais completo, complexo, flexível e adaptável de todos: não por acaso, é de *língua* que deriva a palavra **linguagem**, pois toda **linguagem** é sempre uma "imitação da língua", uma tentativa de produção de sentido tão eficiente quanto a que se realiza linguisticamente. (Bagno, 2021, grifo do original)

Pode-se concluir, dessa forma, que a linguagem, assim como a língua, se materializa – é por meio dela que o homem comunica seus sentimentos e conhecimentos.

## 2.3 Neurolinguística e aquisição de linguagem

Nesta seção, abordaremos os aspectos da neurociência atrelados à educação e ao desenvolvimento humano. A neurolinguística é a grande vertente da neuropsicologia. Trata-se de uma ciência que se ocupa do estudo da elaboração da linguagem no cérebro. É por meio dela que entendemos as conexões que o cérebro faz para estabelecer um processo comunicativo.

Costuma-se afirmar que a função cognitiva mais importante é a linguagem, já que, por meio dela, podemos verificar a evolução de um indivíduo desde o início de sua vida até a idade madura. Assim, esse desenvolvimento evidencia as inter-relações com todas as funções cerebrais, estabelecendo-se como a base da comunicação e das relações sociais.

### Exercício resolvido

A orientadora educacional Kátia A. Kühn Chedid faz reflexões importantes sobre as neurociências . Conforme afirma Gardner (2005), "mentes são difíceis de mudar", ou seja, mesmo que nossas mentes se alterem com o aprendizado a todo instante, as mudanças significativas, aquelas que influenciam a autoimagem, as relações entre o aprendiz e o aprender, podem ser operadas pelo professor e pelo psicopedagogo. Tendo em vista essa perspectiva, assinale a alternativa que indica corretamente o objetivo da neurociência:

a) Compreender o funcionamento do sistema nervoso e da mente por meio de suas estruturas, de seu desenvolvimento e de suas alterações, aplicando métodos interdisciplinares.
b) Proporcionar a compreensão do cérebro pela aplicação de medicamento e de diversas técnicas de autodesenvolvimento e conhecimento das inter-relações cerebrais com o resto do organismo humano.

c) Conceber o cérebro como um espaço do indivíduo, inatingível, que não sofre influências externas. Isso significa que o cérebro não admite mudanças e suas transformações só acontecem pela vontade do indivíduo.
d) Especificar que o comportamento do ser humano não tem diferenças em relação a um animal adestrado e que a teoria do reflexo condicionado se aplica tanto aos animais quanto ao ser humano.

Gabarito: a

*Feedback* do exercício: As neurociências aparecem para responder ou tentar responder questões relativas ao funcionamento da mente. Os neurocientistas buscam reconstruir o todo, compilando saberes e experiências, reunindo as vivências do adulto e da criança, utilizando as várias áreas de estudo. A neurociência atua nas interfaces de todas as áreas do conhecimento.

---

Não se pode afirmar que a linguagem apresenta uma característica eminentemente igual às informações que estão sendo apresentadas em um livro, pois essa espécie de comunicação modifica a maneira como o mundo pode ser visto e, por isso, torna-o mais dinâmico e atrativo.

Figura 2.2 – Plano de desenvolvimento neurolinguístico (PDN)

**PDN**

- PROCESSOS NEUROLÓGICOS
- LINGUAGEM
- EXPERIÊNCIA
- DESENVOLVIMENTO PESSOAL
- COACHING
- ATINGIR OBJETIVOS

Trueffelpix/Shutterstock

Com base nos estudos sobre a neurolinguística, sabe-se que, durante o período entre o nascimento e a idade de três anos, as crianças ganham domínio básico da linguagem de sua cultura, o que parece surpreendente, pois é difícil para os adultos aprender uma segunda língua. O cérebro infantil parece especialmente adaptado para o aprendizado de línguas, e, na medida em que algumas áreas específicas do hemisfério esquerdo do cérebro se desenvolvem, servem de centro para essas funções. No entanto, em razão da plasticidade precoce do cérebro, se esses locais não estiverem disponíveis em virtude da remoção cirúrgica do hemisfério esquerdo do cérebro, crianças com menos de quatro ou cinco anos podem usar o lado direito do cérebro para aprender uma língua (Barthes, 1988).

Conforme a perspectiva neurolinguística, o desenvolvimento da linguagem também está relacionado ao sistema de neurônios-espelho:

> Os neurônios-espelho desempenham uma função crucial para o comportamento humano. Eles são ativados quando alguém observa uma ação de outra pessoa. O mais impressionante é o fato desse **espelhamento** não depender obrigatoriamente da nossa memória. Se alguém faz um movimento corporal complexo que nunca realizamos antes, os nossos neurônios-espelho identificam no nosso sistema corporal os mecanismos proprioceptivos e musculares correspondentes e tendemos a imitar, inconscientemente, aquilo que observamos, ouvimos ou percebemos de alguma forma. (Lameira; Gawryszewski; Pereira Jr., 2006, p. 129, grifo do original)

No entanto, mesmo que os significados gestuais sejam claros quando evidenciados pelas ações motoras, as expressões de fala e seus significados não se relacionam de forma óbvia. Portanto, quando a linguagem infantil se desenvolve, os significados atribuídos ao gestual se transferem para significados de sons abstratos.

Uma indicação dessa conexão é que, durante a leitura e a fala espontânea, também ocorre a ativação do córtex motor da mão no hemisfério esquerdo. As áreas específicas do hemisfério esquerdo que parecem especializadas como locais para o desenvolvimento da linguagem são as áreas de Broca e Wernicke, que se localizam no córtex perisilviano, área que apresenta limites com o lobo temporal e o conecta aos lobos frontal e parietal (Leyser, 2018).

> A localização da área de Wernicke também está próxima das áreas sensoriais receptivas de visão, audição e toque. O córtex frontal esquerdo (de Broca) é ativado principalmente pela sintaxe (ordem das palavras e gramática) e a área temporoparietal (de Wernicke) é ativada principalmente

por semântica e sintaxe (significado de palavras e frases). No entanto, a área de Broca também é ativada por ações manuais e ações de ingestão de alimentos ou água [...]. (Leyser, 2018, p. 119)

A área de Wernicke é uma região localizada no córtex cerebral que vem sendo considerada uma importante área para a compreensão da linguagem e a elaboração das falas significativas.

> **Para saber mais**
>
> Assista ao vídeo a seguir, que mostra a localização da área de Wernicke e os problemas que podem acontecer quando ela é danificada, denominados *afasia de Wernicke*, bem como as possibilidades de sua interferência na linguagem.
>
> MINUTE Neuroscience: Wernicke's Area. **Neuroscientifically Challenged**, 12 mar. 2018. 1 min. Disponível em: <https://youtu.be/o3Xtiz_ikw4>. Acesso em: 27 abr. 2021.

Essas áreas podem ser identificadas já no período pré-natal. Um eletroencefalograma (EEG) de bebê prematuro já demonstra que por volta da 30ª semana existem respostas cerebrais diferentes aos sons da fala, observando-se os dois hemisférios do cérebro. Após o nascimento, conforme as áreas cerebrais vão sendo estimuladas, ativadas e expostas ao ambiente e suas linguagens, os bebês desenvolvem sua linguagem de forma exponencial.

### 2.3.1 Estágios do desenvolvimento da linguagem

Conforme indicam os estudos neurolinguísticos, do nascimento aos seis meses, embora os bebês pareçam ter a disposição para a linguagem conectada no cérebro, eles não são capazes de fazer uso da linguagem até que os centros do cérebro tenham amadurecido o suficiente para essa atividade. É essencial para a aprendizagem da linguagem a exposição a um ambiente rico em linguagem, e isso é fornecido à maioria dos bebês por seus cuidadores adultos (Mengarda, 2012).

Por isso, os recém-nascidos apresentam certa preferência em escutar a voz materna. Além disso, o idioma nativo tem por objetivos, fundamentalmente, os aspectos característicos da fala, nomeadamente, a entonação e o ritmo. Segundo Mengarda (2012), o recém-nascido tem condições de discriminar fonemas, por isso, a linguagem é desenvolvida a partir da discriminação de sons de fala, e não da produção da fala.

O processamento sensorial de fonemas dos bebês lhes possibilita diferenciar sons de fala de todas as línguas. Após os seis meses, eles reagem menos aos fonemas que não fazem parte de sua língua nativa. Crianças demonstram que estão aprendendo evidenciando os detalhes do discurso nativo, o que as ajuda a identificar sua língua. A prática do som se dá por meio da imitação: os bebês ficam um longo tempo praticando, imitando a entonação, o ritmo e a qualidade fonética por meio do ato de balbuciar. Isso também lhes permite praticar habilidades motoras relacionadas à fala quando movimentam a língua e o palato (Leyser, 2018).

A partir dos dois meses, mesmo em bebês que são considerados surdos, consegue-se perceber o ato de balbuciar, que é composto por expressões de sons que se assemelham à compreensão de uma vogal. Entretanto, ao longo do tempo, tornam-se evidentes os sons que são reproduzidos pelas crianças.

Já por volta dos quatro meses, grande parte dos bebês apresenta certa qualidade na comunicação, de maneira que consegue alternar nesse processo. Se um bebê balbuciar determinados sons e, em resposta, o adulto apresentar um diálogo, ele estará envolvido nesses processos, pois, após a resposta com palavras do adulto, irá balbuciar novos sons.

No período entre os seis e os dez meses, o balbuciar ainda é o canal de comunicação mais importante do bebê, mas já é possível identificar determinadas combinações específicas, ou seja, existirá o uso das vogais em conjunto com consoantes.

> Por cerca dos 12 meses, os bebês produzem a maioria das vogais e cerca de metade dos sons consoantes na língua, e as correntes de sons balbuciantes dos bebês de todas as culturas têm entonações que se assemelham àquelas de sua língua nativa. Durante este período de idade, o desenvolvimento sináptico está ocorrendo rapidamente, especialmente no centro da "palavra" (de Wernicke), e o número de sinapses nesta área é maior entre oito e 20 meses. (Leyser, 2018, p. 120)

Assim, entre os nove e os dez meses, já é possível compreender determinadas palavras ditas pelas crianças, de maneira que, já nos 12 meses, o vocabulário da criança encontra-se em torno de 70 palavras, sendo em grande parte composto por nomes de pessoas ou de objetos.

Não existe um padrão específico para a produção da linguagem, de maneira que algumas crianças podem ter desenvolvido, ao final de um ano, certa produção de palavras, ao passo que outras ainda não.

> Embora a compreensão de algumas palavras ou frases seja bastante evidente até o final do primeiro ano, a variação de normalidade para a produção de linguagem é mais variada, com algumas crianças de 12 meses com pouca ou nenhuma produção de palavras, enquanto outras já podem ter 50 ou mais palavras e algumas frases de duas palavras. (Leyser, 2018, p. 120)

No segundo ano de vida haverá, de maneira extensa, tanto uma atividade metabólica quanto a sinaptogênese e, por isso, o vocabulário da criança irá se desenvolver mais rapidamente.

A área de Wernicke é responsável por materializar o pensamento quando o desejo por determinada coisa surge. Em seguida, surge a fala telegráfica, que pode ser expressa com a ausência de determinada palavra. Destaca-se, ainda, que, mesmo sem precisão, muitas crianças já conseguem se comunicar de maneira perceptiva.

Figura 2.3 – **Área de Wernicke**

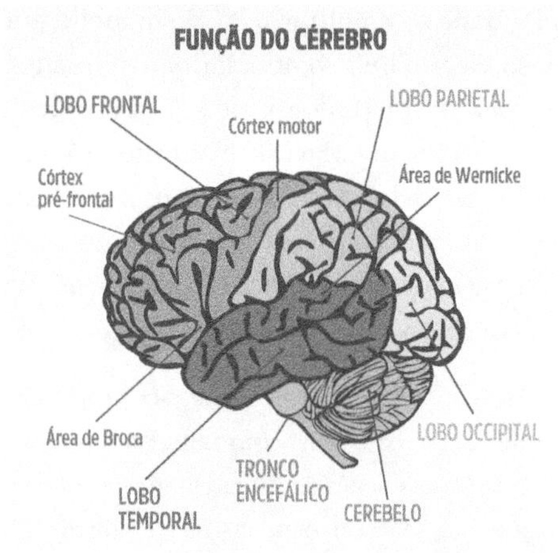

**FUNÇÃO DO CÉREBRO**

okili77/Shutterstock

As crianças de 18 a 23 meses de idade fixam o olhar com mais efetividade: observam rótulos e imagens e os definem verbalmente com clareza. Isso demonstra que as palavras mais conhecidas são memorizadas corretamente, mesmo antes de adquirirem um vocabulário mais extenso.

Entre os 20 e 30 meses, as crianças começam a aquisição da sintaxe: reunir as frases, juntar as palavras, utilizar artigos, preposições, conjunções, tempos verbais etc. Entretanto, não se pode exigir da criança o uso correto da gramática, pois, em virtude da variação de regras nos idiomas e pela sua idade, observa-se um conhecimento bastante frágil sobre a questão.

A partir dos três anos de idade, o discurso torna-se fluente, exprimindo complexidade. Embora, muitas vezes, as crianças omitam alguma parte do discurso, é possível manter o significado. Aos quatro anos, crianças sem deficiência auditiva apresentam domínio das regras gramaticais orais ao mesmo tempo que começam as perdas neuronais do cérebro.

**Exemplificando**

Pelos estudos realizados, constatou-se que crianças surdas e ouvintes, quando em condições de *inputs* adequados, apresentam um processo de aquisição de linguagem normal, visto que independe da modalidade em que a língua se apresenta, seja auditivo-oral (línguas orais), seja visual-espacial (línguas de sinais). Os surdos e ouvintes desenvolvem os mesmos estágios de aquisição de linguagem; o que os diferencia é o fato de os bebês ouvintes se expressarem pelos sons, ao passo que os bebês surdos se expressam pelas produções manuais, diferenciadas conforme o *input* que recebem, na língua oral ou na língua de sinais.

### 2.3.2 Períodos sensíveis para o desenvolvimento da linguagem

No período entre zero e três anos, a criança apresenta uma evolução sistemática no processo de desenvolvimento da linguagem, em virtude da sensibilidade inerente à sua condição no que se refere ao desenvolvimento da linguagem. Por isso, os significados das palavras exprimidos pelas crianças, inicialmente, passam por uma estrutura não verbal e, em seguida, desenvolvem-se à medida que os estímulos surgem.

A sinaptogênese intensiva, o crescimento nos centros de linguagem e outras áreas cerebrais e a plasticidade precoce proporcionam às crianças pequenas o desenvolvimento eficiente de caminhos neurais para a linguagem. Todavia, fatores ricos em linguagens, como o meio ambiente e os envolvimentos entre filhos e pais realizando atividades conjuntas, são fundamentais para o desenvolvimento de uma linguagem abundante, completa e que possibilitará o desenvolvimento das competências comunicativas.

Quando as crianças não estão inseridas nesse contexto salutar de comunicação e desenvolvimento da linguagem, elas não desenvolvem a capacidade linguística. Essa questão poderá gerar problemas significativos para o desenvolvimento da criança, pois, com o avanço da idade, o processo de aprendizagem da linguagem pode ser problemático.

Mesmo que o desenvolvimento vocabular continue, à medida que a idade avança, é mais difícil estabelecer as sinapses necessárias para o desenvolvimento de habilidades orais gramaticais e fonêmicas bem estruturadas. A plasticidade do cérebro ainda permitirá o aprendizado de sistemas de linguagens adicionais, porém, com limitações a estruturas muito complexas e vocabulário extraordinário. Um contexto familiar conturbado, por exemplo, pode causar efeitos prejudiciais ao processo de aprendizado da linguagem, em especial à aprendizagem da leitura.

## 2.4 Sociolinguística: relação entre língua e sociedade

São muitos os aspectos de variação das línguas. Elas variam de região para região, de acordo com a idade, o gênero, a condição social, as situações de comunicação e as interações sociais dos falantes e ouvintes.

As línguas também variam em virtude de diversos fatores históricos. A sociolinguística busca abordar e mostrar como e por que as variações acontecem, bem como os conflitos que podem surgir a partir da diversidade linguística.

Um dos aspectos constitutivos de uma sociedade é sua língua. Esse é um dos motivos pelos quais estudiosos de várias áreas se interessam pelo tema, sendo que há diversas abordagens: a filosófica, a sociológica, a linguística, a psicológica, a educacional etc.

> A língua não se realiza num vácuo social. Ela não existe fora da sociedade, da mesma forma que a sociedade não existe sem ela. A relação entre língua e sociedade não é uma relação em que uma determina a outra, mas de interação entre elas, em que uma se refrata na outra, num sistema de influências. Numa sociedade estratificada, a língua não foge à estratificação. [...] A língua é um espelho pelo qual se pode observar o desenho

da sociedade. Esta não é estática, da mesma forma que a língua não o é, ambas evoluem constantemente num processo de interação. (Silva; Sousa, 2017, p. 263-264)

Há diversos fatores que concorrem para a evolução linguística. A mudança da língua não é um processo autônomo, visto que ela faz parte de um processo de interação social. Uma comunidade se desenvolve linguisticamente de acordo com sua vivência social. A transformação social propaga-se e interfere igualmente na língua e na comunidade, que se inter-relacionam. Quando a língua muda, não o faz apenas por si: ela surge pela necessidade social e se transforma em decorrência da sociedade. Assim, para Alkmin (citado por Sell; Gonçalves, 2011, p. 3, grifo do original), "a sociolinguística preocupa-se com a língua falada em contextos socialmente construídos. Tais contextos estão relacionados com outro conceito importante para essa área, o conceito de **comunidade de fala ou linguística**", que pode ser definido como um "conjunto de pessoas que interagem verbalmente e que compartilham um conjunto de normas com respeito aos usos linguísticos".

Ao relacionarmos a supervalorização linguística às relações sociais, percebemos que as formas verbais mais valorizadas são as usadas pela classe dominante. Eis o porquê da relação entre estratificação social e estratificação da língua. No entanto, Labov (2008, p. 290) faz uma ressalva: a de que se deve ter cuidado ao relacionar estrutura social com estrutura linguística, pois "a grande maioria das regras linguísticas estão bastante distantes de qualquer valor social". Entretanto, o autor afirma que "os valores sociais são atribuídos a regras linguísticas somente quando há variação" (Labov, 2008, p. 290).

Assim, de modo geral, muitos entendem a variação linguística como um dialeto, e, por esse motivo, como uma forma de expressão inferior. Porém, para a sociolinguística, essa distinção não existe; pelo contrário, são as variações linguísticas que identificam os grupos sociais.

Na verdade, o que se observa é uma variação diferenciada, que leva em consideração determinadas características; ou seja, apesar de se falar português em todo o território brasileiro, existe uma diferença na maneira de se expressar entre as regiões do país, como Norte e Nordeste. Isso acaba por ser caracterizado como dialeto.

> Os dialetos são idênticos às línguas, do ponto de vista linguístico. Eles têm tudo o que as línguas têm. Não são menores ou mais simples ou menos perfeitos. Os dialetos, do ponto de vista linguístico, são **línguas**. Mas do ponto de vista da sociolinguística, são línguas que não atingiram a **autonomia** na imaginação popular. (McCleary, 2009, p. 14, grifo do original)

Antes de a sociolinguística se estabelecer como área de estudo da linguística, já havia pesquisadores preocupados com a questão da diversidade linguística. Um desses autores foi Antoine Meillet (1866-1936), que pesquisou sobre a "mudança linguística na França a partir da relação entre a estrutura social e as relações nas quais a linguagem se desenvolve, afirmando assim a forte ligação entre língua, cultura e sociedade" (Sell; Gonçalves, 2011, p. 6).

Para Calvet (2002, citado por Sell; Gonçalves, 2011), não obstante Meillet tenha reconhecimento por ser discípulo de Saussure, com a publicação de Curso de linguística geral postumamente, ficou visível a oposição entre os seus estudos e a proposição de Saussure da língua como fato social: "Enquanto Saussure busca elaborar um modelo abstrato de língua, Meillet se vê em conflito entre o **fato social** e o **sistema que tudo contém**: para ele não se chega a compreender os fatos da língua sem fazer referência à diacronia, à história" (Calvet, 2002, p. 15).

Também, "como precursores da sociolinguística, temos os dialetólogos, que na década de 1930 trabalharam no Atlas Linguístico dos Estados Unidos e do Canadá, buscando associar informações sociais e geográficas na descrição dos dialetos" (Cezario; Votre, 2008, citados por Sell; Golçalves, 2012, p. 7). Nesse sentido, a sociolinguística surgiu

> De fato a sociolinguística surge como uma área da linguística, e sob tal termo, em 1964, a partir de um congresso organizado pelo linguista William Bright (1928-2006), na Universidade da Califórnia, em Los Angeles (UCLA), em oposição aos estudos gerativistas de Noam Chomsky, os quais se encontravam em plena ascensão.

Esses estudos foram publicados dois anos depois com o título *Sociolinguistics*, entre eles o clássico trabalho de Bright – *As dimensões da sociolinguística* –, no qual o autor define e caracteriza essa nova área de estudo (Sell; Gonçalves, 2011).

Definir o campo da sociolinguística não é uma tarefa fácil. Pode-se dizer que o objeto de estudo da sociolinguística é a diversidade linguística, devendo-se demonstrar as variações linguísticas em uma comunidade e relacioná-las com as diferenças na estrutura social desta (Sell; Gonçalves, 2011). A sociolinguística estuda a língua em toda sua variedade, considerando-se a variação linguística como um fato a ser explicado. Nesse sentido, busca-se estudar as formas de variação, as causas, as funções da diversidade nas línguas e a relação existente entre essas variedades e o uso social que se faz da língua em uma comunidade.

De acordo com Alkmin (2005, p. 30, citado por Sell; Gonçalves, p. 8):

> os estudos sociolinguísticos inaugurados em 1964 são na verdade uma continuação dos estudos tradicionais da chamada Antropologia Linguística, que teve início no começo do século XX com pesquisadores como Franz Boas (1911) e seus discípulos Edward Sapir (1921) e Benjamin Lee Whorf (1941). Esses estudos tradicionais consideram linguagem, cultura e sociedade [...] fenômenos inseparáveis, por isso o trabalho conjunto entre Antropologia e Linguística.

Para Sell e Gonçalves (2011), a sociolinguística surgiu como uma área de estudos interdisciplinar, em que pesquisas de vários autores buscaram explicar as relações existentes entre a linguagem e os aspectos de ordem sociocultural. Entre tais pesquisadores, destacam-se:

> Dell Hathaway Hymes, que, em 1962, propõe em um artigo a Etnografia da Fala, hoje conhecida como Etnografia da Comunicação; e William Labov que, em meados de 1960, publica suas pesquisas clássicas em que demonstra o papel decisivo dos fatores sociais como idade, sexo, ocupação, origem étnica e atitude na diversidade linguística estabelecida em cada comunidade. A metodologia utilizada por Labov dá origem à sociolinguística variacionista. (Sell; Gonçalves, 2011, p. 8)

De acordo com Calvet (2002), na mesma época que a sociolinguística surgiu como uma nova área da linguística, aconteceu em Bloomington (Indiana, Estados Unidos) outro congresso que reuniu linguistas e cientistas sociais para debater questões relacionadas à dialetologia social e à escolarização de camadas pobres e de origem estrangeira da sociedade. "Dessas pesquisas surgem obras como *Directions in Sociolinguistics: report on a interdisciplinar seminar*, de Ferguson (1965), *Explorations in Sociolinguistics*, editado por Lieberson (1966), e *Social dialects and language learning*, editado por Shuy (1964)" (Labov, citado por Calvet, 2002, p. 32).

Assim, entende-se que a sociolinguística se constitui como uma área interdisciplinar, levando em conta estudos sociológicos, antropológicos e linguísticos, os quais contribuíram para a constituição da área, já delineando as relações entre língua e sociedade.

> **O que é?**
> As variações fonológicas e morfossintáticas consistem em discretas alterações verbais de cunho fonoarticulatório ou morfoarticulatório que ocorrem por influências regionais e culturais. Confira os exemplos:
>
> - Fonológicas: "prantar" em vez de "plantar".
> - Morfossintáticas: "dez real" em vez de "dez reais".
>
> Há, ainda, as variações estilísticas, isto é, as mudanças da língua de acordo com o grau de formalidade, ou seja, a língua pode variar entre formal ou informal.

A sociolinguística também pode ser definida como a **teoria da variação e mudança**, visto que estuda o significado social das variedades linguísticas e suas variantes. De forma simplificada, *variedade linguística* é uma manifestação natural que tem as mais diversas causas para sua formação. É importante salientar que toda variação linguística é adequada, pois, em determinado momento, atende a uma necessidade dos falantes e do grupo a que eles pertencem. Esse é um dos motivos para sempre reiterarmos o cuidado com o preconceito linguístico, pois ninguém pode ser discriminado pela sua forma de expressão.

O preconceito linguístico é resultante da falta de conhecimento da linguagem e da inflexibilidade de sujeitos que se julgam mais conhecedores da língua. Existem pseudointelectuais tão seguros de seus conhecimentos que ignoram os caminhos pelos quais o saber passa para conseguir evoluir. Ninguém pode se considerar detentor de um conhecimento se não acompanhar sua evolução.

> Por mais que isso nos entristeça ou irrite, é **preciso reconhecer que o preconceito linguístico está aí, firme e forte**. Não podemos ter a ilusão de querer acabar com ele de uma hora para outra, porque isso só será

possível quando houver uma transformação radical do tipo de sociedade em que estamos inseridos, que é uma sociedade que, para existir, precisa de discriminação de tudo o que é diferente, da exclusão da maioria em benefício de uma pequena minoria, da existência de mecanismos de controle, dominação e marginalização. **Apesar disso, acredito também que podemos praticar alguns pequenos atos subversivos, uma pequena guerrilha contra o preconceito, sobretudo porque nós, professores, somos muito importantes como formadores de opinião.** (Bagno, 2002, p. 139, citado por Krombaur; Soares, 2016, p. 5, grifo do original)

O preconceito linguístico se manifesta nos mais diversos espaços sociais. A língua é um mecanismo de poder e, se alguém for discriminado e humilhado pela sua forma de falar, todas as pessoas que pertencerem àquele agrupamento também o serão. Nesse sentido, é necessário admitir a construção de diversas formas de falar. Com toda certeza, a língua é um fenômeno sociocultural que tem grande responsabilidade na formação da identidade cultural de um povo e seus grupos sociais.

## 2.5 Sociolinguística variacionista

Política linguística, na definição de Calvet (2002, citado por Sell; Gonçalves, 2011, p. 47), é "um conjunto de escolhas referentes às relações entre língua(s) e vida social". No que se refere à compreensão do planejamento linguístico, a prática de uma política linguística ganha destaque. No entanto, o autor observa, a partir dessa compreensão, que os grupos sociais podem se reunir e estabelecer uma política linguística, muito embora o planejamento linguístico seja de competência restrita do governo, que o coloca em prática por meio das instituições de ensino (Sell; Gonçalves, 2011). "Calvet nos apresenta duas maneiras de encarar o multilinguismo, o primeiro envolve as práticas sociais e o segundo se dá através da intervenção sobre estas práticas sociais. O primeiro diz respeito à maneira como as pessoas resolvem os problemas de comunicação que surgem cotidianamente", do que são exemplos "as línguas aproximativas (*pidgins*) ou as veiculares, as quais surgem para resolver problemas de comunicação entre falantes de línguas diferentes (Sell; Gonçalves, 2011, p. 47).

McCleary (2009) fala sobre um sistema precário de comunicação chamado *pidgin*, que não é uma língua natural, visto que não existem pessoas que falem *pidgin* como primeira língua. Ele surge forçado por uma circunstância, uma necessidade, e é uma exigência dos adultos. Um *pidgin* é uma língua emergencial. Conforme apontado por Calvet (2002), tais línguas surgem de maneira espontânea, como produtos da prática social de uso da linguagem e nada têm a ver com decretos oficiais ou leis.

Por outro lado, Calvet (2002) observa que as questões que envolvem o multilinguismo e o neologismo podem ser abordadas sob o ponto de vista da intervenção ou do poder. Nesse caso, "linguistas analisam as situações e as línguas, descrevem-nas, constroem hipóteses sobre o futuro das situações, proposições para regular os problemas; depois os políticos estudam as hipóteses e as proposições, fazem escolhas, aplicam-nas" (Calvet, 2002, p. 147-148).

Calvet (2002, citado por Sell; Gonçalves, 2011) nomeia essas duas maneiras de ação sobre a língua de gestão *in vivo* e gestão *in vitro*. A primeira é natural e se dá por meio da influência dos falantes sobre a língua e da aceitação prática dessas influências; a segunda é artificial, manifesta-se de maneira oficial e origina-se por meio de decretos e leis que podem ter como objetivo a modernização da língua em sua escrita ou seu léxico, como as reformas ortográficas.

Nesse contexto de variação linguística, convém destacar os aspectos observados no antigalicismo, um movimento ocorrido no Brasil que se opôs à inclusão de palavras da língua francesa no país. Ainda nesse mesmo contexto, foi possível identificar o surgimento do projeto de lei Aldo Rebelo, que apresentava em seu texto a necessidade de "purificar" a língua brasileira, eliminando palavras estrangeiras (Sell; Gonçalves, 2011).

Com o objetivo de padronizar a língua, pode-se ter uma gestão *in vitro* (Calvet 2002, citado por Sell; Gonçalves, 2011). O autor cita como exemplo a situação da Noruega, país que, durante três séculos, foi dominado pela Dinamarca e depois passou para o domínio da Suécia, antes de sua independência. A consequência linguística foi o dinamarquês como língua padrão urbana e diversos dialetos espalhados pelo país. Em virtude de políticas governamentais, estabeleceram-se muitas propostas e normalizações: alguns defendiam uma língua mais próxima ao dinamarquês e outros, a admissão de uma língua mais popular. O resultado é que as duas línguas coexistem até hoje (Sell; Gonçalves, 2011).

Conforme esclarece Calvet (2002, citado por Sell; Gonçalves, 2011, p. 48), "a política linguística pode ter uma fusão simbólica e ideológica forte: na Noruega, trata-se, essencialmente, de apagar na língua os traços da dominação dinamarquesa e de afirmar pela unificação linguística a existência de uma nação dinamarquesa".

Importante observar que, por meio da gestão *in vitro*, é possível que ocorra a recuperação de uma língua, em virtude de sua capacidade de realizar o processo de reconhecimento de uma língua.

Conforme Sell e Gonçalves (2011), a gestão *in vitro* também pode possibilitar o reconhecimento de uma língua. Como exemplo, os autores citam o Decreto n. 5.626, de 22 de dezembro de 2005 (Brasil, 2005), que regulamentou a Língua Brasileira de Sinais (Libras), utilizada pela comunidade que possui deficiência auditiva. Sabendo que o decreto necessita de instrumentos governamentais para realizar a execução da proposta, o sistema político criou cursos de licenciatura e de bacharelado na área de Libras, a fim de possibilitar sua aplicação em instituições de ensino. Além disso, tornou-se obrigatória a inclusão da disciplina de Libras nos cursos superiores (Sell; Gonçalves, 2011).

> **Preste atenção!**
> No multilinguismo, há a presença das variações linguísticas ou das variações de linguagem. As variações podem ocorrer no âmbito social, embora não estejam relacionadas apenas a mudanças de palavras, e sim a uma mudança cultural e popular.

A construção da linguagem como identidade reflete no acervo lexical, no conjunto de palavras dominadas pelo sujeito para o uso das línguas orais.

Barbosa (1992, p. 1) ressalta que, por meio do léxico e de suas relações contextuais, é possível "apreender, compreender, descrever e explicar a 'visão de mundo' de um grupo sócio-linguístico-cultural".

É por esse aspecto que entendemos as interferências nas variantes linguísticas. Costa (2008) explica que, para estudar a variação linguística, é necessário selecionar e ordenar as variantes levando em consideração os diferentes eixos – lembrando sempre que esses eixos coexistem no tempo. São eles:

a. variação geográfica;
b. variação sociocultural;
c. variação individual;
d. variação de canal;
e. variação temática. (Costa, 2008, p. 197)

A linguística refere-se aos eixos que organizam a heterogeneidade e a diversidade da língua. Cada uma dessas variações é composta por um conjunto de variantes, nos termos do autor, "um conjunto de usos linguísticos considerados relevantes para a caracterização de uma variedade" (Costa, 2008, p. 197). As variações definidas resultaram das pesquisas da sociolinguística.

A **variação diatópica**, conhecida também como *variedade geográfica*, refere-se às representações relacionadas a regiões, como estados, cidades, zonas rurais e áreas específicas nos grandes centros. Essas variações "ocorrem num plano horizontal da língua, na concorrência das comunidades linguísticas, sendo responsáveis pelos chamados regionalismos, provenientes de dialetos ou falares locais" (Ilari; Basso, 2012, p. 15). Tais variações não estão relacionadas com os avanços dos estudos ou as evoluções históricas da língua, mas ocorrem de uma maneira linear, em um plano horizontal.

Há também a **variação diastrática**, que consiste em uma variação da sociedade. Entendemos que a língua constitui um processo de construção contínuo no dinamismo da interação. Temos, então, variações e mudanças motivadas por fatores históricos, econômicos e sociais.

Preti (1987) esclarece que a variação diastrática pode ser observada nos modos de falar das variadas classes sociais. Essas variantes estão relacionadas:

- à idade do falante (linguagem infantil, jovem, adulta e dos idosos),
- ao sexo (ocorre devido a certos tabus morais que geram tabus linguísticos),
- à posição social,
- ao grau de escolaridade. (Preti, 1987, p. 27)

Com relação à **variável etária**, que podemos chamar de *variável diageracional*, Tarallo (1986, p. 65) explica que ela pode indicar dois fenômenos linguísticos:

1. variação estável: quando não há correlação entre a faixa etária dos informantes e a regra variável;
2. variação em progresso: quando há um decréscimo entre o uso das variantes, sendo mais inovadora entre os jovens.

A variação entre faixas etárias de usuários mais velhos apresenta determinados sinais, os quais, em processo de mudança, já são usados de outra forma por usuários mais jovens.

A **variação diáfasica**, por sua vez, consiste em variações relacionadas ao contexto no qual o falante está inserido. São "influências determinadas pelas condições extra verbais que cercam o ato de fala, [...] ambiente, [...], tema, [...] relações que unem falante e ouvinte no momento do diálogo [...], grau de intimidade entre os falantes, elementos emocionais" (Preti, 2003, p. 21-22). Nesse sentido, os contextos extralinguísticos determinam os registros variáveis, como o contexto em que os interlocutores estão envolvidos, o assunto e as relações entre os que fazem parte do ato comunicacional.

Quando utilizamos modalidades diferentes para a comunicação, dizemos que estamos fazendo uso de uma **variação diamésica**, que diz respeito ao que usamos para comunicar: pode ser a fala, um documento escrito, uma mensagem instantânea, um *e-mail* etc.

Já a **variação diacrônica** confirma que as línguas são vivas e estão em constante modificação, em um dinamismo linguístico que efetua o registro de sinais criados com base em aspectos culturais e linguísticas. Ao longo dos anos, é natural que a língua passe por mudanças em seus níveis fonológico, morfológico, lexical, entre outros. Essas variações, que acabam contrastando em diferentes períodos da história, são chamadas de *diacrônicas*. Embora sujeitas a esse tipo de variação, todas

> as línguas têm uma história externa (que diz respeito à maneira como evoluem ao longo do tempo em suas funções sociais e em suas relações com determinada comunidade linguística) e uma história interna (que diz respeito às mudanças que vão ocorrendo em sua gramática – fonologia, morfologia, sintaxe – e em seu léxico). (Ilari; Basso, 2012, p. 152)

Essa variação pode ser percebida quando fazemos a comparação entre gerações. Assim, entendemos que a variação linguística contribui para a construção da identidade dos sujeitos ao longo do tempo. Além disso, percebemos que ela sofre as influências de uma língua, da história e da sociedade. Dessa forma, é possível perceber a importância da interação sociocultural, que se reflete na língua.

Figura 2.4 – **Variedade linguística e cultural**

oneinchpunch/Shutterstock

Por fim, sabe-se que esses eixos definem a heterogeneidade e a diversidade da língua. Cada variação é composta por um conjunto de variantes, de usos linguísticos importantes para constituir uma variedade. A variação é a realização concreta da língua, enquanto a variedade se refere à soma idealizada das variações (Costa, 2008). O homem, em razão de suas necessidades, adquire, nos primeiros anos de vida, a língua correspondente ao seu ambiente familiar e cultural.

Alguns linguistas defendem a teoria de que cada língua corresponde a uma cultura. Já os universalistas acreditam que todas as línguas humanas detêm propriedades comuns, mesmo não tendo qualquer contato e sendo representadas por diferentes grupos e culturas.

Cada grupo social, em virtude de suas necessidades básicas, busca a aquisição rápida da modalidade da língua falada no ambiente que o rodeia. Dessa forma, toda pessoa sem dificuldades linguísticas adquire uma linguagem sem nenhum treinamento ou orientação, apenas observando e interagindo em um meio comunicativo. Essa capacidade do indivíduo de apropriar-se da linguagem, de maneira ampla e satisfatória, é chamada de *universalidade*. Quando o homem é inserido em um espaço e estimulado por ele, há a apropriação da linguagem pelo simples contato – trata-se de uma habilidade humana inata.

Sobre o desenvolvimento da linguagem, é de suma importância ter um contato com um sistema de regras linguístico rico e complexo, o que ocorrerá na medida em que o indivíduo for inserido e desafiado a utilizar essa linguagem. A experiência linguística é a forma *input*, que designa uma recepção do que o indivíduo ouve ao seu redor, ou seja, as sentenças da língua que ele está adquirindo, apesar das grandes diferenças de experiência linguística.

A apropriação da linguagem é a **uniformidade**, ou seja, a medida das experiências linguísticas diversas (com *inputs* diferentes) que, mesmo diante da diversidade, permite aos sujeitos aprender a mesma língua. Quanto maiores forem os canais de entradas linguísticas, maiores serão as apropriações realizadas pelo indivíduo.

## Síntese

- Existem diversas formas de concepção da linguagem. Desde o século XIX, vários pesquisadores desenvolveram estudos na área de linguística, entre eles Bopp, Jacob Grimm, Hermann Paul, Whitney e Hamboldt e, principalmente, Ferdinand Saussure, considerado o pai da linguística moderna.
- A língua, em sua essência, é um sistema de signos composto de duas faces indissociáveis: o significante e o significado.
- Para Saussure, a língua é um jogo sistêmico de relações de oposição. Trata-se, portanto, de uma "teia de relações de oposição" (dicotomias da linguagem).
- A língua tem como função principal proporcionar a comunicação entre as pessoas. É um conjunto de leis combinatórias relacionadas a aspectos gramaticais e está inserida em um conjunto linguístico que

- é composto por signos linguísticos e regras que formam palavras, frases e textos com sentido.
- A linguística é diferente da gramática tradicional ou normativa, pois é descritiva e não prescritiva. Ele explica os usos linguísticos e define as regras que ditam os comportamentos dos membros de uma comunidade linguística.
- A língua é uma característica humana. Para estudá-la, é fundamental utilizar duas abordagens propostas pela linguística moderna: a língua como enunciado e a língua como enunciação.
- Saussure desenvolveu conceitos fundamentais para a linguística, como a comparação entre as concepções de fala e competência.
- Para Saussure, a linguagem é uma instituição social e convenção social, ao passo que, para Chomsky, a linguagem é uma faculdade mental inata que é transmitida geneticamente pela espécie. Os pontos em comum nas abordagens desses dois estudiosos são a forma, o sistema, a abstração e o universal como objeto da ciência controlada.
- A neurolinguística é uma vertente da neuropsicologia que estuda a elaboração da linguagem no cérebro humano. Existem classificações importantes para o estudo do desenvolvimento da linguagem. É preciso estar atento aos períodos apresentados durante o crescimento das crianças, desde o nascimento até determinada idade, quando passam a ocorrer as sinapses mais relevantes.
- A sociolinguística dedica aspectos particulares para a abordagem da diversidade linguística: a dialetologia, a sociolinguística variacionista e o sociointeracionismo.

# 3 Compreendendo a programação neurolinguística (PNL)

Conteúdos do capítulo:

- O que é programação neurolinguística (PNL).
- A origem da PNL.
- Fundamentos da PNL.
- Princípios e aplicações da PNL.
- A PNL e as crenças.
- Os estados de comportamento.
- A metáfora na PNL.

Após o estudo deste capítulo, você será capaz de:

1. identificar a origem da programação neurolinguística (PNL) e seus idealizadores;
2. aplicar os princípios da PNL;
3. elaborar modelos de aplicação;
4. definir o que é metamodelo de linguagem;
5. reconhecer os processos que concebem as crenças como limitantes e potencializadoras;
6. perceber a metáfora como um processo de PNL;
7. reconhecer a importância dos processos que geram comportamentos e criar condições para interferir nesses processos.

Existe um mito bastante conhecido sobre o cérebro humano, que é o de que usamos apenas 10% de sua capacidade. Essa afirmação já foi refutada pelos cientistas, embora ainda não saibamos como utilizar toda a potencialidade desse misterioso órgão. Com treinamento da programação neurolinguística (PNL), é possível criar condições para um maior aproveitamento de nosso cérebro e, também, um melhor funcionamento do corpo, já que estão interligados.

A PNL trabalha, estuda e aprimora a interação humana. Trata-se de um método que, em sua gênese, foi pouco valorizado e que, atualmente, conta com milhões de estudiosos, praticantes e admiradores, além de atrair multidões para eventos pelo mundo inteiro. Não foi sem razão que o primeiro livro sobre o tema foi intitulado *A estrutura da magia: um livro sobre linguagem e terapia* – sim, entender a mente, o comportamento, as reações e as interações humanas é algo mágico.

## 3.1 A origem da PNL

Para esclarecer o que é PNL, apresentaremos os principais aspectos da história desse processo revolucionário, que tem mudado padrões de comportamento individuais e empresariais.

Tudo começou nos Estados Unidos, nos últimos anos da década de 1960. Nessa época, havia o Movimento do Potencial Humano – o ambiente social da contracultura proporcionava isso –, que consistia em valorizar e investigar o potencial contido dentro de cada pessoa que não é explorado, muito menos aplicado para uma vida melhor. Esse movimento levava terapeutas a buscarem alternativas inovadoras para as mais diversas terapias, visto que oferecia experiências diferentes das escolas de terapia convencionais, possibilidades de mudanças e conhecimento e desenvolvimento pessoal que não se havia propagado ou estudado antes. A classe dos terapeutas teve uma supervalorização e muitos profissionais conseguiram divulgar seus trabalhos de maneira muito mais efetiva.

Richard Bandler e Frank Pucelik eram alunos do Kresege College da Universidade da Califórnia, localizada em Santa Cruz. Ambos se interessavam pela *Gestalt*-terapia, mas por motivos diferentes. Frank buscava equilíbrio após ter servido na Guerra do Vietnã (1955-1975) e também poque havia trabalhado com jovens viciados em drogas; já Richard interessava-se pela *Gestalt*-terapia porque estava trabalhando na transcrição do livro do psiquiatra e psicoterapeuta Fritz Perls, *The Gestalt Approach and Eyewitness to Therapy*, lançado em 1951, na África do Sul. Assim, os dois começaram um grupo *Gestalt*, no qual realizavam sessões, que duravam cerca de 3 horas, com experiências relacionadas à linguagem da terapia, usando-a como agente de transformação. Eles conseguiram atingir resultados muito satisfatórios, brilhantes. Porém, havia um problema: não conseguiam transferir as habilidades desenvolvidas para que outras pessoas pudessem aplicá-las. Foi quando Bandler convidou um de seus professores para observar o que eles estavam fazendo, com o intuito de, a partir da observação, o professor ajudá-los a sistematizar o que faziam. Esse professor era John Grinder.

Grinder era professor de Linguística e demonstrou grande interesse pelas aplicações dos rapazes. As pesquisas continuaram, e eles começaram a observar terapeutas que conseguiam resultados positivos com seus clientes/pacientes. Todos tinham modelos inovadores e muito mais intuitivos do que teóricos, como o tom de voz, a condução e as perguntas. Entre eles, estavam os terapeutas Virgínia Satir e Milton Erickson, que muito contribuíram para a criação da PNL. Grinder conseguiu adicionar elementos estruturais às pesquisas, e, já na década de 1970, os três formalizaram o que hoje se conhece como *metamodelo*. Nasceu, então, a PNL.

Bandler, Grinder e Pucelik aprofundaram suas investigações. Pucelik dava suporte, cuidando dos grupos de terapia, ao passo que Grinder conseguia detectar as falhas no processo e, assim, determinar as estruturas. O estudo continuou com Grinder e Bandler, e não se sabe o motivo pelo qual Pucelik se afastou dos estudos.

### Perguntas e respostas

#### O que é *Gestalt*-terapia?

Essa conduta define como o indivíduo reage ao perceber questões que bloqueiam sua capacidade de se conectar com o mundo externo ou que não permitem a construção de um ordenamento criativo. Tudo depende de como foi estruturado o mundo interno desse sujeito e de como ele vai reagir às experiências que foram adquiridas.

> É uma abordagem de psicoterapia que foca no cliente, fazendo com que ele se questione sobre o que é a vida, suas escolhas e como elas atuam em sua vida para que, assim, o sujeito consiga se autorregular.
>
> A Gestalt-Terapia tem como objetivo desconstruir, junto com o cliente, cada vez mais as expectativas que não fazem mais sentido para o próprio sujeito de modo a reorganizá-lo de forma saudável. Esta abordagem visa apontar o caminho, e não direcionar o cliente para qual caminho seguir, mostrando-se totalmente flexível, mas firme diante das suas intervenções. (Barreto, 2017, p. 15)
>
> Segundo Barradas (2013), o idealizador da teoria foi Fritz Perls, que trabalhava com psicanálise e psicologia. Ele desenvolveu um estilo de terapia humanista.
>
> Para Perls (1977), aqui e agora é o momento presente. O presente é a única possibilidade, a única realidade possível. O comportamento é uma função do campo e não depende nem do passado, nem do futuro, mas do presente. O futuro são expectativas, objetivos e metas que dirigem as escolhas de hoje e que poderão ou não se concretizar. O futuro inspira o presente. (Barradas, 2013)
>
> Na terapia gestáltica, não importa o **porquê**, e sim o **como**. O objetivo é levar o cliente a colaborar com a terapia, sendo possível aumentar a consciência pessoal. Enfrentar os bloqueios ativamente é um desafio.

## 3.2 Fundamentos da PNL

Começaremos nossos estudos exatamente pela origem, conhecendo os fundamentos desse método que, ao longo dos anos, recebeu influências diversas. Porém, seu alicerce precisa ser conhecido e entendido.

O primeiro livro sobre PNL é a obra de Richard Bandler e John Grinder, chamado *A estrutura da magia: um livro sobre linguagem e terapia*, publicado em 1975. Nele, os autores traçam os fundamentos da teoria da PNL. O livro é um registro dos estudos que resultaram das experiências com clientes/pacientes que buscavam soluções para diversos problemas humanos e existenciais, compreendendo as limitações dos processos do pensamento ao elaborar crenças sobre o mundo e suas relações.

A PNL é um método exploratório de intervenção comportamental que, atualmente, destaca-se na aplicação de diversas metodologias. Na obra

*A estrutura da magia: um livro sobre linguagem e terapia*, Bandler e Grinder (1977) apresentam o estudo que realizaram com base na aplicação dos conhecimentos na teoria Gestalt. Bovo e Kerth (2021) realizaram um estudo sobre o livro de Bandler e Grinder e destacaram os principais tópicos, fazendo um resumo bastante relevante para aplicar o método. Confira-o a seguir.

## A estrutura da magia: um livro sobre linguagem e terapia

### Contexto

Os conhecimentos e métodos de exploração e intervenção comportamental, apresentados pela Programação Neurolinguística, hoje ocupam uma posição de muito destaque em grande parte das metodologias de ensino, treinamento, consultoria, coaching e terapia. Entretanto, raramente as fontes são citadas, já que tal corpo de conhecimento, já bastante difundido, vem sendo considerado como charlatanismo por muitas pessoas, graças ao fato de indivíduos mal preparados terem simplificado e distorcido muitos de seus princípios e métodos. Dessa forma, quem tem a oportunidade de estudar com rigor tais conhecimentos, alcança um grau de competência e habilidade que lhe permite inserir e reformular os seus conhecimentos e especialidades em qualquer área da comunicação, aprendizagem e comportamento com instrumentos efetivos de observação, modelagem e intervenção, especialmente efetivos no desenvolvimento de estratégias de solução de problemas e de competências pessoais e profissionais, negociações, resolução de conflitos e expansão de consciência.

### Resumo livre

Esse livro mostra o estudo realizado por Bandler e Grinder em busca de identificarem quais são os padrões efetivos de intervenção em abordagens terapêuticas eficazes, independente da origem ou doutrina. Eles estudaram alguns terapeutas de sucesso da época, tais como Virginia Satir, Gregory Bateson e outros, mapearam suas intervenções e compararam com seus estudos sobre o funcionamento da mente e da linguagem e, como resultado disso, criaram um modelo de intervenção que serviria como apoio para qualquer outro tipo de abordagem terapêutica, pois objetivava trazer à luz informações do cliente que ficavam obscurecidas pelo discurso, embora fossem fundamentais para o sucesso da terapia.

Eles apontam como fundamental a compreensão de que cada ser humano constrói um mapa da realidade para si, a partir de suas experiências sensoriais, obtidas através da visão, audição, tato, olfato e paladar. Esse mapa da realidade não é a realidade, e nem sequer é uma representação fiel e precisa do que a pessoa percebe através dos sentidos–ele sempre será diferente por conta das restrições naturais ou filtros através dos quais acessamos as informações e percepções. Estas restrições são predominantemente três: as neurológicas, as sociais e as individuais.

- **Restrições neurológicas**: [...] não podemos ter um mapa de como a realidade é exatamente, porque não conseguimos percebê-la 100%, ou seja, enxergamos apenas a luz cuja frequência eletromagnética está entre a faixa de 380 a 680 milimícra; não percebemos os raios ultravioleta nem os infravermelhos, por exemplo. O mesmo acontece para a nossa audição, só podemos ouvir sons cujas frequências situam-se entre 20 e 20.000 Hertz (ciclos por segundo), os sons cujas frequências estiverem fora dessa faixa são inaudíveis pelo ouvido humano [...].
- **Restrições sociais**: podemos ter nosso mapa limitado por condições culturais, que pode inclusive ser imposto pelo idioma que se fala em determinado grupo social [...].
- **Restrições individuais**: [...] as restrições individuais [...] são impostas por nossas experiências individuais e [...] irão nos dar os elementos para compormos nosso mapa [...]. Cada um de nós tem um mapa único. Mesmo irmãos gêmeos terão mapas únicos, pois poderão viver as mesmas experiências de formas diferentes, como exemplificado no livro, quando duas irmãs gêmeas presenciam os pais brigando e depois uma comenta que seus pais brigam muito, enquanto [...] a outra comenta que aprecia a forma como os pais discutem todos os assuntos demonstrando [...] a preocupação que têm com elas.

Essas três restrições atuam como filtros, o primeiro é o filtro da nossa espécie (humana), o que o nosso corpo como humanos está apto a reconhecer e experienciar, o segundo é o filtro do grupo, da comunidade onde nascemos e somos criados com suas peculiaridades culturais, e o último é o filtro individual, formado pelas experiências que vivemos e a forma como as interpretamos.

Em seus estudos, eles notaram que o sucesso das intervenções de um terapeuta em seu cliente, depende da sua compreensão sobre o mapa desse último, o que poderia ser feito para expandi-lo de forma que uma solução possa ser incorporada, pois antes disso o cliente não terá qualquer referência que possa acolher a solução. Compreendi esse ponto como uma metáfora: como se o terapeuta tivesse um mapa de uma cidade, o cliente também tivesse um mapa da cidade, o cliente está parado em uma rua e não consegue se mover (problema), achar um caminho (solução). O que os dois ainda não sabem é que estão com mapas de versões diferentes em suas mãos! Se o terapeuta não perceber isso, tentará falar sobre soluções com o paciente, sobre caminhos, porém o cliente não tem referência para compreender e acolher o que o terapeuta está dizendo, enfraquecendo os resultados da terapia.

Quando o terapeuta percebe como o mapa do cliente está organizado e percebe que ele se encontra em uma rua sem saída (problema), notará que o seu mapa realmente não oferece alternativas: a rua é sem saída – ele está preso lá, não tem para onde ir. Então o terapeuta habilmente, primeiro proporá uma atualização ampliada do mapa. Seguindo essa analogia, se pensarmos nos modernos dispositivos GPS, podemos falar em fazer um download com versão mais recente do mapa, de forma que novas ruas apareçam no mapa do indivíduo, mostrando as novas saídas construídas para além daquele beco, a partir dele. A partir desse momento, tudo que o terapeuta disser ao cliente terá referência, pois ao sugerir que prossiga o caminho pela direita, ele terá essa opção. O cliente pode perceber então, em seu próprio mapa, essa nova rua à direita... Ou, caso afirme existir outra opção à sua frente, também o cliente terá a referência e poderá aceitar a solução, saindo assim do estado paralisado em que se encontrava em direção ao novo, à solução.

O terapeuta pode avaliar como está construído o mapa de um cliente durante uma sessão, percebendo como ele se expressa verbalmente, a forma, o conteúdo que ele omite ou oferece ao terapeuta, mostrará as limitações a serem completadas e fronteiras que podem ser ampliadas no mapa do paciente.

Nessa abordagem criada por Bandler e Grinder, existem três operações pelas quais um mapa será diferente da realidade ou, em outras palavras, o modelo será diferente do conteúdo ou objeto modelado: eliminação, distorção e generalização.

Estima-se, a partir de experimentos, que nossa consciência possa sustentar algo em torno de 3 a 7 informações simultâneas, enquanto nosso organismo está sujeito a bilhões de estímulos em cada instante! Nosso cérebro não é capaz de processar conscientemente todos os estímulos capturados pelos nossos sentidos, portanto, aquilo que sustentamos em nossos pensamentos e ideias a respeito da realidade são parcelas pequenas das informações sensoriais recebidas. Com elas construímos nossos modelos ou mapas da realidade, que constituem nossas representações das memórias sensoriais. Denominamos tais memórias sensoriais da realidade de "Estrutura Profunda" da experiência–os fatos em si mesmos. Definimos o nosso modelo da realidade ou mapa, possível de ser comunicado através da linguagem, como "Estrutura Superficial" da experiência. Essas representações ou o mapa da realidade são forjados a partir dos três processos chamados de eliminação, distorção e generalização.

[...]

As transformações ou derivações da memória dos fatos ou experiências que ocorrem durante o caminho percorrido entre a estrutura profunda até a estrutura superficial (aquilo que o indivíduo é capaz de comunicar a respeito), formarão o que eles denominam de modelo da realidade, que é composto de três processos: generalização, distorção e eliminação. O processo inverso: a busca das informações sobre as memórias sensoriais ou fatos, que deram origem ao modelo ou mapa, é chamado de transderivação, e consiste num método estruturado de questionamento e desafio, criado a partir de um estudo sobre o próprio modelo da linguagem. Esse método de intervenção no próprio modelo da linguagem é conhecido como METAMODELO DE LINGUAGEM.

- **Eliminação**: o processo pelo qual selecionamos apenas as informações relevantes entre os bilhões de estímulos a que estamos expostos todo o tempo – cliente omite parte da informação de sua experiência ao falar sobre ela e seu modelo da realidade possui muitas lacunas que podem ser preenchidas com a ajuda do profissional;
- **Generalização**: o processo pelo qual abstraímos padrões e identificamos elementos significativos de uma determinada categoria de experiências, consideradas semelhantes. As generalizações provavelmente dão origem às expectativas que construímos das experiências futuras ou de como as coisas deveriam ser!
- **Distorção**: entre outros processos de substituição de elementos da experiência vivida, frequentemente o cliente pode transformar um processo em um evento, por exemplo, nas nominalizações o cliente substitui um verbo por um substantivo ou por um evento, ou seja, algo que estava em movimento, em ação é transformado em algo fixo. Não é impreciso incluir-se os dois processos anteriores, Eliminação e Generalização, como casos particulares pertencentes à Distorção.

**Estrutura superficial**

Derivação ↑

Comunicação pela linguagem

Eliminação/Omissão
Generalização
Distorção

Transderivação ↓

Memórias sensoriais da realidade

**Estrutura profunda**

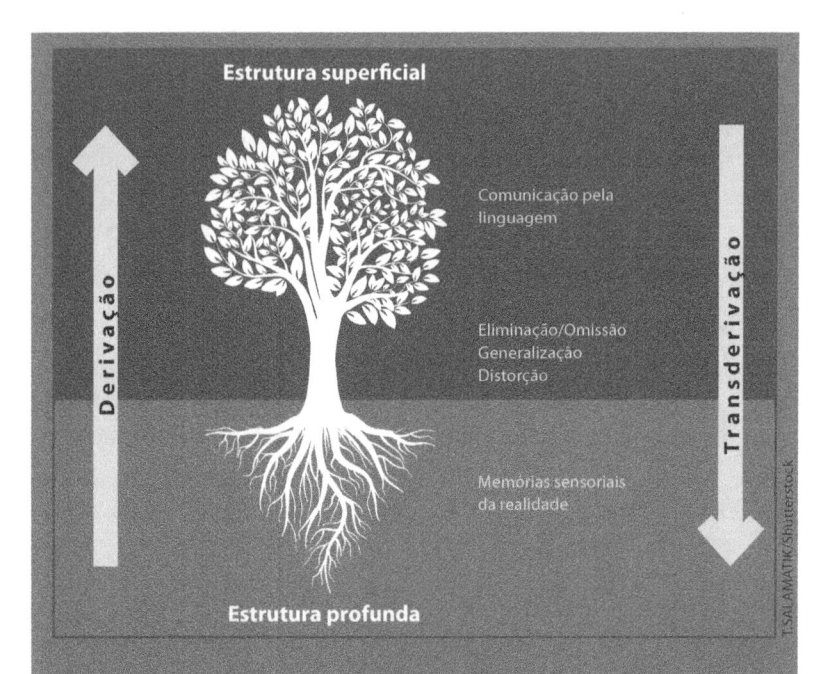

T.SALAMATIK/Shutterstock

Portanto, o METAMODELO DE LINGUAGEM, tema central do livro, elaborado a partir da Gramática Transformacional, é um método de investigação das memórias sensoriais vividas pela pessoa (acessar a estrutura profunda da experiência), a ponto de revelar a riqueza e a complexidade da experiência que foi mutilada pelos processos de modelagem da realidade (**eliminação**, generalização e distorção). Nisso consiste o processo de atualização do mapa de mundo, objetivando expandi-lo para comportar novas reflexões, experiências e, principalmente, soluções criativas, próprias de um mundo complexo e rico de experiências.

Alguns dos terapeutas de sucesso, estudados pelos autores, ao seguirem suas intuições linguísticas, demonstraram saber utilizar bem distintos tipos de metamodelo, que lhes permitiam extrair informações importantes de seus clientes enquanto, ao mesmo tempo, faziam intervenções precisas para expandir a sua compreensão. Essas intuições foram classificadas em três categorias:

- boa estruturação: o quão clara é a comunicação ou expressão do cliente;
- estrutura constituinte: identificação dos elementos relevantes da mensagem do cliente;
- relações semânticas lógicas: coerência entre distintos elementos da fala do cliente.

O Metamodelo de Linguagem é, portanto, uma ferramenta muito útil em terapia e em consultoria, à medida que ajuda o profissional e o cliente a trazerem para consciência informações necessárias guardadas na estrutura profunda, com a finalidade de ampliar as possibilidades do cliente. O uso do Metamodelo se dá através de um método de questionamento estruturado de esclarecimento, cuja finalidade é completar a representação da realidade (mapa) e de desafiá-la para ampliar as opções do cliente.

Alguns exemplos bastante simples disso, mostram como utilizar-se a linguagem para alterar a percepção do cliente a respeito do problema que expõe:

- **Eliminação**: O cliente diz que seu problema é real, e o terapeuta pergunta: "Real comparado a que?".
  Quando o cliente diz: "Mas isso é óbvio!" O terapeuta o interpela: "Óbvio para quem?".
  Tais intervenções relativizam as considerações do cliente que as toma como verdadeiras e certas e, quem sabe, inquestionáveis. De forma semelhante, quando o cliente usa os operadores modais de necessidade ou possibilidade, como "eu não posso fazer isso". O profissional pode induzir uma nova percepção ou possibilidade ao perguntar: "O que aconteceria se você fizesse?". [...]
- **Generalização**: Quando um cliente usa termos chamados de universalizantes, tais como: `tudo´, `sempre´, `nunca´, `todos´, `ninguém´, um terapeuta pode desafiá-lo da seguinte forma: "Você está dizendo que nunca, mas nunca mesmo, ele(a) te dá atenção?"; ou, ainda, ele pode perguntar para buscar uma representação mais precisa do cliente: "Especificamente como isso acontece?" ou "Especificamente o que é isso?".
- **Distorção**: em algumas formas de expressão, um cliente pode utilizar estruturas da linguagem que evidenciem limitá-lo ou revelem sua compreensão de irreversibilidade dos fatos; um profissional treinado pode intervir de forma elegante ao substituir um substantivo (que ora representa um evento) pelo verbo que represente sua ação, processo ou algo em andamento, por exemplo: ao invés de usar a palavra 'decisão' dita pelo cliente como algo estático e determinado, o consultor ou o terapeuta pode usar o verbo 'decidir' trazendo de volta a consciência da possibilidade de mudança ou 'redecisão' para dar-lhe mais liberdade.

Fonte: BOVO, Viviani; KERTH, Walther Hermann. Resumo livre do livro "A estrutura da magia: um livro sobre linguagem e terapia". Disponível em: <https://www.idph.com.br/2019/07/23/a-estrutura-da-magia-um-livro-sobre-linguagem-e-terapia/>. Acesso em: 23 abr. 2021.

Em síntese, são três as operações realizadas nessa abordagem: a **generalização,** quando o paciente percebe uma rua sem saída e acredita que ruas daquele tipo não oferecem alternativa para fuga; a **eliminação,** quando o paciente enxerga apenas aquela rua sem saída e, dessa forma, ignora todas as ruas do entorno; e a **distorção,** quando ele se vê em uma rua sem saída e logo pensa que ficará ali para sempre – distorção de sua realidade futura.

> Usamos nossos sentidos para explorar e mapear o mundo exterior, uma infinidade de possíveis impressões sensoriais das quais somos capazes de perceber apenas uma pequena parte. Essa parte que podemos perceber é filtrada por nossas experiências pessoais e únicas, nossa cultura, nossa linguagem, nossas crenças, nossos valores, interesses e pressuposições. Vivemos em nossa própria realidade, construída a partir de nossas impressões sensoriais e individuais da vida, e agimos com base no que percebemos do nosso modelo de mundo. (O'Connor; Seymour, 1990, p. 22)

Esse mundo é tão rico e tão diverso que é preciso simplificá-lo para encontrar o verdadeiro sentido, pois, por sermos humanos, precisamos dar sentido às nossas ações.

## Exercício resolvido

Existem processos que contribuem para a modelagem da realidade elaborada pelo ser humano, os quais interferem na construção do mapa de cada indivíduo ao alterar suas percepções. Eles são aplicados nas mais diversas representações. Originalmente, foram aplicados às representações linguísticas e, posteriormente, adaptados para a PNL (Bandler; Grinder, 1977). Os processos são:

a) Eliminação/omissão – exclusão de determinados elementos, mantendo apenas as informações relevantes; generalização – parte sempre de um pressuposto de que, se foi de uma forma, sempre será assim; e distorção – alteração dos dados recebidos pelos sentidos.

b) Transderivação – aplicação do modelo partindo da estrutura profunda (parte da busca das informações sensoriais, memórias e fatos); e derivação – aplicação do modelo partindo da estrutura superficial.

c) Distorção – exclusão de elementos irrelevantes; generalização – parte sempre do pressuposto de que, se foi de uma forma, sempre será assim; e eliminação – omissão de elementos que o sujeito deseja esquecer.

d) Os processos de modelagem se formam a partir dos processos de derivação, transderivação, omissão, distorção e generalização. Todos esses processos são independentes entre si e não se comunicam.

Gabarito: a

*Feedback* do exercício: Os três processos de interferência no mapa da realidade são: generalização, distorção e eliminação. O modelo de realidade se forma a partir da derivação das memórias no percurso entre a estrutura profunda e a estrutura superficial (aquilo que a pessoa consegue comunicar). O processo inverso, que parte da estrutura superficial para a estrutura profunda, busca informações sensoriais para entender como o modelo ou o mapa se originou; assim, surge um processo chamado *transderivação*.

A intervenção no próprio modelo da linguagem é o que se conhece por *metamodelo de linguagem*.

A Programação Neurolinguística é uma ferramenta prática que cria os resultados que queremos obter. É uma análise do que diferencia um resultado excepcional de um resultado apenas médio. Por outro lado, apresenta uma série de técnicas extremamente eficazes que podem ser usados no campo da educação, da terapia, e no mundo profissional. (O'Connor; Seymour, 1990, p. 20)

Para O'Connor e Seymour (1990), por meio da PNL, aprendemos a entender e tomar como modelos nossas conquistas e sucessos para, assim, podermos repeti-los e aperfeiçoá-los. É uma forma de descobrirmos e revelarmos toda a nossa genialidade. Uma maneira de darmos o melhor de nós e arrebatarmos o melhor dos outros.

> **Para saber mais**
>
> Enriqueça seus conhecimentos sobre a PNL e o livro *A estrutura da magia: um livro sobre linguagem e terapia*, de Richard Bandler e John Grinder. Assista ao vídeo do jornalista Ricardo Buonanni. Por meio de uma narrativa leve e descontraída, mas fiel à realidade, são esclarecidos os principais pontos do livro, a história dos autores e as formas de aplicação da PNL:
>
> BUONANNI, R. **A estrutura da magia – John Grinder e Richard Bandler.** 18 maio 2016. 11 min. Disponível em: <https://youtu.be/hXgVt6liNNQ>. Acesso em: 3 maio 2021.

Mas por que o nome de *programação neurolinguística*? O'Connor e Seymour (1990) explicam que, na PNL, o termo *neuro* está ligado aos processos neurológicos da visão, da audição, do paladar, do olfato e do tato. Todos os comportamentos nascem desses processos. A percepção do mundo acontece por meio desses cinco sentidos. Primeiro, compreendemos a informação para, em seguida, agirmos. A neurologia do homem não é composta apenas pelos processos mentais, mas também pelas reações fisiológicas. O ser humano é uma unidade indissolúvel, corpo e mente. O termo *linguística*, por sua vez, refere-se ao uso da linguagem para a ordenação do pensamento e dos comportamentos, bem como para a comunicação com os demais. Já a palavra *programação* indica como as ideias e ações se organizam para obter resultados.

> A PNL trata da estrutura da experiência humana subjetiva, de como organizamos o que vemos, ouvimos e sentimos e filtramos o mundo exterior através dos nossos sentidos. Também examina a forma como descrevemos isso através da linguagem e como agimos, intencionalmente ou não, para produzir resultados. (O'Connor; Seymour, 1990, p. 21)

> **Exemplificando**
>
> A PNL é uma metodologia poderosíssima de comunicação. Para entendê-la melhor, podemos fazer a seguinte analogia: o ser humano é o computador (*hardware*), ao passo que as memórias, verdades, crenças e certezas são os programas (*softwares*); porém, não existe um programador – somos nós que construímos esses programas e é a partir deles que vivemos nosso dia a dia.

> Nesse sentido, o que faz a PNL? Analisa esses programas, ajuda o cliente (programador) a detectar o que o impede de atuar com excelência e revela como transformar esses programas em *softwares* responsivos, eficazes e produtivos.

Concluímos esta seção sobre os fundamentos da PNL, na qual apresentamos resumidamente a obra que fundou o método: *A estrutura da magia: um livro sobre linguagem e terapia*. Nela estão as bases para essa teoria que revolucionou as formas de terapia, bem como a análise de como a mente humana se adapta e constrói novos padrões de funcionamento.

## 3.3 Programação neurolinguística: princípios e aplicações

A PNL estabelece alguns princípios como base para sua aplicação. Os principais listamos a seguir.

### Rapport

Em uma tradução literal, significa "relacionamento". Criar uma relação, em PNL, é estabelecer uma sintonia profunda, uma ligação empática com outra pessoa. Assim, a comunicação flui sem resistências. Portanto, é conseguir sair de seu mapa de mundo e penetrar no mapa do outro, possibilitando a compreensão do modelo da pessoa e a estratégia por ela utilizada.

Para Ellerton (2013), *rapport* significa estabelecer um ambiente confiável, que propicie compreensão, respeito e segurança. O paciente necessita sentir-se totalmente livre e à vontade para expressar suas ideias e sentimentos, sem qualquer constrangimento. O *rapport* proporciona um ambiente para que a pessoa se sinta ouvida, o que não significa concordar com tudo o que ela disser. Cada um dos indivíduos reconhece o ponto de vista do outro e respeita seu modelo de mundo. Quando se está em *rapport* com o outro, surge a oportunidade de penetrar no mundo dessa pessoa, sentindo-se como ela se sente e enxergando as coisas pela perspectiva dela. Assim, é possível compreendê-la, podendo melhorar o relacionamento e obter resultados satisfatórios.

### Meta
A PNL é direcionada a soluções e resultados; portanto, tudo o que for realizado em PNL tem um objetivo e um resultado projetado. Por isso, a meta é tão fundamental na PNL. Metas estão ligadas a valores, planos de ação e objetivos bem definidos.

### Acuidade sensorial
É a competência desenvolvida para aperfeiçoar os sentidos. É perceber refinadamente o que se faz, o que está sendo feito e o que realmente está funcionando. É observar a meta traçada e ver se as ações realizadas estão conduzindo para a direção desejada. Se houver a possibilidade de atingir o objetivo, não haverá problemas; senão, é preciso reformular, mudar e retomar a estratégia.

### Flexibilidade
É a capacidade de realizar abordagens diferentes buscando o melhor caminho para o alcance dos objetivos definidos. Além disso, é perceber que poderá ser necessário retomar o processo e adaptar o objetivo muitas vezes até que se chegue à excelência desejada. Trata-se da capacidade de adaptação às necessidades do ambiente.

### Comportamento
É a capacidade de mudar o comportamento controlando-o diante de situações diversas, buscando garantir que as reações se manifestem com inteligência emocional e aperfeiçoem a forma como o indivíduo lida com as adversidades.

### Intenção positiva
É o princípio que desenvolve o conceito de que há sempre uma intenção positiva implícita em um comportamento. Diante dessa afirmação, a PNL entende que as ações das pessoas, de maneira geral, estão impregnadas de boas intenções.

### Mapa da realidade (mapa mental)
Todo indivíduo é único, ou seja, conta com peculiaridades na sua forma de ver e compreender o mundo que o rodeia. Eis o porquê de nossos

mapas da realidade divergirem do que realmente está acontecendo: eles se apresentam de acordo com o que o indivíduo construiu ao longo do tempo.

### Capacidade
Faz parte das crenças pessoais de cada um. Isso também significa que todos são capazes de encontrar soluções para os problemas e atingir as metas definidas. Da mesma maneira, existem pessoas que, mesmo estando em igualdade de condições com outras, se julgam incapazes de executar certas tarefas. Dentro desse princípio, a PNL trabalha a mente para modificar as atitudes negativas e improdutivas.

### Mudança
A PNL desenvolve a capacidade de mudança no indivíduo, na medida em que o auxilia a detectar os problemas, dificuldades e desafios que se apresentam em virtude de comportamentos, pensamentos e pontos negativos, ressignificando suas atitudes para encontrar novos caminhos.

## Exercício resolvido

A PNL é um método relativamente novo no cenário mundial das terapias. Desde sua criação, vem atraindo adeptos que buscam reestruturar tanto o *modus operandi* individual (vida pessoal) quanto o empresarial (vida profissional). "No entanto, para realmente colher os frutos dessa estratégia, é preciso entender os princípios básicos da PNL" (Entenda..., 2018). A respeito desses princípios, é **incorreto** afirmar:

a) *Rapport* se refere à sintonia que precisa ser estabelecida entre o terapeuta/coach e o indivíduo que está buscando ajuda. Sem *rapport*, não é possível compreender o mapa da realidade do indivíduo.
b) Definir a meta, persegui-la e traçar estratégias para atingi-la é um dos princípios que devem ser trabalhados pelos sujeitos. É preciso ter objetivos muito bem definidos para atingir uma meta.
c) O mapa da realidade apresentado pelo cliente não tem relevância para o terapeuta. O que ele precisa é traçar um caminho para resolver um problema e, depois, refazer o mapa do cliente.

d) Estar aberto à mudança é um princípio básico na PNL, pois só se consegue solucionar um problema se estivermos predispostos a realizar mudanças tanto de atitudes e comportamentos quanto de percurso.

Gabarito: c

*Feedback* **do exercício**: *Rapport* é sintonia e empatia; assim, a meta precisa ser bem delineada para que o indivíduo possa atingi-la. Já o mapa da realidade apresentado pelo indivíduo é fundamental para a condução de um processo de mudança na PNL. A mudança é um princípio básico da PNL, pois, para resolver um problema, é preciso realizar mudanças, muitas vezes, estruturais.

---

A PNL pode ser aplicada em áreas diversas, conforme demonstramos a seguir.

- **Marketing pessoal**: Definir metas, ter clareza de objetivos utilizando conceitos e técnicas de PNL. Pode definir o comportamento dos indivíduos, libertando-os de padrões limitantes.
- **Metaprogramas em sala de aula**: Diversas escolas e professores têm utilizado os métodos da PNL para trabalhar diferentes nuances na educação, como o desenvolvimento da inteligência emocional dos professores, a manutenção do equilíbrio e a solução de conflitos em sala de aula, bem como técnicas de ensino-aprendizagem, afinal, é possível tomar como modelo casos de sucesso educacional e aplicá-los com eficácia.
- **Esportes**: Trata-se de uma área onde a PNL tem sido amplamente utilizada. Um modelo de excelência, com base em um atleta que atinge sempre os melhores resultados, pode ser implantado para que outros atletas sigam o mesmo padrão. Também é possível aplicar modelos de excelência esportiva para que todos adotem atitudes vencedoras, eliminando as crenças limitantes tanto dos atletas quanto do grupo.
- **Pessoal (individual)**: A PNL é naturalmente inerente ao indivíduo. Já indicamos que não existe uma pessoa igual à outra, pois sempre haverá diferença de percepção, visto que o mapa da realidade de cada um é sempre único. A PNL pode atuar nas mudanças individuais, começando por questionamentos como: "Tenho comportamentos que me prejudicam e dos quais não gosto?"; "Existem comportamentos, atitudes ou habilidades que eu gostaria de ter e não consigo?". Sejam

quais forem as respostas, a PNL pode auxiliar para que a mudança aconteça.
- **Corporativo**: A PNL pode ser aplicada de diversas formas nas empresas, seja no processo de recrutamento e seleção, seja em aprendizagens organizacionais e no desenvolvimento de lideranças. O importante é ter em mente que a abordagem estará sempre centrada no indivíduo, e que dela emana as atitudes para os grupos.

Dentro do tema das aplicações, a PNL atua de algumas maneiras para modificar a vida das pessoas. Hoobyar (2015) apresenta uma lista indicando algumas formas de usá-la:

- **Alergias**: A PNL se tornou conhecida por trabalhar essa mudança de padrões e, assim, melhorar o estado de quem sofre com alergias das mais diversas. Não se trata de uma cura; porém, por meio de uma modelagem específica, é possível restaurar o sistema imunológico.
- **Obter o que se deseja**: Outra maneira é maximizar as chances de atingir suas metas com êxito. Utilizando o processo da boa formulação de objetivos, isso se torna bem mais viável.
- **Conviver melhor com os outros**: Entender o que as pessoas querem faz a diferença nas relações. Isso pode acontecer por meio de pequenas mudanças na forma de abordar os outros e interpretar o que eles querem dizer.
- **Compreender a si mesmo e a própria motivação**: Trata-se de entender as próprias reações a determinadas situações. Com a PNL, é possível um processo de autoconhecimento e, assim, descobrir o que lhe move e motiva. Os comportamentos são os resultados das experiências vividas.
- **Ficar confortável nas situações novas**: Sentir-se confortável diante de novos desafios, sabendo que detém ferramentas eficazes para lidar com qualquer situação.
- **Aprender a criar condições**: *Networking*, para muitos, é uma palavra que assusta. Participar de eventos, conversas e trocar ideias pode ser um processo muito traumático para muita gente. Com técnicas de PNL, é possível desenvolver habilidades para criar condições de sucesso nesses contextos.

- **Dissipar situações tensas com mais facilidade**: Utilizar habilidades e estratégias específicas da PNL possibilita atenuar situações de conflito, bem como contribuir para que outras pessoas também resolvam seus conflitos sem traumas.
- **Persuadir os outros sem que eles se sintam como se estivessem sendo persuadidos**: Trata-se de livrar-se da sensação de não ser escutado pelas pessoas, de que o que se fala não é compreendido. Quando se consegue entender o processo de aprendizagem do outro, fica fácil se fazer entender.
- **Tomar decisões**: Criar estratégias sólidas para tomar decisões, com propósitos claros e definidos. Quando percebemos que pertencemos a um plano global maior, perdemos o receio de desagradar os outros.
- **Conquistar aquele trabalho que você está querendo**: Com as ferramentas da PNL, é possível estabelecer um modelo para sua meta e também encontrar estratégias para conectar-se com as pessoas certas.
- **Controlar o estado emocional**: Por meio da PNL, é possível desenvolver atividades diversas, com uma ótima frequência por muito mais tempo, sendo o melhor ouvinte e o melhor comunicador.
- **Alta performance**: Por conseguir atuar em um estado de atenção plena, será possível entrar no estágio em que o tempo passa, porém, o indivíduo não percebe, pois a tarefa flui naturalmente.
- **Superar a ansiedade**: A maior parte dos problemas da humanidade é fruto da ansiedade, e a PNL conta com técnicas para lidar com esse problema.
- **Padrões de linguagem**: Com a PNL, é plenamente possível criar padrões de linguagem e comunicar-se com clareza e eficácia, fazendo com que o outro entenda o ponto de vista, os motivos e as necessidades.
- **Habilidades de comunicação**: É comum, no processo comunicacional, fazer pressuposições. Com a PNL, desenvolve-se uma maior consciência da comunicação interna e dos padrões de comunicação interpessoais.
- **Pensamentos habituais**: É possível dominar e, por meio desse domínio, modificar os pensamentos habituais. Ao mudá-los, surgem novos comportamentos e resultados.

Existem ainda outras maneiras de transformar vidas utilizando a PNL, como conseguir ler emoções, ter mais autoconfiança e capacidade para ajudar os outros, curar medos e fobias e resolver problemas de qualquer natureza à medida que forem surgindo. Esses foram apenas alguns exemplos, pois não há limites para aplicar a PNL. Imagine um restaurante que deseja alcançar a excelência em atendimento e produtos: basta buscar um exemplo bem-sucedido, criar o metamodelo e trabalhar sua aplicação. Portanto, a PNL pode ser um recurso para a busca do sucesso de qualquer área ou pessoa.

### Pressupostos da PNL

*Pressupor* é supor antecipadamente. Trata-se de um dado, informação ou conceito que não pode ser contestado, pois, quando é questionado, seu estudo sempre retorna ao mesmo resultado em virtude da verdade que está em sua natureza. Nesse sentido, a PNL pôs à prova vários temas pensados como verdades e constatou que algumas são incontestáveis. Dessa maneira, surgiram os pressupostos de ensino de PNL pelo mundo inteiro:

- Mapa não é o território.
- Todos temos todos os recursos de que necessitamos para vivermos já instalados dentro de nós.
- Não existe fracasso, apenas feedback.
- Se é possível ao Mundo, é possível para mim.
- Todo comportamento tem uma intenção positiva.
- Todo comportamento é, ou foi, adaptativo, dado o contexto em que foi aprendido.
- Todo comportamento é útil em algum contexto.
- O significado da comunicação é a resposta que ela gera.
- A responsabilidade da comunicação é do comunicador.
- Nenhuma resposta, experiência ou comportamento é significativa fora do contexto no qual acontece [...].
- As pessoas fazem a melhor escolha disponível para o momento, dadas suas possibilidades e capacidades, de acordo com seu próprio modelo de mundo. [...]
- As interações humanas formam um Sistema Cibernético. [...]
- Sistemas Cibernéticos movem-se em direção à adaptação. [...]
- A parte do sistema que possuir maior flexibilidade será o elemento controlador ou catalisador no sistema.

> - Qualquer escolha é melhor do que não ter escolhas.
> - A Energia vai onde está a Atenção. (Instituto Paulista de PNL, 2021)
>
> É possível utilizar esses pressupostos de maneira individual ou conjunta, expandindo a percepção de mundo que as pessoas têm, fazendo-as viver uma transformação significativa para entender e resolver um problema. Ao refletir e absorver esses pressupostos, o indivíduo está encontrando situações passadas e descobrindo que muita energia foi desperdiçada com eventos ou pessoas. Os praticantes de PNL aconselham revisá-los diariamente e buscar aplicá-los. Dessa forma, é possível ter mais facilidade para lidar com os desafios diários e também aperfeiçoar a comunicação.

## 3.4 PNL e as crenças

As crenças são as verdades mais profundas que o homem carrega consigo. Elas são programações mentais adquiridas durante os processos de aprendizagens no decorrer da vida e determinam atitudes, comportamentos, conquistas e outras tantas manifestações. As crenças podem ser fortalecedoras, fazer com que o ser humano seja mais confiante, tornando-o um ser diferenciado. No entanto, podem também ser limitantes.

Robbins (2017) explica que, ao falarmos em *crenças*, reportamo-nos aos sentidos de "credo" ou "doutrina religiosa". Porém, no sentido literal, uma crença é um princípio orientador, uma máxima, uma convicção, uma certeza que pode imprimir um sentido à vida.

Existem diversos estímulos disponíveis para as pessoas. As crenças são filtros organizados previamente para que se perceba o mundo e funcionam como comando da mente. Ao acreditarmos que algo é verdadeiro, enviamos um comando ao cérebro para que este represente o que está acontecendo.

As crenças limitantes são verdades que o indivíduo tem sobre si mesmo, sobre os outros ou sobre a humanidade em geral. Essas crenças limitam as possibilidades, impedem a pessoa de fazer o que deseja, ser o que pretende ou realizar o que gostaria no futuro. Veja alguns exemplos:

- "Eu não mereço ser bem-sucedido";
- "Eu sou burro";
- "Quem tem dinheiro é mau ou é bandido";

- "Pessoas como eu nunca alcançam o sucesso";
- "Nunca conseguirei aquele cargo";
- "Não consigo emagrecer";
- "Eu preciso de muitas qualificações para alcançar o sucesso".

Muitas vezes, essas crenças assumem uma posição de verdade, parecendo ser absolutamente reais. Todas elas e muitas outras são criadas pela própria pessoa e, se ela as construiu, pode também desconstrui-las.

> **Perguntas e respostas**
>
> **O que orienta a PNL na desconstrução de crenças limitantes?**
> O indivíduo, ao detectar suas crenças limitantes, poderá, em algumas situações, desconstrui-las sozinho; em outras, precisará da ajuda do terapeuta. Porém, algumas dicas básicas podem auxiliar:
>
> - procurar contraexemplos;
> - desenvolver as capacidades;
> - verificar a realidade;
> - utilizar posições perceptivas;
> - simular outra situação e verificar o "como seria se...";
> - utilizar a mentalidade do sucesso;
> - buscar momentos em que houve mudança de crença em situações pessoais ou de outras pessoas;
> - relembrar objetivos importantes.

Robbins (2017) afirma que todos os livros religiosos apresentam o poder da fé e da crença para a humanidade. A diferença entre as pessoas bem-sucedidas e aquelas que falham é o tamanho de suas crenças. Aquilo em que o homem crê determina precisamente quem ele será. Quem acredita em magia tem uma vida mágica; quem acredita que terá uma vida infeliz será infeliz. Analisemos alguns aspectos:

- **Contraexemplos**: Pergunte a si mesmo "Quando essa crença não foi verdadeira para mim? Quem agia de modo contrário a essa crença?".
- **A realidade**: Muitas vezes, elaboramos suposições que acabamos por aceitar como verdadeiras. Então, pergunte-se: "Onde e quando essa crença foi verdadeira? Que provas tenho de que isso é verdadeiro?".

- **As capacidades**: Às vezes, as crenças surgem da falta de habilidades. Portanto, busque aperfeiçoamento e, provavelmente, a crença será desfeita.
- **Fazer de conta**: Pergunte a si mesmo "Como seria a pessoa que faria isso? Como ela se comportaria?". Faça de conta de que se trata de você mesmo.
- **A mentalidade para o sucesso**: Considere sempre crenças positivas que se oponham ao que está acontecendo. Comporte-se como se estivessem acontecendo e concentre-se na causa.
- **Posições perceptivas**: Coloque-se no lugar do outro ou imagine-se pela perspectiva de outro. Assim, sua percepção da situação mudará.

A crença envia um comando direto para seu sistema nervoso. Quando acredita que alguma coisa é verdade, você entra mesmo no estado de que aquilo deve ser verdade. Tratadas de maneira certa, as crenças podem ser as mais poderosas forças para criar o bem em sua vida. Por outro lado, crenças que limitam suas ações e pensamentos podem ser tão devastadoras como as crenças cheias de recursos podem ser fortalecedoras. Através da história, as religiões têm fortalecido milhões de pessoas dando-lhes força para fazerem coisas que pensavam que não podiam. As crenças nos ajudam a liberar os mais ricos recursos que estão bem dentro de nós, criando-os e dirigindo-os para apoiarem nossos resultados desejados. (Robbins, 2017, p. 42)

Robbins (2017) argumenta que, quanto mais se aprende sobre o comportamento humano, mais se tem a convicção do poder das crenças. Segundo o autor, esse poder desafia modelos lógicos. Existem estudos fisiológicos que comprovam isso. Por exemplo: no caso de uma pessoa esquizofrênica que recebe um falso diagnóstico de diabetes, em poucos dias terá seus níveis de açúcar no sangue alterados e toda sua fisiologia mudará, fazendo com que a pessoa se torne diabética. A crença tornou-se realidade. Para curar uma doença nem sempre são necessários remédios; todavia, a crença na cura sempre é essencial. São as nossas crenças que determinam a quantidade de potencial que podemos empreender em alguma tarefa. Elas abrem ou fecham o fluxo de nossos pensamentos.

Alguém lhe diz: "Por favor, pegue-me o sal", e, enquanto você vai para a sala ao lado, diz: "Mas eu não sei onde ele está". Depois de procurar durante uns poucos minutos, você grita: "Não consigo encontrar o sal". Então, aquela pessoa dirige-se para lá, pega o sal na prateleira bem na sua frente e diz: "Olhe aqui, seu bobo, está aqui, bem na sua frente. Se fosse uma cobra, teria picado você". (Robbins, 2017, p. 43)

Robbins (2017) explica que, ao dizer "Não consigo!", você envia um comando ao seu cérebro que o limita e não permite que você enxergue o que está à sua frente. A psicologia denomina esse fenômeno de *escotoma* (mancha estática que ocupa uma parcela do campo visual). É importante lembrar que tudo aquilo que você já fez (cheirou, viu, degustou ou sentiu) fica arquivado no HD do seu cérebro. Quando diz que não vê ou não pode, o cérebro entende o comando; quando diz que vê, pode ou consegue, o cérebro também entende e abre um leque de possibilidades para que você execute o que pretende.

Para falar sobre crenças, em vários momentos citamos Anthony Robbins (também conhecido como Tony Robbins). Ele é o autor do livro *Poder sem limites* (2017) e de muitos outros que tratam de aplicações de PNL. Ele atrai multidões a suas palestras e seus livros são *best-sellers* internacionais. Embora com uma postura de grande estrela, Robbins costuma usar o próprio exemplo para comprovar a eficácia da PNL. Para ele, as crenças sãs compassos, e os mapas guiam as pessoas em direção às metas e dão a certeza de que é possível chegar ao objetivo.

Segundo o autor, existe um modelo de crença da excelência:

> Descobri que estas sete crenças fortaleceram pessoas a usar, fazer mais, adotar maiores medidas e produzir maiores resultados. Não estou dizendo que são as únicas crenças úteis do sucesso. São um começo. Elas funcionaram para outros, e gostaria que visse se funcionam para você. (Robbins, 2017, p. 51)

A seguir, tratamos brevemente de cada uma dessas sete crenças mencionadas por Robbins (2017).

### Crença 1
Tudo acontece por uma razão e um fim, e isso nos serve. As pessoas de sucesso conseguem focar no que é possível em uma situação, buscando os resultados positivos que podem ser gerados, não importando se existem resultados negativos. Justificam tudo dizendo que sempre há um porquê e que o que mais importa são as possibilidades.

### Crença 2
Não existe fracasso, somente resultados. Semelhante à crença anterior, esta apenas nos mostra que, muitas vezes, fomos em busca de uma coisa e encontramos outra. Não existe fracasso, existe o aprendizado. Aprendemos com os erros. Para as pessoas bem-sucedidas, existem efeitos e resultados.

### Crença 3
Assuma a responsabilidade por qualquer coisa que aconteça. Esse é outro comportamento e outra qualidade dos grandes líderes. Assumir responsabilidades é uma das maiores demonstrações de maturidade de uma pessoa. Quando retemos responsabilidades, retemos também o poder de mudar o resultado produzido.

### Crença 4
Não é necessário entender tudo para ser capaz de usar tudo. Pessoas que têm sucesso, muitas vezes, vivem pela crença útil de outras crenças. Não é necessário saber de tudo. É preciso saber usar o que é essencial e, em muitas circunstâncias, não há necessidade de aprofundamento e busca de detalhes.

### Crença 5
As pessoas são seus maiores recursos. Quem respeita profundamente as outras pessoas e suas associações, geralmente, consegue resultados fantásticos. Os grandes líderes sabem valorizar as pessoas e aprender com elas, seja qual for sua habilidade ou formação.

**Crença 6**
Trabalho é prazer. Não existem pessoas de sucesso que fazem o que detestam. Robbins (2017) diz que a chave do sucesso é o casamento entre o que se faz e o que se gosta. Em todos os trabalhos existem alternativas, basta buscar aquela que poderá ser sua satisfação pessoal.

**Crença 7**
Não há sucesso permanente sem confiança. As pessoas bem-sucedidas têm uma profunda crença no poder que a confiança confere aos indivíduos. Se há uma única crença que parece quase inseparável do sucesso é a de que não há grande sucesso sem grande confiança. "Se você olhar para as mais bem-sucedidas pessoas em qualquer campo, descobrirá que não são necessariamente as melhores e as mais brilhantes, as mais rápidas e as mais fortes" (Robbins, 2017, p. 57-58).

Logo no início do livro *Poder sem limites*, Robbins (2017) menciona que é possível e que devemos ter como modelo crenças de excelência e pessoas bem-sucedidas, de modo a aplicar esses modelos para auxiliar as pessoas a encontrarem o caminho do sucesso e do bem-estar.

Robbins escreveu muitos outros livros sobre o assunto e, atualmente, é uma das maiores estrelas da PNL no mundo. No livro, ele faz uma série de relatos que tornam o aprendizado muito mais fácil e acessível. Como já mencionamos, ele usa toda a metodologia da PNL tanto em suas palestras quanto em seus livros, sendo um de seus recursos a metáfora. Ele é um excelente contador de histórias.

## Exercício resolvido

João tem 30 anos e trabalha na loja do pai desde adolescente. Ele recebeu uma proposta para gerenciar uma loja com as mesmas características da loja do pai, mas em outra cidade. Essa é uma oportunidade de crescimento, e o outro irmão poderá ficar trabalhando com o pai. João ficou entusiasmado e conversou com o pai, que não se opôs. Porém, depois de algumas reflexões, João começou a apresentar sintomas de ansiedade e passou a encontrar obstáculos para sua mudança: "É muito distante"; "Nunca trabalhei em outro lugar"; "E se não me adaptar? É uma cidade estranha, não conheço ninguém por lá".

Por fim, João teve uma virose violenta que o deixou de cama por 10 dias. Cada vez que pensava na resposta que tinha que dar à proposta, suava frio e passava mal. Para buscar uma solução, procurou um terapeuta, que logo percebeu que se tratava de uma crença limitante pela causa: João sempre ouvira do pai que tudo o que o filho era refletia os sacrifícios feitos pelo pai. A partir daí, o terapeuta propôs:

a) Que João continuasse a terapia por mais um tempo e desistisse da proposta, além de procurar um médico psiquiatra para iniciar um tratamento com ansiolíticos.
b) Que João fizesse alguns exercícios, como procurar pontos positivos sobre sua ida, dedicar 15 minutos do seu dia para afirmar para si mesmo que se trata de uma crença limitadora e que seu pai não tem nada a ver com isso no momento.
c) Que João desistisse de ir e buscasse outro trabalho na sua própria cidade, a fim de fazer uma transição, saindo da loja do pai aos poucos e, assim, adquirindo uma experiência diferente, o que facilitaria uma mudança no futuro.
d) Que João fosse de qualquer forma, sem se preocupar com o que estava sentindo, porque ele iria se acostumar e se esqueceria do quão difícil esse processo teria sido; afinal, ele é um homem de 30 anos de idade.

Gabarito: b

*Feedback* do exercício: De acordo com a PNL, sempre se deve priorizar a terapia como autoconhecimento e utilizar remédios apenas em última instância. Buscar realçar os pontos positivos de uma situação conflitante e dedicar um tempo para reafirmar e identificar um problema como uma crença limitante é uma técnica da PNL. Só se elimina uma crença limitante identificando-a. Além disso, não existe idade para se perceber crenças limitantes, entendê-las e buscar uma vida melhor.

---

As crenças estão mais presentes em nossa vida do que imaginamos. Muitas vezes, elas se manifestam fisiologicamente, pois somos indivíduos formados por mente e corpo, uma entidade única.

## 3.5 Estados de comportamento

Para Robbins (2017), praticamente tudo que o ser humano deseja é algum estado possível. Ele sugere que se faça uma lista dos desejos das pessoas, como:

* **amor**: é um estado, sentimento ou emoção comunicada para nós mesmos;
* **confiança e respeito**: são criações próprias, estados produzidos internamente;
* **dinheiro**: as pessoas querem o que o dinheiro pode representar – amor, confiança, liberdade ou outros benefícios que ele possa proporcionar; dessa forma, busca-se a habilidade para dirigir os próprios estados.

Se todo comportamento é o resultado do estado em que estamos, poderemos conseguir diferentes comportamentos e comunicações quando estivermos em estados de muitos recursos, o que não acontecerá se estivermos em estados pobres de recursos. Então, a próxima pergunta é: o que cria o estado em que estamos? Existem dois componentes principais do estado: o primeiro é a nossa representação interna; o segundo é a condição e o uso de nossa fisiologia. (Robbins, 2017, p. 32)

A forma como você imagina determinadas situações cria o estado das coisas e, assim, surgem os comportamentos. Um exemplo: você tem um filho e ele demora muito para voltar para a casa certa noite. Grande parte do seu comportamento dependerá do seu estado quando ele chegar e será representado pelo que estava em sua mente. Se você começar a pensar em acidentes, assaltos ou brigas, provavelmente, ao vê-lo, você se emocionará ou suspirará aliviado; porém, imaginar que ele está com amigos e sequer se preocupou em telefonar para avisar levará a outro tipo de recepção. A partir desse estado, surgirá um novo conjunto de comportamentos.

Figura 3.1 – Estados e comportamentos

**REPRESENTAÇÕES INTERNAS**
O que e como representamos em nossa mente
O que e como dizemos e ouvimos em nossa mente

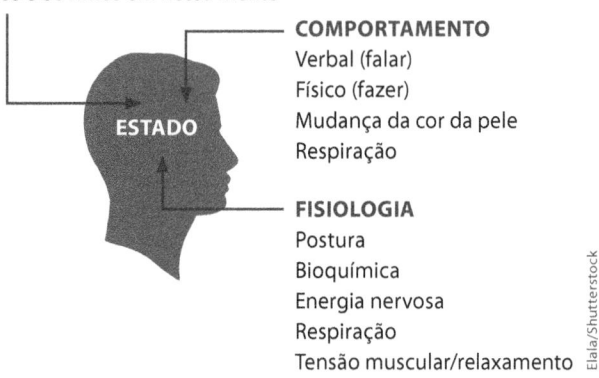

ESTADO

**COMPORTAMENTO**
Verbal (falar)
Físico (fazer)
Mudança da cor da pele
Respiração

**FISIOLOGIA**
Postura
Bioquímica
Energia nervosa
Respiração
Tensão muscular/relaxamento

Elala/Shutterstock

Fonte: Robbins, 2017, p. 32.

Robbins (2017) pergunta: O que leva uma pessoa a expressar comportamentos partindo de um estado de preocupação ou raiva? Segundo ele, existem vários fatores, como reproduzir a reação dos pais ou outro modelo para situações como essa. Ele ainda menciona que há um fator preponderante: a condição e o padrão de uso da própria fisiologia. Tensão muscular, alimentação, estilo de respiração, postura física, entre outras questões, produzem impacto em nosso estado. "A representação interna e a fisiologia trabalham juntas num enlace cibernético. Tudo que afeta uma automaticamente afetará a outra" (Robbins, 2017, p. 33).

Dessa forma, entendemos que a mente consciente de uma pessoa não consegue usar todos os sinais que recebe. Se tentasse fazer isso, o indivíduo entraria em um estado de plena loucura, buscando conscientemente entender todos os estímulos e sinais enviados para seu cérebro. Mesmo assim, existem pessoas que conseguem acessar uma parte bem maior dos estímulos enviados para o cérebro e se destacam de alguma forma. "Pessoas que atingiram a excelência são mestras no penetrar nas partes mais ricas de recursos de seu cérebro. É isso que as separa do grupo" (Robbins, 2017, p. 40).

Em outra obra, *Desperte seu gigante interior*, lançada em 1991, Robbins elencou seis passos para uma pessoa mudar qualquer coisa em sua vida. Becker (2021) faz uma análise desses passos, conforme demonstrado a seguir.

## Passo 1

DECIDA O QUE VOCÊ REALMENTE QUER E O QUE O IMPEDE DE TER ISSO AGORA

Você ficaria surpreso em descobrir quantas pessoas, que quando questionadas sobre o que querem passam mais de vinte minutos dizendo o que não querem, ou relatando as coisas que não mais desejavam experimentar.

Temos de nos lembrar que obtemos o que focalizamos na vida. Se insistimos em focalizar o que não queremos, teremos mais disso. O primeiro passo para criar qualquer mudança é decidir o que você de fato quer, a fim de ter algo para o qual avançar. Quanto mais específico puder ser a respeito do que você quer, mais clareza terá, e mais poder vai dispor para alcançar o que quer mais depressa.

Também devemos aprender o que nos impede de ter o que queremos. Invariavelmente, o que nos impede de efetuar a mudança é o fato de vincularmos mais dor a promover uma mudança do que a permanecer onde estamos. Ou temos uma convicção como "Se eu mudar, terei dor", ou tememos o desconhecido que a mudança pode acarretar.

## Passo 2

USE UMA ALAVANCA: ASSOCIE UMA DOR INTENSA A NÃO MUDAR AGORA, E UM PRAZER IMENSO À EXPERIÊNCIA DA MUDANÇA AGORA!

A maioria das pessoas sabe que deseja mesmo mudar, mas não é capaz de fazê-lo! A mudança em geral é uma questão de capacidade; é quase sempre uma questão de motivação. Se alguém aponta um revólver para a nossa cabeça e diz: "É melhor você sair desse estado de depressão, e comece a se sentir feliz agora", aposto que qualquer um de nós poderia encontrar um meio de mudar o estado emocional no momento, nessas circunstâncias.

Cada mudança que você realizou em sua vida é o resultado da mudança das neuroassociações sobre o que significa dor e prazer. Com bastante frequência, porém, temos dificuldades para mudar porque temos emoções mistas sobre a mudança. Por um lado queremos mudar. Não queremos adquirir câncer por fumar. Não queremos perder os relacionamentos pessoais por causa de nosso temperamento explosivo. Não queremos que nossos filhos se sintam rejeitados porque somos rigorosos demais com eles. Não queremos nos sentir deprimidos pelo resto de nossas vidas por causa de alguma coisa que aconteceu no passado. Não queremos mais nos sentir como vítimas.

Por outro lado, tememos a mudança. Especulamos: "E se eu parar de fumar e morrer de câncer de qualquer maneira, depois de renunciar ao prazer que o cigarro proporcionava? Ou: "E se eu perder esse sentimento negativo em relação ao estupro, e me acontecer de novo?" Temos emoções mistas, em que ligamos tanto a dor quanto o prazer à mudança, o que deixa o cérebro indeciso sobre o que fazer e nos impede de utilizar os plenos recursos de que dispomos para promover [...] mudanças que poderiam literalmente ocorrer de um momento para outro, se cada fibra de nosso ser estivesse empenhada.

Como invertermos essa situação? Umas das coisas que faz praticamente qualquer pessoa dar uma virada é alcançar um limiar da dor. Significa experimentar dor num nível tão intenso que você sabe que tem que mudar AGORA – um ponto que seu cérebro diz: "Já chega; não posso mais passar o outro dia, nem sequer um momento, vivendo ou me sentindo assim."

## Passo 3

### Interrompa o padrão limitador

A fim de nos sentirmos sistematicamente de uma determinada maneira, desenvolvemos padrões característicos de pensamento, focalizando as mesmas imagens e ideias, formulando para nós as mesmas Perguntas. O problema é que a maioria das pessoas deseja um resultado, mas continua a agir da mesma maneira. Ouvi uma ocasião que a definição de insanidade é "fazer sempre as mesmas coisas, e esperar um resultado diferente".

Por favor, não me entenda mal. Não há nada de errado em você; não precisa ser "obcecado". (E sugiro que evite qualquer pessoa que use essas metáforas para descrevê-lo!) Os recursos de que precisa para mudar qualquer coisa em sua vida estão dentro de você neste momento. Acontece apenas que possui um conjunto de neuroassociações que habitualmente o levam a não aproveitar toda a sua capacidade. O que você deve fazer é reorganizar seus caminhos neurais, a fim de que o guiem de uma forma sistemática na direção de seus desejos, em vez de suas frustrações e medos.

A fim de obter novos resultados em nossas vidas, não basta apenas saber o que queremos, e ter uma alavanca apropriada. Podemos estar muito motivados à mudança, mas se continuamos a fazer as mesmas coisas, a manter os mesmos padrões impróprios, nossa vida não vai mudar, e só experimentaremos mais e mais dor e frustração.

Já reparou numa mosca aprisionada numa sala? Procura de imediato pela claridade, por isso voa para a janela, bate contra o vidro muitas e muitas vezes, até por horas a fio. Já notou que as pessoas também fazem isso? Estão motivadas para a mudança; e têm uma alavanca poderosa. Mas nem toda a motivação do mundo será capaz de ajudar se você tentar escapar através de uma janela fechada. Tem de mudar seu curso. A mosca só tem uma chance se recuar e procurar por outra saída.

Se mantemos o mesmo padrão antigo, obteremos os mesmos resultados antigos. Os discos criam sempre os mesmos sons por causa de seu padrão, o sulco contínuo em que os sons foram codificados. Mas o que aconteceria se um dia eu pegasse seu disco, e usasse uma agulha para arranhá-lo de um lado para outro, dezenas de vezes? Se eu fizer isso com bastante força, haverá um ponto em que o padrão será interrompido tão fundo que o disco nunca mais tocará da mesma forma.

Assim também a simples interrupção do padrão de comportamento ou emoção limitadores de alguém pode mudar completamente sua vida, porque às vezes também cria uma força de alavanca, e só com esses dois passos se pode mudar quase tudo. Os passos adicionais do NAC são apenas um meio de fazer com que as mudanças durem, e lhe permitir desenvolver novas opções, agradáveis e fortalecedoras.

## Passo 4

### Crie uma alternativa fortalecedora

Este quarto passo é absolutamente essencial para se consolidar a mudança a longo prazo. Na verdade, o fracasso da maioria das pessoas em encontrar um caminho alternativo para sair da dor e assumir os sentimentos de prazer é causa principal para que suas tentativas de mudança sejam apenas temporárias. Muitas pessoas chegam ao ponto em que têm de mudar, em que a mudança é imperativa, porque vinculara muita dor ao padrão antigo, e muito prazer à ideia de mudar.

Até interrompem seus padrões. Depois disso, no entanto, nada têm para substituir o padrão antigo! Lembre-se de que todos os seus padrões neurológicos são projetados para ajudá-lo a se livrar da dor e alcançar o prazer. Esses padrões são bem estabelecidos; podem ter efeitos colaterais negativos, mas se você aprendeu que um hábito pode livrá-lo da dor, voltará a assumi-lo, repetidas vezes, se não encontrou um meio melhor de obter os sentimentos que deseja.

Se você seguiu cada um dos passos descritos, tem uma noção clara do que queria e do que o impedia de alcançar o objetivo, dispõe de uma alavanca para si mesmo, interrompeu o padrão, e agora precisa preencher a lacuna com um novo conjunto de opções, que lhe proporcionarão os mesmos sentimentos agradáveis, sem os efeitos colaterais negativos. A partir do momento em que deixa de fumar, você deve ter um novo meio, ou vários novos meios, de substituir os benefícios, quaisquer que fossem, que costumava obter do antigo comportamento; os benefícios dos antigos sentimentos ou comportamentos devem ser preservados pelos novos comportamentos ou sentimentos, ao mesmo tempo em que se elimina os efeitos colaterais. Pelo que você pode substituir a preocupação? Que tal a ação intensa num plano para alcançar seus objetivos? A depressão pode ser substituída pelo foco em como ajudar outras pessoas necessitadas. Se você não sabe direito como se livrar da dor e sentir prazer como um substituto ao fumo, bebida, preocupação, ou outra emoção ou comportamento negativo, pode encontrar as respostas seguindo o exemplo de pessoas que mudaram sua situação. Procure pessoas que efetuaram mudanças permanentes; garanto que vai descobrir que elas tiveram uma alternativa para substituir o comportamento antigo.

## Passo 5

CONDICIONE O NOVO PADRÃO ATÉ QUE SEJA CONSISTENTE

O condicionamento é a maneira de garantir que uma mudança criada por você seja consistente e persista a longo prazo. O modo mais simples de condicionar algo é simplesmente ensaiá-lo várias vezes, até que haja um caminho neurológico. Se você encontrar uma alternativa fortalecedora, imagine-se a fazê-la até constatar que pode sair da dor e entrar no prazer num instante. Seu cérebro passará a associar isso com um novo meio de produzir esse resultado, numa base sistemática.

[...]

## Passo 6

EXPERIMENTE – VISUALIZE

Vamos revisar o que você realizou: determinou o novo padrão de emoção ou comportamento que deseja; providenciou uma alavanca pessoal para a mudança; interrompeu o padrão antigo; descobriu uma nova alternativa; e se condicionou até se tornar consistente. O único passo que resta é experimentá-lo para ter certeza de que vai funcionar no futuro.

Uma das maneiras de se fazer isso, ensinada na Programação Neurolinguística, é a "sondagem do futuro". Isso significa que você deve imaginar a situação que costumava frustrá-lo, por exemplo, e verificar se de fato ainda causa alguma frustração, ou se já foi substituída por seu novo padrão de se sentir "fascinado". Se normalmente você ainda tem o impulso de fumar cada vez que se sente aflito, imagine-se numa situação angustiante, e verifique se em vez do desejo de fumar sente o impulso de ler, correr, ou qualquer nova alternativa a que se condicionou. Imaginando os mesmos estímulos que costumavam desencadear sua antiga emoção ou comportamento, e constatando com certeza [que] sua nova alternativa fortalecedora é automática, você saberá que esse novo padrão funcionará no futuro.

Fonte: BECKER, F. Tony Robbins – 06 passos para mudar qualquer coisa em sua vida. **Coach Becker**. Disponível em: <https://fernandobecker.com.br/tony-robbins-06-passos-para-mudar-qualquer-coisa-em-sua-vida/>. Acesso em: 23 abr. 2021.

Até aqui, é possível perceber que Robbins segue um modelo para seu sucesso. Ele utiliza a PNL para realizar suas palestras e treinamentos, ensinando a aplicar o método, mas também utiliza uma modelagem de sucesso para construir seu próprio caminho.

## 3.6 Metáfora na PNL

A metáfora é uma forma indireta de comunicação realizada por meio de uma história ou de uma figura retórica. As metáforas podem representar a cultura de uma empresa e também os pensamentos de um indivíduo. Podem, ainda, servir como comparação entre os padrões de um problema, bem como oferecer a solução ou sugestões. Na PNL, a metáfora inclui parábolas e alegorias, e é fundamental para alcançar melhorias na comunicação.

> A metáfora é uma analogia que faz indução à outra, tais como contos, fábulas, provérbios, citações, parábolas e histórias, permitindo que o coachee se identifique com o relato e assim, crie percepções inconscientes como forma de sugestão, ou fazendo surgir alternativas que antes não eram percebidas devido a um bloqueio racional e emoções negativas.
>
> A partir do momento que o coachee se livra de bloqueios negativos, ele consegue ter acesso a outros estados e recursos. É uma forma de ensinar alguma lição, transmitindo aprendizado por meio da reflexão e estimulando emoções, melhores atitudes e mudanças de crenças que contribuam para o alcance do estado desejado. (Marques, 2018a)

Utilizar a metáfora na PNL permite ao indivíduo transportar-se utilizando o sentido figurado de uma situação. Por meio da metáfora, existe uma comunicação com os dois lados do cérebro: o da **memória** e o da **imaginação**.

As metáforas fazem parte de nossas vidas desde a infância e permitem que o indivíduo penetre na sua estrutura profunda, fazendo um movimento de transderivação, comparando a experiência com suas memórias sensoriais. Assim, funcionam como uma maneira de reformulação da realidade poderosa, oferecendo possibilidades de maiores percepções: é possível criar um modelo de futuro desejado, acrescentando detalhes importantes como texturas, cheiros e cores. Materializa-se, assim, a subjetividade.

A partir desse momento, é possível utilizar a técnica da PNL denominada *reenquadramento de significado* (ressignificação), que consiste em afirmar que nada significa alguma coisa por si só, pois o indivíduo tem a capacidade de criar significados conforme sua vontade. O universo interior do ser humano detém incontáveis facetas e, por meio das metáforas, é possível encaminhá-lo para dentro de si, em uma profunda busca pelo autoconhecimento. A metáfora permite ao indivíduo conhecer-se e encontrar recursos em representações problemáticas, de modo a esclarecer a vida de uma nova maneira.

> **Para saber mais**
>
> Falamos muito de Robbins. O que acha de conhecê-lo melhor? Suas palestras são repletas de elementos emocionais, que empolgam os espectadores. Recomendamos que acesse as indicações a seguir para conhecer melhor suas ideias:
>
> ROBBINS, T. Why We Do What We Do. **TED**, Feb. 2006. 21 min. Disponível em: <https://www.ted.com/talks/tony_robbins_why_we_do_what_we_do?utm_campaign=tedspread&utm_medium=referral&utm_source=tedcomshare>. Acesso em: 3 maio 2021.
>
> ROBBINS, T. Controlar o estresse é a fórmula para o desempenho máximo. **Dicas do Hermano**, 12 abr. 2019. 12 min. Disponível em: <https://youtu.be/zWk6sDVVI3E>. Acesso em: 3 maio 2021.

Chegamos ao final deste capítulo e, com certeza, você está repleto de ideias e inspirações. Pedimos licença para nos dirigirmos mais informalmente a você, leitor, e compartilharmos uma experiência: a produção do capítulo foi como uma renovação de votos, pois revisitamos vários conceitos e autores muito importantes, dos quais havíamos nos afastado. É muito importante revermos conceitos do passado, pois isso nos permite ver de modo mais claro como chegamos ao presente. Por fim, lembre-se da crença número seis de Robbins, pois é o que desejamos: prepare-se para atingir seus objetivos, sejam eles profissionais, sejam eles pessoais, e ame muito o que faz.

## Síntese

- Richard Bandler, John Grinder e Frank Pucelik são os precursores da PNL e começaram seus estudos por Fritz Perls, na década de 1970.
- A primeira obra formalizada da PNL foi *A estrutura da magia: um livro sobre linguagem e terapia*, de Robbins (2017).
- Intervenções comportamentais fazem parte do método exploratório da PNL.
- Para elaborar um mapa da realidade, é preciso levar em conta as restrições neurológicas, sociais e individuais.
- Existem estruturas superficiais e profundas que formam o mapa da realidade de um indivíduo.
- A gramática transformacional é a base do metamodelo da PNL.
- São princípios da PNL: *rapport*, meta, acuidade sensorial, comportamento, intenção positiva, mapa da realidade, capacidade e mudança.
- A PNL pode ser aplicada a diversas áreas, tanto organizacionais quanto institucionais ou pessoais.
- Há diversas maneiras de usar a PNL e seus pressupostos são incontestáveis.
- O estudo das crenças, dos estados de comportamento e das metáforas é indispensável e complementa as modelagens de PNL.

# 4 Sistemas, linguagens e significados na programação neurolinguística (PNL)

## Conteúdos do capítulo:

- Modelo de percepção e comunicação da programação neurolinguística (PNL).
- Os sistemas representacionais e seus benefícios de utilização.
- A linguagem sensorial – modalidades e submodalidades.
- Comunicação verbal e não verbal: as palavras e seus significados.
- Os estados emocionais, a PNL e a inteligência emocional.
- A ressignificação de acordo com a PNL.
- Enquadramento, dissociação e ancoragem.

## Após o estudo deste capítulo, você será capaz de:

1. reconhecer o modelo de percepção e comunicação da PNL;
2. classificar os sistemas representacionais da PNL, suas utilizações e seus benefícios;
3. identificar as modalidades e submodalidades de percepção sensorial;
4. definir as características das linguagens verbal e não verbal;
5. identificar os estados emocionais e suas implicações no comportamento humano;
6. compreender a importância da inteligência emocional na PNL;
7. perceber novas técnicas de ressignificação, enquadramento, dissociação e ancoragem.

A grande aventura da PNL consiste no conhecimento das potencialidades do cérebro humano. Para tanto, utilizamos técnicas, métodos e ferramentas. Neste capítulo, apresentaremos alguns desses instrumentos. No capítulo anterior, indicamos os princípios, as crenças e os estados de comportamento dentro da PNL. Façamos uma breve retomada para dar continuidade aos estudos.

## 4.1 Compreendendo a PNL

Mancilha (2010) afirma que todos nós temos um mapa, um modelo do mundo, e junto com ele uma gama de pressupostos que utilizamos para a comunicação. Nossos gestos, nosso tom de voz, construções verbais, as expressões faciais e o nosso olhar são exemplos de formas de comunicação que estão implícitas e compõem um conjunto que define a maneira como as pessoas nos percebem quando nos dirigimos a elas. Nessa perspectiva, é possível afirmar que somos cérebro e corpo; portanto, somos a própria mensagem.

Figura 4.1 – **Modelo da PNL**

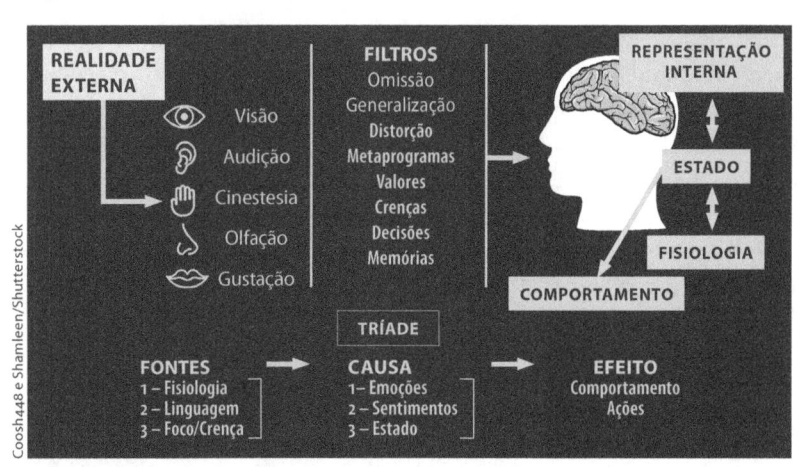

| REALIDADE EXTERNA | FILTROS | REPRESENTAÇÃO INTERNA |
|---|---|---|
| Visão | Omissão | ESTADO |
| Audição | Generalização | FISIOLOGIA |
| Cinestesia | Distorção | COMPORTAMENTO |
| Olfação | Metaprogramas | |
| Gustação | Valores | |
| | Crenças | |
| | Decisões | |
| | Memórias | |

| TRÍADE | | |
|---|---|---|
| FONTES | CAUSA | EFEITO |
| 1 – Fisiologia | 1 – Emoções | Comportamento |
| 2 – Linguagem | 2 – Sentimentos | Ações |
| 3 – Foco/Crença | 3 – Estado | |

Fonte: Mancilha, 2010, p. 5.

A Figura 4.1 resume grande parte do que já estudamos. Observe os sentidos que transmitem nossa percepção da realidade externa, os filtros pelos quais passam essas informações, a forma como são processadas em nossa mente e como se traduzem em nosso comportamento. Trata-se da **tríade da comunicação**, que se expressa pela **fonte**, pela **causa** e pelo **efeito** do que comunicamos.

> **Para saber mais**
>
> A obra a seguir aborda de maneira leve o campo da PNL.
>
> ANDRÉAS, S.; ANDRÉAS, C. **A essência da mente**: usando o seu poder interior para mudar. Disponível em: <http://espacoviverzen.com.br/wp-content/uploads/2017/06/AEssenciada-Mente_Steve-Andreas-2.pdf>. Acesso em: 22 abr. 2021.
>
> O livro a seguir é um clássico da PNL e indica várias transcrições de *workshops* e seminários dos autores.
>
> BANDLER, R.; GRINDER, J. **Ressignificando**: a programação neurolinguística e a transformação do significado. São Paulo: Summus, 1986.

## 4.2 Sistemas representacionais

A PNL dedica seus estudos às transformações que ocorrem no comportamento humano por meio da ampliação do autoconhecimento, da comunicação eficaz, da aceitação pessoal, de uma aprendizagem mais rápida e efetiva e da harmonia nas relações. Ao conhecer o cérebro (neuro), é possível selecionar a forma mais eficaz para criar pensamentos, estados emocionais e comportamentos (linguagens). Dessa forma, pode-se direcionar esses elementos de um modo mais rápido e assertivo, a fim de atingir a excelência.

> Nos estudos da PNL a linguagem dos sentidos se destaca como sistemas representacionais. Para tanto, a linguagem que utilizamos para comunicação nos dá pistas da maneira que pensamos. Em PNL, as palavras são conhecidas como predicados. O que você acredita sobre o que vê, ouve e sente baseia-se em sua experiência de uma vida inteira, que filtra todas as

## Sistemas, linguagens e significados na Programação Neurolinguística (PNL)

informações que chegam pelos sentidos (HARRY, 1996, p. 20). Nesse caso, os principais canais de receptividade do ser humano são: Visual, Auditivo, Cinestésico, Olfativo e Gustativo. (Galvão; Capucho; Alvareli, 2017, p. 7)

De acordo com a neurolinguística, nosso cérebro faz a codificação do que percebemos no mundo externo por meio dos seguintes canais: visual, auditivo e cinestésico (tato, olfato e gustação). Portanto, nossa comunicação externa e interna se dá pelos nossos sentidos. A esses sistemas de codificação damos o nome de *sistemas representacionais*. Eles são constituídos pelos **canais de *input***, que fornecem ao ser humano uma fonte inesgotável de informações e traduzem a experiência humana.

> Cada um de nós, como ser humano, dispõe de um número de diferentes modos de representar nossa experiência do mundo. [...] Temos cinco sentidos reconhecidos de fazer contato com o mundo – nós vemos, ouvimos, sentimos, degustamos, cheiramos. Como complemento desses sistemas sensoriais, temos o sistema da linguagem, que usamos para representar nossa experiência. [...] Há três canais de input mais importantes através dos quais, como seres humanos, recebemos informações sobre o mundo a nossa volta – visão, audição e cinestesia (sensações corporais). (Bandler; Grinder,1976, citados por Azevedo, 2006, p. 48)

A respeito da forma como os indivíduos fazem uso desses sistemas, considera-se a seguinte classificação:

- **Sistema mais desenvolvido**: Faz o maior número de diferenciações visuais, táteis, olfativas e sensoriais.
- **Sistema mais valorizado**: Avalia o significado de uma experiência para tomar decisões.
- **Sistema mais consciente**: Direciona intencionalmente a capacidade de assimilação para se fazer entender ao ser utilizado de forma assertiva.

Quando usamos nossos sentidos para capturar informações do ambiente que nos rodeia, primeiramente estamos nos comunicando conosco. Isso determinará a forma como construiremos nossos pensamentos e atitudes.

> Quando pensamos, "representamos" a informação para nós mesmos, "internamente". A PNL denomina nossos sentidos de Sistemas Representacionais, pois fazemos uso dos nossos sistemas representacionais o tempo todo, mas tendemos a usar alguns mais do que outros. Por exemplo, muitas pessoas usam o sistema auditivo para conversar consigo mesmas, essa é uma maneira de pensar [...]. (Galvão; Capucho; Alvareli, 2017, p. 7)

O meio social, a cultura ou a educação recebida influenciarão diretamente na programação mental ou na forma de estruturação dos pensamentos. Isso significa que, mesmo antes de transformarmos em realidade a informação captada pelos nossos sentidos, o cérebro realiza conexões adotando padrões já estabelecidos ou buscando registros de alguma experiência, mesmo que fragmentada. Nesse momento, toda a informação anterior recebe influência, no formato da experiência atual, em uma relação de causa e efeito vinculada às entradas *(inputs)* realizadas em nosso cérebro, que exercerão influências reais na forma como elaboramos o pensamento.

Os sistemas representacionais, subordinados ao sistema da linguagem e em conformidade com as restrições neurológicas, reafirmam a teoria das representações com características personalizadas e exclusivas de modelo de mundo. Eles variam de pessoa para pessoa e, igualmente, justificam o limite das escolhas disponíveis. Assim, apenas as opções detectadas pelos cinco sentidos são consideradas "disponíveis".

> Tais restrições fundamentam o pressuposto básico da PNL – "o mapa não é o território" –, já que **a linguagem não traduz a realidade**, mas constitui apenas **uma representação da realidade conforme é percebida** pelo sujeito da enunciação. Esse recorte da realidade, subjetivo e particular, vem à tona **generalizado, eliminado e distorcido** [...] e orienta as ações humanas frente ao "mundo real" – como um mapa orienta um viajante perdido em um vasto e desconhecido território. (Azevedo, 2006, p. 48-49, grifo do original)

Essas entradas, por meio dos três tipos de sentidos, são os principais caminhos ou elementos de captura de informações, e suas causas resultam diretamente na formação das atitudes e dos pensamentos do indivíduo.

## Sistemas, linguagens e significados na Programação Neurolinguística (PNL)

O sistema representacional do homem é visível através da linguagem corporal, ou seja, manifesta-se na postura, tom de voz, padrão respiratório e movimento dos olhos. As palavras não são inventadas no ato da fala, já fazem parte de experiências anteriores. Dessa forma, é possível saber como as pessoas pensam enquanto falam. (Passos, 1997, citado por Galvão; Capucho; Alvareli, 2017, p. 7)

A classificação dos estilos de aprendizagem visual, auditivo e cinestésico determina como as pessoas captam as informações, ou seja, como elas aprendem e percebem a aprendizagem. Confira a seguir as principais características desses estilos representacionais.

### Visual

O indivíduo visual formula as imagens internas, tem memória fotográfica e consegue memorizar e aprender por meio de desenhos e gráficos. Esse indivíduo pensa por meio de imagens – elas precisam reproduzir suas ideias como se fossem um filme. As pessoas visuais costumam ser objetivas e honestas. Quando se expressam, utilizam expressões que representam elementos visuais, como "Eu vejo o que você quer dizer" e "Esse pensamento não está claro".

O indivíduo visual precisa ver para crer, ele cria uma conexão direta com o cérebro através de imagens da mesma forma que capta informações do mundo exterior (Imagem + Sentimento). Observar como o indivíduo se expressa e responder com a mesma sintonia trará a confiança para o indivíduo visual, melhorando seus resultados. (Galvão; Capucho; Alvareli, 2017, p. 7)

### Auditivo

Pessoas que, por exemplo, ouvem música internamente – isto é, os sons se formam na mente sem que haja a música no plano físico –, costumam conversar consigo mesmas e memorizar as vozes de outras pessoas e o que elas estão dizendo. Dão muita importância a uma explicação bem-feita. Gostam de ouvir boas histórias. Normalmente, são mais caladas, introvertidas, detalhistas e boas ouvintes. Geralmente, precisam de silêncio e concentração. Costumam utilizar frases que expressam a audição, como "Isso não me soa bem" ou "Escuto minha voz interior".

> O indivíduo auditivo precisa de algo que fale com ele ou para ele, a conexão é estabelecida entre os sons e os pensamentos, sons + sentimento, este canal é preferencial para captar as informações do mundo interior, formular pensamentos e atitudes excelentes. (Galvão; Capucho; Alvareli, 2017, p. 8)

### Cinestésico

São pessoas que aprendem fazendo. São emotivas, afetivas, empáticas, muito sociáveis e extrovertidas. A comunicação dessas pessoas é revestida de sentimentos. Elas também aprendem melhor se for pela emoção. Até o tom de voz e a velocidade da respiração são importantes na comunicação. A percepção desses indivíduos em relação a isso pode ser expressa em frases como: "Você sentiu o clima?", "Achei a situação bem complicada" e "Tenho a sensação de que...". Assim, "verificam-se características do indivíduo com a necessidade de sentir algo como na frase 'Eu quero provar um sapato. Pega algum bem macio de couro flexível'" (Galvão; Capucho; Alvareli, 2017, p. 8).

Cada indivíduo tem um desses sentidos mais apurado do que os outros. Nosso cérebro codifica as mensagens e experiências em pequenos fragmentos de imagens, sons, sensações e sentimentos. Para a PNL, não existem rótulos. Saber qual sentido é o predominante serve para entender e estudar a forma como cada pessoa experiencia o mundo em cada instante, em cada vivência. Assim, a PNL viabiliza técnicas que possibilitam aos profissionais detectarem qual é o sistema representacional dominante da pessoa avaliada. Dessa maneirta, é possível escolher a forma de comunicação para direcionar a intervenção.

## Exercício resolvido

Quando pensamos, estamos fazendo uma representação da informação para nós mesmos. A PNL denominou nossos sentidos como *sistemas representacionais*. O tempo inteiro estamos usando esses sistemas, embora tenhamos uma tendência a usar mais alguns sentidos do que outros. Costuma-se dizer que o sistema mais desenvolvido é aquele utilizado pelo indivíduo para fazer o maior número de distinções visuais, táteis, olfativas e sensoriais.

A respeito dos sistemas representacionais, podemos afirmar:

a) O sistema cinestésico é feito de sensações, do toque, do equilíbrio e da percepção de nossas emoções. Já o sistema auditivo é usado para escutar nossas imagens internas – algo como "sonhar acordado" – e para nossa imaginação. O sistema visual, por sua vez, é usado para desenhar músicas internamente e falar consigo mesmo.

b) No sistema visual, o indivíduo apresenta uma postura mais reclinada: a cabeça e os ombros ficam eretos e o olhar é bastante direcionado para o interlocutor. No auditivo, a cabeça é direcionada mais para a frente, ou lateralmente, e os ombros são movimentados para cima. No auditivo digital, as pessoas pensam com palavras, estabelecem diálogo interno e, ao falar, usam muitos predicativos, ou seja, qualidades, defeitos, características neutras e/ou abstratas.

c) Em PNL, quando uma pessoa tende a usar mais de um dos sentidos internos, diz-se que esse é seu sistema primário. Nesse caso, a pessoa será capaz de fazer distinções em seu sistema preferido da mesma forma que com os outros sistemas.

d) Um sujeito auditivo faz muitas perguntas e precisa de muita informação. O cinestésico gosta de abraçar, dançar e sentir. Já o visual usa a visão como maneira de conseguir informações, identificando as coisas por meio de imagens. Por fim, o indivíduo digital apresenta um amplo vocabulário, se expressa com objetividade e gesticula muito.

Gabarito: b

*Feedback* **do exercício**: O sistema representacional primário é aquele que o indivíduo usa com mais frequência.

- **Cinestésico**: equilíbrio, toque e emoções.
- **Visual**: imagens internas, visualização e imaginação.
- **Auditivo**: ouve internamente e fala consigo mesmo.
- **Digital**: faz muitas perguntas e precisa de muita informação.

Com base nas predominâncias dos estilos de aprendizagem de acordo com os sentidos, os sistemas representacionais são divididos em quatro tipos, conforme indica a Figura 4.2.

**Figura 4.2 – Sistemas representacionais: sentidos**

| Digital | Auditivo |
|---|---|
| Aquele que ouve e entende. Uma pessoa digital faz muitas perguntas e precisa de muita informação. Pessoas com essas características estudam as ideias para descobrir se elas fazem sentido e estão sempre dialogando internamente. Têm dificuldade para se concentrar e, por isso, a leitura é um ponto fraco. | Aquele que ouve. Uma pessoa auditiva gosta de ouvir as outras pessoas, apresenta um amplo vocabulário, expressa-se com objetividade e gesticula muito. Além disso, aprende por meio da escuta, além de apreciar o silêncio. |
| **Cinestésico** | **Visual** |
| Aquele que sente. Gosta de abraçar, dançar e sentir. Trata-se de um indivíduo que identifica as coisas mediante o contato, o corpo e a experimentação. Além disso, é muito intuitivo e valoriza bastante o local em que está inserido. | Aquele que vê. Uma pessoa visual usa a visão como maneira de conseguir informações, identificando as coisas por meio de imagens. Além disso, tem memória fotográfica e geralmente demora a repetir instruções orais/faladas. Em geral, prefere ler sozinha a perguntar ou depender de outra pessoa. |

Fonte: Elaborado com base em Marques, 2018b.

Para aplicar os sistemas representacionais, é necessário estudar e entender as experiências subjetivas. Podem-se usar também as linguagens não verbais, uma vez que as palavras não são a única forma de comunicação. Nosso corpo se expressa por meio dos gestos, do olhar. O corpo fala. A linguagem corporal colabora para a construção do modelo ou padrão de pensamento dos sujeitos. Tudo está sintonizado, corpo e mente são um só e se comunicam com o mundo externo. Eis o porquê de afirmarmos que, quanto mais profundamente o indivíduo se manifesta sobre um acontecimento, maior será seu envolvimento neurológico e emocional, e isso refletirá em suas atitudes verbais e não verbais. Assim, a postura do sujeito se torna elemento fundamental para a identificação do seu sistema representacional.

O sistema representacional que usamos é revelado por meio da nossa linguagem corporal. Ele é manifestado por:

- movimentos oculares;
- postura;
- padrão respiratório;
- tom de voz.

Confira na Figura 4.3 uma série de elementos característicos dos sujeitos, de acordo com os sistemas representacionais.

Figura 4.3 – **Sistemas representacionais: postura dos sujeitos**

**Sujeitos visuais**
Postura mais reclinada, tronco para frente e cabeça e ombros eretos. A respiração não é profunda no alto do tórax; o tom de voz pode ser mais alto, assim como a velocidade da fala é mais rápida. Gesticula na altura dos olhos, usados para apontar. Usam mais predicativos (verbos, adjetivos e advérbios visuais) e, além disso, olham muito para cima ao pensar e raciocinar.

**Sujeitos cinestésicos**
Cabeça e ombros baixos e respiração no abdômen. A voz é expressa no mesmo ritmo respiratório, mais grave com fala mais lenta. Tocam com frequência o abdômen, peito e coração, e gesticulam na frente do abdômen, como se cada palavra fosse seguida de um sentimento. Além de usarem predicativos cinestésicos, falam mais devagar, em um tom mais grave, e olham mais para baixo e para a direita.

**Sujeitos auditivos**
Cabeça inclinada mais para a frente, ou lateralmente, um lado do ouvido esticado para a frente, em direção à fonte auditiva interna. Ombros ligeiramente puxados para cima, braços geralmente cruzados. Usam mais predicativos auditivos. Quando pensam, movimentam os olhos mais na linha horizontal. Respiração no centro do tórax, na área do diafragma. Sobrancelhas franzem ligeiramente, variam o tom e velocidade da fala. Gestos na frente do tórax e frequentes. Tocam o rosto.

**Sujeitos digitais (auditivos digitais)**
Pensam com palavras, pelo diálogo interno e, ao falar, usam muitos predicativos neutros e abstratos. Além disso, quando estão pensando, olham mais para baixo e para a esquerda, e mantêm os braços cruzados.

Fonte: Elaborado com base em Galvão; Capucho; Alvareli, 2017; Mancilha, 2010.

Para verificar o sistema representacional que alguém usa conscientemente, é necessário prestar atenção à linguagem utilizada pela pessoa e observar "os predicados que adota. Na linguagem, os predicados são verbos, advérbios e adjetivos que, na maioria dos casos, pressupõem um Sistema Representacional. O mais usado por cada indivíduo chama-se *Sistema Representacional Primário*" (Mancilha, 2010, p. 7).

Conhecer o estilo representacional de um indivíduo permite ao interlocutor utilizar a informação no canal predominante, seja visual, seja auditivo, seja cinestésico. Dessa forma, será mais fácil a comunicação.

O conceito de sistema representacional tem outras denominações. Você poderá encontrá-lo como modalidade ou modelo VAC (visual, auditivo e cinestésico). Portanto, ao se deparar com uma dessas terminologias, você saberá que se referem ao mesmo conceito.

É bem frequente escutarmos pessoas dizendo frases como "Ele é visual" ou "Eu sou auditivo". Afirmações como essas podem induzir as pessoas a pensar que os indivíduos se encaixam em uma das modalidades, tornando o conceito estático e inflexível. Porém, na realidade, não funciona dessa maneira.

O sistema que predomina na pessoa é o mais usado por ela, e é chamado por muitos autores de *sistema condutor*. Todavia, o que mais interessa é detectar os sistemas e identificar o predominante, pois é o que permite aplicar a PNL e programar a mente para alcançar a excelência em seu desempenho.

### Perguntas e respostas

**Por que os dois quadros sobre os sistemas representacionais estão usando cores semelhantes?**

Trata-se de um recurso que pode ser usado na comunicação com os sujeitos visuais. Ao usar cores semelhantes para os mesmos tipos, o indivíduo visual fará associações e terá melhores condições de memorizá-las, da mesma forma como uma música pode auxiliar um indivíduo auditivo a reorganizar conceitos, classificando-os de uma forma pessoal. Esses elementos podem auxiliar os cinestésicos.

## 4.3 Benefícios da utilização dos sistemas representacionais

Ao aprimorar suas técnicas de percepção e desenvolvimento dos sistemas representacionais, você estará desenvolvendo a inteligência emocional, ampliando a habilidade de persuasão e negociação, fortalecendo a autoconfiança e aperfeiçoando a comunicação. Comunicar-se com outra pessoa por meio do seu sistema representacional dominante possibilita falar a mesma língua acentuando a identificação entre os interlocutores. Dessa forma, tem-se uma comunicação mais assertiva e atraente.

Nesse sentido, a PNL proporciona:

- Maior domínio do próprio comportamento;
- Maior capacidade de influência;
- Clareza na identificação de metas e objetivos;
- Maior desenvoltura no relacionamento interpessoal;
- Facilidade em resolver conflitos;
- Clareza e assertividade nas tomadas de decisão;
- Construção de padrão hábitos de sucesso. (Marques, 2018b)

Ao aplicarmos a PNL, estamos utilizando uma linguagem para programar o cérebro. Lembre-se da analogia com os computadores: quando o sistema apresenta problemas, o reiniciamos, (re)programamos ou instalamos outro *software*. Por isso, é importante conhecer os sistemas representacionais, que são fundamentais nos processos de modelagem.

### Exemplificando

Imagine uma sala com 50 pessoas onde um mentor entra e diz: "Pensem em um carro". Mesmo que todos os presentes pensem em um carro, certamente estarão pensando em imagens com características diferentes. Essas qualidades estão relacionadas aos sistemas representacionais.

Um indivíduo pode estar pensando em um carro branco, por exemplo, ao passo que outro pode estar imaginando o carro do aplicativo que o transportou naquele dia. Outros indivíduos podem estar imaginando carros circulando pela rua, com as mais diversas cores e de diferentes modelos.

> Finalmente, outros indivíduos podem estar pensando em sentimentos de todos os tipos relacionados ao carro. Um pode pensar como se sente ao dirigir; outro, porém, pode sentir medo por não saber dirigir; alguém pode estar pensando na sua vontade de comprar um carro; outro, lembrando da liberdade de locomoção que o carro proporciona, ou na irritação por causa do trânsito congestionado. Até mesmo o cheiro de carro novo pode surgir na imaginação de alguma das pessoas.
> Assim, mesmo que todos pensem genericamente na mesma coisa, as características do objeto serão distintas.

O exemplo citado elucida como os sistemas representacionais atuam nas pessoas. A partir dele, podemos concluir que, ao avaliarmos o sistema de cada pessoa de acordo com a situação, é possível estabelecer um modelo de excelência para que o indivíduo atinja a meta desejada, seja falar bem em público, seja se relacionar melhor com a família, seja obter sucesso nos negócios.

## 4.4 Linguagem sensorial

De acordo com a PNL, os sentidos humanos são denominados *modalidades* e podem ser divididos em visão, olfato, paladar, tato e audição. As submodalidades são características desses sentidos. "Podemos criar uma metáfora para entender melhor submodalidades e modalidades, imagine que modalidade é uma pedra, a submodalidade dessa pedra seriam os materiais que a compõem, a ordem dos átomos e suas ligações" (Técnicas PNL, 2021). Assim, cada sentido é uma modalidade sensorial e conta com submodalidades.

As submodalidades são as características ou as distinções mais específicas de cada modalidade. Já mencionamos que modalidade é o mesmo que sistema representacional, ou seja, refere-se aos sistemas auditivo, visual, cinestésico e auditivo digital. O sentido auditivo digital é aquele em que o indivíduo pensa consigo mesmo, faz raciocínios e lê, por exemplo. Por meio desse sistema, é possível representar qualquer outro sentido.

Podemos definir a submodalidades como as qualidades dos sentidos, aquilo que lhes confere uma distinção e define as características de nossas representações internas.

Na figura a seguir, apresentamos as submodalidades mais comuns.

Figura 4.4 – Submodalidades representacionais

| Sistema visual | | Sistema auditivo | |
|---|---|---|---|
| ♦ Visão associada (vista através dos próprios olhos), ou dissociada (quando a pessoa olha para si mesma) | ♦ Localização [...] | ♦ Estéreo ou mono | ♦ Contínuo ou descontínuo |
| | ♦ Distância da pessoa em relação à imagem | ♦ Palavras ou sons | ♦ Velocidade (mais rápida ou mais lenta que o normal) |
| | ♦ Luminosidade | ♦ Volume (alto ou baixo) | |
| | ♦ Contraste | ♦ Tom (alto ou baixo) | ♦ Claridade (um som claro ou abafado) |
| ♦ Em cores ou em preto e branco | ♦ Claridade (dentro ou fora de foco) | ♦ Timbre (plenitude de som) | |
| ♦ Com ou sem moldura | ♦ Movimento (filme ou slide) | ♦ Localização do som | |
| ♦ Profundidade (duas ou três dimensões) | ♦ Velocidade [...] | ♦ Distância da fonte sonora | |
| | ♦ Número [...] | ♦ Duração | |
| | ♦ Tamanho | | |

| Sistema cinestésico | |
|---|---|
| ♦ Localização | ♦ Peso |
| ♦ Intensidade | ♦ (sensação leve ou pesada) |
| ♦ Pressão | ♦ Temperatura |
| ♦ (sensação forte ou fraca) | ♦ Duração |
| ♦ Extensão (tamanho) | ♦ (o tempo que dura) |
| ♦ Textura | ♦ Forma |
| ♦ (áspera ou suave) | |

Fonte: O'Connor; Seymour, 1990, p. 59.

Uma das mais importantes é a submodalidade **visual associada/dissociada**, a qual diz respeito à capacidade de uma pessoa de se ver na imagem (representação visual interna). Diz-se que está associada ao indivíduo que não pode ver a si mesmo na imagem – é o que popularmente descrevem como "olhar através dos próprios olhos". Se o indivíduo se vê na imagem, então dizemos que está dissociado.

Falando em memórias, por exemplo, quando estamos associados a uma lembrança, as sensações são mais intensas. Se estivermos dissociados, como se assistíssemos a um filme, as sensações serão menos intensas.

## 4.5 Linguagem do corpo: comunicação não verbal

A diferença entre a interpretação daquilo que a pessoa quer dizer e as palavras que profere está na sua comunicação não verbal (ou linguagem corporal). Por meio dos sinais que o corpo envia, o entendimento e a comunicação com as demais pessoas tornam-se mais fáceis.

Figura 4.5 – Linguagem corporal

Djomas/Shutterstock

São os movimentos corporais, os gestos e as expressões faciais que caracterizam cada pessoa. Existem traços peculiares a cada indivíduo, como a forma de falar, andar ou se sentar. Todas essas manifestações dizem muito sobre nós, sobre como estamos, como somos ou o que estamos sentindo. Tudo isso se reflete externamente.

Em certos momentos, somos contraditórios ao comunicar certas mensagens. Dizemos uma coisa, mas nosso corpo comunica outra mensagem. A linguagem não verbal interfere em nossa maneira de agir e reagir diante dos outros e de nós mesmos.

### Perguntas e respostas

**Quais são as funções da comunicação não verbal?**

- **Complementação**: Complementar o que está sendo dito.
- **Substituição**: Usada no lugar da comunicação verbal.
- **Repetição ou ênfase não verbal**: Enfatiza o que está sendo falado mediante gestos, olhares ou postura corporal.
- **Contradição**: Os gestos contradizem a fala; o receptor aceita como verdadeira a mensagem emitida pela comunicação não verbal.
- **Regulação verbal**: Utiliza a comunicação não verbal para influenciar o discurso verbal.
- **Sinalização de relações de poder no espaço físico**: Demonstra a posição de alguém na hierarquia das relações em certo ambiente.

### As lições da comunicação não verbal

Observando outras pessoas, é possível identificar sinais e signos que evidenciam sua segurança ou insegurança. Confira, a seguir, alguns sinais que denotam confiança.

- Olhar nos olhos do outro e sorrir.
- Manter uma postura ereta, com os ombros jogados para trás.
- Gesticular com mãos e braços ao falar.
- Falar em tom de voz claro e moderado, com discurso pausado e claro.

Existem sinais no discurso que denotam que um indivíduo está se comunicando de forma defensiva, como:

- não manter contato visual com o interlocutor ou expressar desânimo por meio do olhar;
- fazer poucas expressões faciais;

- gesticular com mãos e braços de forma breve e com os membros próximos ao corpo;
- buscar afastar-se fisicamente do outro;
- manter os braços cruzados.

Essas posturas devem ser observadas sob dois aspectos: o de quem ouve e o de quem fala. No primeiro caso, é possível interpretar os sinais e mudar o modo de falar e as palavras, ajudando o outro a ficar mais calmo e receptivo. No segundo caso, se você estiver em posição de defesa, controle a sua linguagem corporal e assegure-se de que a mensagem que transmite demonstra que você está aberto e receptivo ao tema que está em pauta.

Esses são apenas alguns exemplos de mensagens que a linguagem corporal pode emitir. Esses conhecimentos são utilizados na PNL para modificar padrões e permitir que as pessoas adotem posturas dentro de modelos que as levarão à excelência.

## 4.6 Linguagem: palavras e significado

Vivemos na linguagem sem mesmo nos dar conta disso. Temos certeza do que falamos e ouvimos, mas sem perceber o quanto isso está representando nossa percepção do que estamos vivendo em determinado momento. Tudo é natural e intuitivo.

Vejamos algumas considerações sobre o uso da linguagem para a PNL e como o poder da linguagem pode auxiliar no sucesso.

- A forma como você expressa seus objetivos influencia na probabilidade de alcançá-los. Por exemplo: "Gostaria de superar o medo de falar em público" não é um objetivo alcançável, pois você afasta o objetivo. Porém, dizer algo como "Eu quero me sentir confortável expondo um assunto para meus colegas e clientes" é muito mais viável, pois você diz o que quer para si mesmo e para os outros.
- Utilizar a palavra *tentar* já pressupõe falha. Ao dizer "Vou tentar elaborar o projeto", não há segurança na mensagem transmitida.

- "Eu devo conseguir a cópia do relatório ainda hoje". Nessa sentença, observe que "devo" não conjectura um compromisso. Portanto, diga: "Vou entregar o relatório hoje à noite", por exemplo.
- As clássicas frases "Eu quero emagrecer" ou "Eu deveria fazer exercícios" são afirmações vagas e indeterminadas. O compromisso se expressa quando você diz "Eu vou" ou "Eu preciso". Nesse sentido, para obter sucesso, é importante alinhar as ações com a linguagem.

O metamodelo de linguagem busca criar um sistema que proporcione ao paciente o entendimento de que, por meio da linguagem, é possível elaborar um discurso que possibilite novas opções de comportamento, tendo como base a gramática transformacional, a qual acredita que o indivíduo tem capacidade de selecionar, de forma coerente e intuitiva, frases bem formuladas em detrimento daquelas mal formuladas e com objetivos indefinidos. Isso significa que é possível escolher o enunciado mais adequado semanticamente, isto é, com significado que esteja de acordo com a situação.

## 4.7 Estados emocionais

Em seu livro *Poder sem limites*, Tony Robbins (2017) faz diversas digressões a respeito de nossos estados emocionais.

Figura 4.6 – Os estados emocionais

woocat/Shutterstock

A Figura 4.6 demonstra a diferença entre aqueles momentos em que nos sentimos invencíveis, com a sensação de que nada pode nos atrapalhar, e aqueles dias em que tudo parece acontecer de forma errada. Se somos a mesma pessoa, o que acontece? Não temos os mesmos recursos à disposição?

Robbins (2017) afirma que a diferença está no estado neurofisiológico em que nos encontramos. Existem estados que habilitam e potencializam o poder pessoal, como a confiança, o amor, a força interior, a alegria, o êxtase e as crenças, assim como existem estados paralisantes, como confusão, depressão, medo, tristeza, ansiedade e frustração. Qualquer ser humano vivencia bons e maus estados. É preciso entender esses estados para conseguir desencadear as mudanças e alcançar a excelência.

Partimos da ideia de que todos sempre fazem o melhor que podem com os recursos que detêm. Assim, em algum momento, fazemos ou dizemos coisas reprováveis. Robbins (2017) menciona que não podemos esquecer esses momentos e lembrarmos sempre de que alguém pode ter o mesmo comportamento em relação a nós. Dessa forma, criamos um sentimento de compaixão em vez de rancor ou raiva.

> A chave, então, é tomar conta de nossos estados e, assim, de nossos comportamentos. O que acharia se pudesse, num estalar de dedos, ficar num estado mais dinâmico, mais cheio de recursos, um estado no qual ficaria excitado, certo do sucesso, com o corpo vibrando de energia, sua mente viva? Bem, você pode. (Robbins, 2017, p. 30)

Dentro de nós, milhões de processos neurológicos podem gerar um único estado, que resulta da soma das nossas experiências em todos os momentos e através do tempo. Na maioria das vezes, esses estados acontecem sem nenhuma intencionalidade por parte do sujeito. Trata-se de uma resposta imediata a um questionamento ou estímulo. Isso nos leva a um estado que pode ser útil e enriquecedor ou pobre e limitador. Não existem muitas estratégias que nos permitam controlar o acesso a esses estados. O que diferencia as pessoas que não conseguem atingir suas metas daquelas que alcançam êxito em suas empreitadas é a capacidade de se colocar em um estado de apoio que lhes dê segurança para atingir suas realizações.

# Exercício resolvido

Conforme já mencionamos, John Grinder e Richard Bandler desenvolveram a PNL e o metamodelo, que consiste em identificar determinadas classes de padrões de linguagem que podem ser problemáticas ou ambíguas. O metamodelo identifica distorções, omissões e generalizações comuns, que obscurecem a estrutura profunda ou o significado original. Trata-se de uma reconstituição da conexão das linguagens com as experiências, a qual pode ser utilizada para reunir informações, esclarecer significados, identificar limitações e ampliar as opções de escolha. A respeito dos metamodelos, é correto afirmar:

a) O metamodelo da linguagem cria um sistema que permite entender, por meio dos gestos, que é possível elaborar um discurso que defina novas opções de comportamento.
b) O metamodelo de linguagem tem como base a gramática transformacional, a qual afirma que o indivíduo tem capacidade de selecionar, de forma coerente e intuitiva, frases bem formuladas.
c) O metamodelo da linguagem corporal estabelece padrões para comunicar estados emocionais, os quais estão relacionados diretamente à gramática transformacional.
d) Para Tony Robbins, os padrões comportamentais não podem ser reformulados com a modelagem de metamodelos de sucesso. Para ele, o sucesso é um fator inerente a apenas algumas pessoas e não pode ser reproduzido.

Gabarito: b

*Feedback* **do exercício**: O metamodelo de linguagem tem por objetivo criar um sistema que proporcione entender que, por meio da linguagem, é possível elaborar um discurso que possibilite novas opções de comportamento. O metamodelo da linguagem corporal estabelece padrões para comunicar posturas que evidenciam atitudes positivas. Robbins diz que é possível modelar pessoas de sucesso e copiar seus padrões para obter os mesmos resultados.

A PNL aliou-se a algumas ciências do comportamento humano e deu origem a um novo conceito, que se aplica de modo bastante efetivo à forma como lidamos com nossos estados emocionais: a **neurossemântica**.

A neurossemântica trouxe à tona os **metaestados**, que são responsáveis pela criação da matriz e do enquadramento de cada um, preenchendo as lacunas que podem existir entre o saber e o fazer. "O termo meta refere-se apenas a estar em uma posição sobre outra experiência de sentimento, pensamento ou fisiologia" (Neuro-Semantics, 2021).

O cerne da neurossemântica está em tomar como modelo experiências que traduzam excelência e perfeição. É um processo que possibilita a criação de infinitos modelos e padrões que repliquem experiências de muito apreço e referência para, assim, obter-se sucesso naquilo que se almeja.

> Em primeiro lugar, nos Metaestados, entendemos que, embora às vezes uma pessoa possa evitar um estado de fortes emoções negativas, ao entrar em um estado de testemunho, observação e calma, a meta resposta geralmente envolve alguma emoção e muitas vezes aumenta a emoção. A alegria sobre a alegria geralmente aumenta a alegria, a alegria de aprender aumenta as emoções positivas para aprender, ainda mais, o medo do medo aumenta o medo, assim como a raiva do medo, o medo da raiva, a vergonha da raiva etc. (Neuro-Semantics, 2021)

*Meta* significa estar em uma experiência sobreposta a uma experiência de sentimento, fisiologia ou pensamento. Para a neurossemântica, as emoções são parte do sistema mente-corpo-emoção e precisam ser experimentadas mesmo quando são negativas. Trata-se de ativar as atividades neurológicas junto com a mente. Os metaestados referem-se ao conceito e à sobreposição de sentimentos, como sentir medo do próprio medo ou vergonha de ser envergonhado. Eles são diferentes dos estados primários: o medo, a raiva e a vergonha.

## 4.8 PNL e inteligência emocional

Nesta seção, evidenciaremos como a PNL pode auxiliar os indivíduos para que exerçam a inteligência emocional, criando metamodelos para relações mais saudáveis.

> **O que é?**
> Inteligência emocional é a capacidade que os indivíduos têm de administrar suas emoções em favor próprio, bem como de compreender as emoções dos outros e, dessa maneira, construir relações saudáveis e uma qualidade de vida melhor. Os indivíduos que desenvolvem a inteligência emocional pensam, agem e sentem de forma consciente, não permitindo que as emoções controlem suas reações e se acumulem, criando traumas, obsessões e doenças psicossomáticas.

Sabemos que, por meio da PNL, é possível criar modelos que representem excelência para padrões que consideramos insuficientes. Assim, desenvolver a inteligência emocional pode ser um modelo de excelência que poderá nos levar a atingir metas de sucesso – e quando mencionamos o sucesso, referimo-nos a tudo aquilo que, para nós, é uma ação bem-sucedida. A inteligência emocional define algumas ações como fundamentais para sua representação.

Para Rodrigo Fonseca, presidente da Sociedade Brasileira de Inteligência Emocional (Sbie) e da Associação Brasileira de Inteligência Emocional (ASbie), existem cinco pilares que devem ser observados:

- **Autorresponsabilidade**: capacidade de assumir a responsabilidade por todas as coisas que acontecem na vida, seja o sucesso, fracasso, erros ou acertos;
- **Percepção das Emoções**: reconhecer as emoções humanas, tanto as próprias quanto das pessoas ao redor, identificando a mensagem que trazem;
- **Gerenciamento das Emoções**: conscientização da sua reação (resposta emocional) diante de cada emoção, adequando-as;
- **Foco**: o foco determina o resultado, sendo assim, capacidade para focar nos aspectos positivos das pessoas e situações;
- **Ação**: somente pela ação enfrentamos o medo, tristeza e raiva; encontramos a alegria e o amor, gerando resultados e concretizando nossos sonhos. (Sbie, 2019)

Como se sabe, a PNL reúne técnicas que têm como objetivo transformar a maneira como pensamos com base em nosso autoconhecimento e na aplicação de metamodelos, que concedem aos sujeitos a possibilidade de identificar crenças limitantes e superá-las. Entre essas técnicas, podemos destacar o alinhamento dos sentimentos à realidade, o desenvolvimento da empatia e a definição de um propósito. Dessa forma, consolida-se a inteligência emocional.

Por meio da PNL, desconstruímos pensamentos e a forma como lidamos com as emoções. Logo, desenvolver a inteligência emocional proporciona apenas benefícios para quem busca modelos de excelência para sua vida e suas relações.

> **Para saber mais**
>
> Uma das formas de desenvolver a inteligência emocional é definir um propósito. Repensar o que estamos fazendo nesse mundo nos possibilita a reflexão sobre nossos propósitos. Sobre isso, indicamos os vídeos a seguir:
>
> SILVA, A. B. B. **Sentido e propósito**. 15 ago. 2020. 10 min. Disponível em: <https://youtu.be/J9rWZxjbZjk>. Acesso em: 4 maio 2021.
>
> Nesse vídeo, a psiquiatra e escritora Ana Beatriz Barbosa e o psicólogo Alex Rocha conversam sobre o propósito, a descoberta do sentido da vida, os talentos e os dons.
>
> SILVA, A. B. B. **Trabalho e propósito**. 20 jun. 2020. 11 min. Disponível em: <https://youtu.be/3vQdqs79-vo>. Acesso em: 4 maio 2021.
>
> Barbosa e Rocha, nesse vídeo, debatem sobre assuntos referentes aos talentos naturais de cada um, o trabalho com propósito e o comportamento humano.

## 4.9 Ressignificação

A ressignificação na PNL é um método que trabalha o indivíduo para que ele consiga atribuir novos significados a sentimentos, acontecimentos e emoções mediante mudanças em sua cosmovisão. Trata-se de mudar uma estrutura de referência visando a um novo significado, ou seja, à remodelagem.

> "Um processo usado em PNL em que um comportamento problemático é separado da intenção positiva do programa interno ou da 'parte' que é responsável pelo comportamento. São estabelecidas novas escolhas de

comportamento, em que a parte responsável pelo comportamento [...] antigo tem responsabilidade de implementar outros comportamentos que satisfaçam a mesma intenção positiva, mas sem gerar os subprodutos problemáticos". Processo relacionado à construção/reconstrução do sentido, fundamental para a implantação de um metamodelo e a aplicação da modelagem. (Azevedo, 2006, p. 165)

Ressignificar é mudar o filtro pelo qual passa aquele sentimento ou acontecimento; é reconstruir criando um novo modelo. Um bom exemplo é dizer que você muda a lente pelas quais está enxergando o problema. Marques (2019) traça algumas considerações importantes sobre como ressignificar.

Um exemplo é o de alguém que sofreu um acidente de carro bastante grave e, por isso, desenvolve uma fobia de dirigir e de entrar em carros. Ao ser questionada, a pessoa diz que não consegue nem pensar em dirigir ou entrar em um carro, afinal, quase morreu. Para ressignificar essa experiência, a pessoa agradece por estar viva, assim, muda a ideia de "ter estado perto da morte" para "ser uma pessoa de sorte que escapou com vida". Isso é ressignificar.

Não importa qual a situação, sempre é possível atribuir a ela um novo significado.

> Ressignificar a vida não é passividade ou ingenuidade, é ver o lado positivo de tudo e escolher se quer sofrer ou aprender. É estar escolhendo se você quer se sentir uma pessoa fracassada ou alguém que ganhou experiência. Ressignificar a vida é o primeiro passo para uma existência agradável! (Marques, 2019)

Enfim, é buscar o sentido positivo naquele acontecimento que atormenta ou impede de seguir em frente.

Bandler e Grinder (1986), os criadores da PNL, dedicaram um livro à ressignificação. Nele, os autores demonstram, por meio de muitos exemplos, a estrutura básica da ressignificação e de diversos modelos dela. Nos próximos parágrafos, apresentaremos algumas ideias explicitadas no livro.

Existem fábulas que abordam o tema da ressignificação, como *O patinho feio* ou a história de Rudolph, a rena de nariz vermelho do Papai Noel. Nas duas fábulas, as personagens são exemplos da ressignificação.

Figura 4.7 – **Rudolph, a nona rena**

Rudolph, uma rena que nasceu com o nariz vermelho, sonha em puxar o trenó do Papai Noel. Na escola, os colegas brincam com a cor do seu nariz e, então, ele resolve fugir para o Polo Norte, onde encontra o urso polar Leonard, que o leva para a oficina do Papai Noel. Uma terrível tempestade ameaça a entrega dos presentes do Natal, há muita neve e não existe nenhuma visibilidade. É quando surge a solução: o nariz vermelho de Rudolph é tão incandescente que serve de farol para guiar as outras renas que puxam o trenó. Assim, Rudolph assume a liderança no trenó, tornando-se indispensável e importante. Rudolph tem sua grande chance de ajudar Noel e salva a noite de Natal.

Segundo Bandler e Grinder (1986), existe um modelo de ressignificação em seis passos, cuja técnica está descrita em outro livro sobre PNL. Antes, vamos contextualizar: quando falamos em *lado*, referimo-nos a uma parte interna de nossa personalidade. Por exemplo: temos um lado profissional, um romântico, um teimoso, um supersticioso etc. Todos estão dentro de nós e são responsáveis por nossas atitudes. Agora, vejamos os passos a seguir (Andréas; Andréas, 2021).

**1. Escolher um comportamento ou sentimento de que não gosta**
Escolha algo bem específico e, depois, analise-se internamente: "O que me levou a fazer isso?".

**2. Iniciar uma conversa com esse seu lado**
Comece voltando-se para dentro de si e desculpe-se com esse lado por não ter lhe dado importância no passado. Diga-lhe que só agora entende

que ele deseja fazer algo positivo para você e informe o comportamento a ser modificado, mesmo não sabendo exatamente qual é o sentido positivo. É importante que seja delicado com esse seu lado: lembre-se que está conversando com você mesmo.

Feche os olhos, faça silêncio e pergunte-se: "Será que este meu lado que me leva a agir de determinada maneira está disposto a se comunicar comigo de maneira consciente?". Observe aquilo que sente, vê ou ouve e, mesmo que se sinta estranho, continue apenas percebendo o que acontece. Quase sempre surgem sinais enviados pelo inconsciente. Alguns indivíduos sentem sensações diferentes no corpo, como calor nas mãos e no rosto, arrepios e aumento dos batimentos cardíacos.

É provável que você também sinta sintomas com relação ao problema que está resolvendo. Pode sentir tensão ou aperto no peito. Alguns sinais são mais específicos e poderão evidenciar claramente que existe outro lado que pode mudar o que lhe prejudica ou incomoda. Se perceber o sinal, agradeça a essa parte interna por se comunicar. A remodelagem opera com os lados inconscientes e é importante que o sinal represente isso e que não seja possível repeti-lo por meio de um esforço consciente. Assim, você saberá que não está se enganando.

2. [...] Entre dentro de você e pergunte à parte de você que cria esse comportamento:

"Por favor, me dê um sinal se você estiver disposto a se comunicar comigo."

Preste atenção a quaisquer palavras, imagens ou sentimentos internos que possam ser um sinal dessa parte de você mesmo.

2.1 Se você não conseguir um sinal claro, peça à parte que exagere o sinal. Você também pode usar o próprio sintoma perguntando "Por favor intensifique o sintoma se sua resposta for 'sim'."

2.2 Se a parte não estiver disposta a se comunicar, pergunte "Qual é o seu propósito positivo em não querer se comunicar comigo?"

[Se você continuar com dificuldade em estabelecer a comunicação com a parte, você pode tentar um processo de mudança diferente.] (Sampaio, 2017, p. 8)

### 3. Separar o comportamento da intenção positiva

Nesse momento, você conseguirá distinguir o comportamento ou a reação do lado interior e seu objetivo ou sua intenção positiva. Lembre-se: mesmo que seu lado interior esteja atuando de forma negativa, ele detém, mesmo que de forma oculta, um propósito positivo relevante.

> Vá para dentro de si mesmo e pergunte a esse seu lado: "Você está disposto a me informar o que há de positivo quando me faz fazer X?" Ele pode lhe responder com o mesmo sinal de sim ou não criado na etapa n. 2.
>
> Se seu lado interior disser que sim, agradeça-lhe e pergunte-lhe se deseja esclarecer o motivo. Se ele disser não, agradeça-lhe também e diga-lhe que você está partindo do princípio de que ele deve ter suas razões para não lhe esclarecer o motivo agora. [...]
>
> Se receber um "propósito positivo" que não lhe agrade ou lhe pareça negativo, agradeça ao seu lado pela informação. Em seguida, pergunte: "O que quer fazer por mim de positivo com essa atitude?" Continue a fazer esta pergunta até obter um propósito positivo com o qual esteja de acordo.
>
> Até aqui, chamamos o seu lado interior de "o lado que faz você fazer X". Agora, passaremos a chamá-lo "o lado que quer Y", pois estaremos reconhecendo e aceitando sua intenção positiva. (Andréas; Andréas, 2021, p. 67-68, grifo do original)

### 4. Descobrir novos comportamentos ou reações

Mentalmente, solicite ao seu lado para que responda sim ou não à seguinte pergunta:

> "Se houvesse outras maneiras que você (o lado que quer Y) achasse positivas, gostaria de usá-las?" Se seu lado interior compreender o que você está dizendo, sua resposta será sempre sim. Você está lhe oferecendo melhores opções para conseguir o que deseja, sem eliminar a sua antiga maneira de agir. (Andréas; Andréas, 2021, p. 68, grifo do original)

Se a resposta for não, isso significa que seu lado não entendeu sua oferta, então, explique de outra forma.

Depois, faça uma pausa e deixe seu lado criativo atuar. Nesse caso, não estamos falando de criatividade artística, mas daquele lado que aflora quando parece que nada mais pode ser feito em determinada situação, como descobrir uma nova maneira de organizar uma gaveta. Será essa habilidade que vai sugerir a resolução. A função do lado criativo é encontrar outro caminho de maneira rápida.

### 5. Comprometimento e teste do processo

Agora que encontrou as respostas, pergunte ao lado que quer Y (a mudança): "'Você está realmente disposto a usar essas novas opções, nas situações apropriadas, para descobrir como elas vão funcionar?'. Peça ao lado que responda com o sinal de sim ou não" (Andréas; Andréas, 2021, p. 68, grifo do original). Caso a resposta seja sim, passe para a etapa 6; caso seja não, refaça a etapa 5.

### 6. Verificar a ecologia interna

O lado que busca Y deve estar satisfeito, pois ele tem três novas opções para transformar o que está lhe atrapalhando. Então, pergunte a todos os seus outros lados se as novas opções estão adequadas. Se nenhum sinal interno de objeção aparecer, o processo se completou. Se houver algum sinal, é necessário encontrar as razões da objeção, verificar se é real ou se é apenas um de seus lados manifestando-se por conta das novas opções (Andréas; Andréas, 2021).

> Se receber vários sinais de objeção, volte à etapa nº 2 e peça a **todos** os seus lados que tenham objeções que formem uma "comissão" que irá identificar as intenções positivas de cada um dos lados e selecionar novas opções dentre as geradas pelo lado criativo. É importante ter certeza de que cada uma das novas opções satisfaça **todos** os lados em questão. Um consenso, ao invés de um voto por maioria, resultará numa mudança duradoura e tranquila. A partir do momento em que **todos** os lados estejam de acordo, você irá automaticamente agir de maneiras novas e mais eficientes. (Andréas; Andréas, 2021, p. 69, grifo do original)

A técnica de remodelagem em seis etapas é uma forma rápida e eficiente de realizar mudanças importantes de sentimentos e comportamentos. Contudo, mais importante do que isso é a adoção de uma nova **atitude positiva**, que deverá manifestar-se em relação a você e aos outros. É preciso aprender a amar e respeitar todos os nossos lados (Andréas; Andréas, 2021).

## Exercício resolvido

A inteligência emocional é uma competência relacionada ao domínio das emoções e sentimentos. Refere-se a habilidades como motivar a si mesmo a ser persistente diante de frustrações, controlar impulsos, motivar pessoas, ajudando-as a manifestarem seus melhores talentos, e conseguir seu engajamento em objetivos comuns. A PNL sugere algumas práticas para desenvolver a inteligência emocional. Todas as afirmações a seguir estão corretas, porém, assinale apenas aquela que está completa e de acordo com a PNL:

a) Alinhar sentimentos à realidade, controlar emoções e adaptá-las à realidade. Desenvolver a empatia, olhar com os olhos do outro. Definir um propósito, que significa saber por que é preciso transformar determinada percepção ou sentimento.

b) Definir um propósito, que significa saber por que é preciso transformar determinada percepção ou sentimento. Sentir a dor do outro, colocar-se na condição do outro. Fazendo isso, nossa visão muda, pois estamos olhando com os olhos de alguém.

c) Assumir a responsabilidade pelas atitudes e reações que acontecem ao longo da vida: sucesso ou fracasso, acertos e erros. Trata-se da capacidade que chamamos de *autorresponsabilidade*.

d) Controlar as emoções e adaptá-las aos sentimentos, tornando-as adequadas à realidade. Conscientização da sua reação (resposta emocional) diante de cada emoção, adequando-a. Praticar a empatia, sentir como o outro sente.

Gabarito: a

*Feedback* do exercício: Para desenvolver a inteligência emocional, a PNL orienta que o indivíduo alinhe os sentimentos à realidade, pratique a empatia e defina um propósito. Esses três procedimentos podem gerar um metamodelo, que concederá ao sujeito a possibilidade de identificar crenças limitantes e superá-las.

---

O livro de Andréas e Andréas (2021) apresenta uma infinidade de técnicas de PNL para solucionar diversas situações. Podemos, por isso, classificá-lo como um guia de técnicas de modelagem e remodelagem em PNL.

## 4.10 Técnica da dissociação

Os processos que geram atividades, medos, estresse, falta de confiança e segurança não são circunstâncias permanentes. Portanto, é muito importante aprender a controlar e modificar tais processos para que possamos extrair benefícios dessas situações. A dissociação é uma técnica da PNL que nos permite fazer isso.

As etapas são as seguintes:

- **Identificação:** Identifique a emoção, o sentimento que lhe incomoda ou atrapalha e que não quer mais sentir. Clarifique sua mente. Pode ser raiva, tristeza, medo, decepção ou insegurança.
- **Concentração:** Concentre-se nessa emoção, ou sentimento específico, e em uma situação que geralmente a desperta. Por exemplo: "Sinto raiva quando deixam a louça suja na pia".
- **Visualização:** Visualize a cena como se ela acontecesse em uma tela de cinema. A seguir, coloque uma boa trilha sonora para atenuar a tensão. Repita a cena por diversas vezes na sua imaginação para reduzir a emoção negativa. Isso lhe dará a sensação de ter as coisas sob controle e de que a situação não importa. Você estará efetivamente reprogramando sua mente.

## 4.11 Técnica de enquadramento

O enquadramento é outra técnica bastante eficiente. Trata-se de mudar o ponto de vista, ver o problema de outra perspectiva. Para executá-lo, é preciso que você esteja atento ao que realmente irá resolver. Quando antecipamos obsessivamente as coisas negativas, pensando que o pior é o que acontecerá, o pior com certeza acontecerá. Um exemplo: certas pessoas estão sempre pensando sobre o que aconteceria se perdessem o emprego. Isso as deixa tão desestabilizadas que desenvolvem um comportamento de insegurança, desconfiança e vários processos destrutivos. Logo, seu medo se materializa e leva à demissão, pois a pessoa não conseguia realizar adequadamente suas atribuições mais básicas. Seu medo do desemprego a paralisou.

O **reenquadramento de conteúdo** ou **enquadramento de conteúdo** é uma técnica cognitiva de PNL que pode auxiliar no deslocamento da atenção dada ao medo para coisas mais construtivas. Por exemplo, você pode ter de parar de se concentrar em seu medo de perder seu emprego para se concentrar em dedicar-se a leituras sobre sua atividade ou buscar conhecer seus colegas. Em vez de se concentrar em seu medo de perder o emprego, você se concentra em se qualificar e ter bons relacionamentos no trabalho. Você aprende a amar e valorizar a si mesmo e a ser forte e competente o suficiente para manter seu emprego até ser promovido.

O enquadramento é, portanto, uma maneira de ver as coisas sob um ponto de vista específico, para, assim, remodelá-lo, a fim de que se transforme em um comportamento positivo.

Vejamos outros tipos de enquadramento:

**Enquadramento do Resultado** – avalia os eventos se ele[s] o trazem mais para perto de seus objetivos.

**Enquadramento da Ecologia** – avalia as consequências mais amplas e se estão de acordo com seus valores.

**Enquadramento da Evidência** – se preocupa com detalhes claros e específicos.

**Enquadramento do Backtracking** – utiliza as habilidades que você aprendeu com a construção de rapport. Usando este enquadramento você recapitula a informação que tem até o momento, usando as palavras-chave e tonalidades da outra pessoa no retorno. Usar o Backtrack frame ajuda a manter o rapport.

**Enquadramento "Como se"** – auxilia na resolução de problemas, fingindo que algo já aconteceu, permitindo a exploração de possibilidades. **(Tempo; Pessoa (Posição Perceptiva); Informação; Função)**

**Enquadramento da Negociação** – Quando duas pessoas em conflito não entram em acordo sobre algo, para conseguir um quadro de acordo, ambos devem passar para um nível lógico mais elevado que abrange todas as preocupações, percepções e quadros de referência.

**Enquadramento do Contraste** – Este avalia por diferença, mas não qualquer diferença... "a diferença que faz a diferença".

**Enquadramento Sistêmico** – avalia através de relacionamentos.

**Enquadramento da Dissociação** – você já aprendeu o valor da dissociação na remoção de emoção de uma experiência. Esse frame é útil para lidar com críticas, traumas e fobias. (Sampaio, 2017, p. 3, grifo do original)

No próximo capítulo deste livro, abordaremos mais detalhadamente cada um dos tipos de enquadramento. Outra observação necessária é que podemos ter também um reenquadramento de ressignificação se, ao ressignificarmos, criarmos um novo modelo de situação.

## 4.12 Técnica da ancoragem

Mais uma estratégia para o crescimento pessoal é o emprego da técnica da ancoragem. Trata-se de estabelecer uma conexão entre um estímulo e uma emoção. O objetivo é alcançar um estado mental mais apropriado, mas que seja poderoso. Assim, você terá sucesso no que necessita realizar.

Considere algumas situações que transmitam insegurança ou ansiedade, como exames, falar em público, aproximar-se de alguém e conhecer pessoas novas. Invocando o estado mental adequado, você conseguirá a motivação e a confiança necessárias para enfrentar tais situações com segurança. Confira, a seguir, algumas etapas bem simples para realizar a ancoragem, tendo como base os princípios da PNL.

- Inicie identificando a maneira como quer se sentir: confiante, feliz, calmo, seguro.
- Busque a lembrança de um momento em que sentiu essas mesmas emoções positivas com intensidade.
- Concentre-se e transforme essa memória em uma fotografia ou em um quadro mental.
- Elabore uma declaração que servirá como sua âncora. Por exemplo: "Eu tenho paz interior, serenidade, calma, segurança" ou "Tudo vai dar certo".

Reproduza essa série (emoção desejada, memória, visualização e palavra âncora) todos os dias até que esteja incorporada em sua mente. Assim, você fará acontecer sempre que precisar.

Neste capítulo, apresentamos diversos conceitos e técnicas de PNL. Agora, é importante que pratique consigo mesmo essas técnicas e com os outros. Pratique bastante, pois só assim você conseguirá memorizar e entender o valor dessas técnicas. Pesquise também. Não se satisfaça apenas com esse conteúdo. Busque mais informações e atualize-se constantemente.

## Síntese

- O mapa de mundo traduz as formas de comunicação e define como as pessoas nos veem e como percebemos as pessoas.
- Os sistemas representacionais são um instrumento para o conhecimento do cérebro humano e contam com características personalizadas vinculadas aos cinco sentidos. São classificados como auditivo digital (ou apenas digital), auditivo, cinestésico e visual. Esses sitemas estão ligados à linguagem e à postura.
- Os estilos de aprendizagem determinam que os indivíduos podem ser visuais, auditivos ou cinestésicos. Por meio da PNL, pode-se detectar o estilo preferencial de alguém. Isso possibilita a realização de seus modelos de mundo.
- A PNL utiliza os sistemas representacionais para aprimorar técnicas de persuasão, relacionamentos, negociação etc.
- Os sentidos humanos são chamados de *modalidades* e as distinções mais finas, de *submodalidades*.
- A comunicação não verbal é expressa pela linguagem corporal e a linguagem verbal é expressa pelas palavras e seus significados. Ambas interferem em atitudes, ações e reações do indivíduo.
- Os estados emocionais interferem em nossas ações e decisões; é preciso entendê-los para desencadear as mudanças para atingir a excelência.
- Diversas técnicas e estratégias de PNL podem melhorar a vida das pessoas em todos os segmentos (profissional, pessoal, coletivo ou individual).
- Há técnicas de desenvolvimento da inteligência emocional, ressignificação, dissociação, enquadramento e ancoragem.

## Estudo de caso

### Texto introdutório

A programação neurolinguística (PNL) se ocupa em entender e identificar os modelos mentais para, assim, analisá-los e questioná-los. Além disso, busca ressignificar ou reprogramar a mente por meio de técnicas e exercícios de modelagem mental, a fim de atingir resultados de excelência.

### Texto do caso

José está enfrentando um problema que o está prejudicando tanto pessoal quanto profissionalmente.

Toda segunda-feira ele é acometido por uma dor de cabeça intensa que vem acompanhada de dores abdominais de igual ou maior intensidade. Já realizou todos os exames possíveis, desde RX até uma tomografia computadorizada, e nada foi detectado. Os analgésicos até surtem efeito, porém o desgaste e o desconforto das dores o estão deixando cada vez mais tenso e improdutivo.

Na última consulta, quando recebeu o resultado, o médico o aconselhou a buscar uma terapia para tentar resolver o problema por outros mecanismos ou ferramentas.

José procurou um terapeuta que trabalha com PNL.

### Resolução

O terapeuta, após uma rápida conversa, propôs a seguinte intervenção:

"Primeiro, vamos definir seu objetivo: não foque no problema, foque na solução. O que você quer?"

A primeira reação de José foi dizer: "Não quero sentir mais dor".

O terapeuta, então, conduziu-o a buscar a situação ideal e positiva sem usar os termos *não* e *dor*. Chegaram, assim, a uma situação positiva:

"Quero que minhas segundas-feiras sejam produtivas, alegres, agradáveis e com um clima excelente no trabalho etc.".

Os próximos passos seguiram a metodologia dos seis passos da PNL.

### Passo 1: identificar o comportamento, a situação.

Sentir-se mal e faltar ao trabalho na segunda-feira.

### Passo 2: Falar com a parte interior que gera esse comportamento ou situação.

Em uma segunda-feira, José recebeu um *feedback* negativo.

**Passo 3: Separar desse comportamento a intenção positiva.**
"Se eu ficar tranquilo em casa, não arrisco ter uma reunião desagradável".

**Passo 4: Contatar a parte criativa interna e criar um comportamento positivo e fortalecedor.**
"Vou conversar com minha gestora e expor o desconforto. Farei de forma clara para que ela entenda meus motivos e para que possamos, juntos, planejar atividades para a segunda-feira".

**Passo 5: Estabelecer a ponte para o futuro.**
A ponte é visualizar um ambiente de harmonia, confiança e empatia – trabalhar com prazer.

**Passo 6: Fazer a verificação ecológica.**
Todos os envolvidos ficarão muito bem com essa solução: no escritório, haverá mais produtividade e relacionamento excelente; em casa, haverá um ambiente igualmente harmonioso; e pessoalmente, não haverá dores nem desconfortos.

A terapia seguiu os passos e, em muito pouco tempo, a situação se resolveu.

### Dica 1
Para solucionar o problema, o terapeuta utilizou uma técnica bastante difundida pela PNL, que é a (re)significação ou (re)estruturação em seis passos. Trata-se de uma técnica proposta por Bandler e Grinder (os criadores da PNL) que é fácil de aplicar e gera resultados extremamente satisfatórios.

Assista ao vídeo de Rodrigo Cardoso sobre o tema.

CARDOSO, R. **Reestruturação em 6 passos**. 9 jan. 2017. 5 min. Disponível em: <https://youtu.be/s9Ze5My9aRc>. Acesso em: 4 maio 2021.

### Dica 2
O *site* Golfinho apresenta diversas seções sobre PNL, como artigos, indicações de livros, filmes e entrevistas. Uma das seções é destinada a exercícios e técnicas de PNL. Nessa página, você encontra dicas de práticas em PNL, como a que aplicamos neste estudo de caso.

GOLFINHO. **Exercícios e técnicas**. Disponível em: <https://golfinho.com.br/exercicios-e-tecnicas.htm>. Acesso em: 4 maio 2021.

### Dica 3

A PNL cresceu e ficou muito conhecida no mundo principalmente pelas técnicas que aplica, visto que suas características objetivas e práticas podem ser executadas por qualquer pessoa. Rafael Rueda Muhlmann apresenta, no vídeo a seguir, técnicas bem eficazes para a mudança de padrões de pensamento e comportamento. São cinco técnicas simples de PNL que podem ajudar qualquer pessoa a estabelecer novos padrões.

PNL – Técnicas simples para uso rápido. **Seja brilhante**, 23 maio 2020. 10 min. Disponível em: <https://youtu.be/FXZOF4p3ch8>. Acesso em: 4 maio 2021.

# 5 Processos que compõem a programação neurolinguística (PNL)

Conteúdos do capítulo:
- Processos fundamentais de programação neurolinguística (PNL): formulação dos objetivos e definição dos resultados.
- A estrutura ecológica na PNL.
- Estados para a PNL: atual, desejado, fisiológico e emocional.
- Importância da comunicação na PNL: escuta ativa/escuta empática.
- Os níveis, o ciclo de aprendizagem e suas múltiplas inteligências.
- Níveis neurológicos para a PNL.
- O *practitioner*.

Após o estudo deste capítulo, você será capaz de:
1. identificar os processos fundamentais da PNL;
2. traçar objetivos para implementar modelos de excelência;
3. aplicar os princípios da estrutura ecológica da PNL;
4. identificar os estados que concorrem para a aplicação dos objetivos e a obtenção dos resultados estabelecidos pelas técnicas de PNL;
5. reconhecer a importância da comunicação e das escutas ativa e empática para a realização dos processos de aplicação da PNL;
6. relacionar os níveis neurológicos que atuam no cérebro humano e saber como potencializá-los para a obtenção de resultados de excelência;
7. identificar a nomenclatura e as atividades do *practitioner*.

No primeiro capítulo do livro *Introdução à programação neurolinguística*, de O'Connor e Seymour (1990), a programação neurolinguística (PNL) é apresentada como a arte e a ciência da excelência, isto é, a arte e a ciência das qualidades pessoais. É arte porque permite que cada praticante imprima sua essência e pessoalidade naquilo que faz, colocando os tons e os sons que têm seu estilo, coisas que não podem ser expressas em palavras, técnicas ou teorias; e é ciência porque conta com método e processos que determinam padrões e características utilizados pelas pessoas para alcançar resultados excepcionais a respeito de coisas fantásticas que fazem.

Eis um conceito bastante completo e complexo de PNL. Podemos acrescentar, ainda, que é a arte de entender as pessoas e de se entender como pessoa. Por meio da PNL, você potencializa suas capacidades e ajuda os outros a potencializarem as deles; você se entende quando percebe que precisa de um modelo diferente para atingir determinado resultado ou corrigir um rumo em sua jornada.

Neste capítulo, aprofundaremos um pouco mais os conhecimentos a respeito dos objetivos, dos resultados, das aprendizagens, das percepções, da empatia e da escuta.

## 5.1 PNL e seus resultados

Quando Bandler e Grinder (1977) lançaram as primeiras ideias de PNL na década de 1970, não pretendiam criar uma nova escola de terapia. Eles buscavam formas de ajudar pessoas por meio de modelos de terapia que funcionassem na prática e que fossem passíveis de serem ensinados, de forma que proporcionassem uma comunicação mais eficaz, mudanças pessoais, aprendizagens rápidas e maneiras melhores de viver.

De lá para cá, a PNL evoluiu e milhares de pessoas pelo mundo fazem uso de suas técnicas buscando alcançar os mais diversos objetivos para uma vida melhor, seja no âmbito pessoal ou profissional, seja no âmbito individual ou coletivo.

> A partir desses modelos iniciais, a PNL desenvolveu-se em duas direções complementares. Primeiro, como processo de descoberta dos padrões de excelência em qualquer campo. Segundo, como demonstração de maneiras eficientes de pensar e se comunicar usadas por pessoas excepcionais. Esses padrões e habilidades podem ser usados independentemente ou no contexto de processos de modelagem capazes de torná-los ainda mais poderosos. (O'Connor; Seymour, 1990, p. 21)

Apenas recapitulando o que já estudamos anteriormente, o fragmento *neuro* da PNL se refere à concepção fundamental de que todos os comportamentos se originam nos processos neurológicos de nossos sentidos: visão, audição, olfato, paladar e tato. A percepção que adquirimos do mundo se dá por meio desses cinco sentidos. Sentimos e compreendemos uma informação e, depois disso, agimos. A neurologia humana é composta pelos processos mentais invisíveis e pelas reações fisiológicas que acontecem sobre ideias e acontecimentos. Uma parte é reflexo da outra. Corpo e mente são uma única entidade e formam uma unidade que não se separa.

Já o termo *linguística* revela que a linguagem é o elemento humano ordenador do pensamento e do comportamento, além de ser usada para a comunicação entre as pessoas. Por fim, a palavra *programação* está relacionada à forma como as ideias são organizadas para que sejam produzidos resultados.

Para O'Connor e Seymour (1990), a PNL se ocupa da construção da experiência humana subjetiva, abrangendo o que os indivíduos veem, ouvem, sentem e filtram do mundo externo por meio dos sentidos. A PNL, igualmente, estuda a maneira como o indivíduo utiliza a linguagem para descrever esses acontecimentos e a forma como age e reage, com intencionalidade ou não, na busca de resultados.

Figura 5.1 – Processos de percepção e pensamento

VISÃO
AUDIÇÃO
PALADAR
TATO
OLFATO

Macrovector/Shutterstock

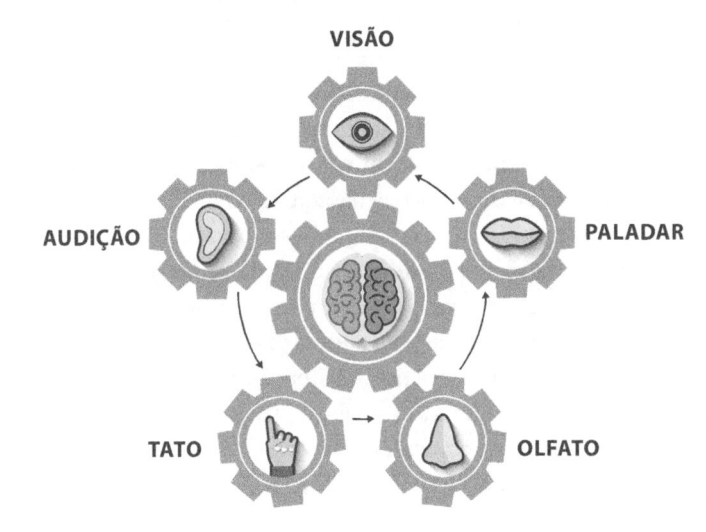

Os sentidos são usados para investigar e mapear o mundo exterior. Temos uma enorme quantidade de impressões sensoriais que nos permitem perceber esse mundo, porém, usamos uma parte muito reduzida delas.

A parte que conseguimos perceber é filtrada por nossas crenças, experiências, linguagem, valores e interesses. Todos esses filtros são muito pessoais e únicos. Cada um tem a própria realidade, que se forma a partir de suas impressões sensoriais individuais sobre a vida, e suas ações têm suporte nessas percepções e modelos de mundo.

> O mundo é tão vasto e rico que temos que simplificá-lo para dar-lhe sentido. A elaboração de um mapa é uma boa analogia para o que fazemos. É assim que percebemos o mundo. Os mapas são seletivos, incluem algumas informações e excluem outras, mas são valiosos na exploração do território. O tipo de mapa que traçamos depende daquilo que observamos e de para onde queremos ir. (O'Connor; Seymour, 1990, p. 22)

A respeito do mapa, é fundamental frisarmos: **o mapa não é o território que ele descreve**. Gravamos as peculiaridades do mundo que, por algum motivo, nos interessam e ignoramos as outras. O'Connor e Seymour (1990) contam uma história para exemplificar essa questão.

Certa vez, um homem abordou Picasso e perguntou-lhe: "Por que o senhor não pinta as pessoas como elas são?". Picasso, surpreso com a pergunta, respondeu: "Não o entendi, o que quer dizer?". O homem, tirando uma foto da carteira, entregou-a ao pintor dizendo: "Veja: esta é a foto de minha mulher, ela é assim, por que não pinta como a foto?". O pintor, com uma expressão de dúvida, respondeu: "Exatamente assim? Ela é bem pequena e um pouco achatada. não acha?".

Com esse exemplo, é possível entender o porquê do pressuposto da PNL de que "o mapa não é o território": cada um enxerga a realidade de acordo com suas percepções. Assim, se colocarmos um pescador e um oceanógrafo a passearem pela mesma praia, cada um terá uma experiência diferente. Cada um irá prestar atenção naquilo que lhe interessa. Quem procura sucesso terá sucesso; quem procura problemas encontrará problemas. Tudo sempre dependerá do filtro que se coloca para entender, visualizar ou interpretar alguma informação.

> Em nossa vida, o mapa são as informações que recebemos desde o nascimento, uma certa concepção de mundo, regras, dogmas e comportamentos sociais transmitidos pelas escolas, família e sociedade, que mesmo sem que a gente perceba são guias em nossas vidas. Vamos construindo crenças e armazenando conceitos que direcionam nossos desejos e, portanto, nossas ações. É como um programa, que faz com que nosso sistema funcione baseado nele. E se o sistema não está funcionando da maneira que desejamos, produzindo os resultados que queremos, podemos reprogramá-lo. (Monteiro, 2020)

Existem alguns filtros considerados básicos na PNL, chamados de *estruturas comportamentais*. São formas de refletir sobre como agimos. A primeira estrutura comportamental é uma conduta direcionada para os **resultados**, e não para os **problemas**. Assim, deve-se concentrar os esforços para descobrir o que se deseja, procurar os recursos disponíveis e usá-los efetivamente para atingir os resultados desejados.

A conduta ou atitude voltada para o problema, em geral, é denominada *estrutura de culpa*, que consiste em analisar com detalhes o erro, fazendo perguntas como: "Por que tenho esse problema?", "Onde errei?", "Quem é o culpado?". Perguntas dessa natureza, na maioria das vezes, não acarretarão nenhuma resposta útil, só farão com que a pessoa se sinta pior e não resolva nada.

A segunda estrutura comportamental diz respeito à mudança de perspectiva das perguntas, ou seja, à troca do "Por quê?" pelo "Como?". Já a terceira estrutura de comportamento se refere à condição de oposição entre *feedback* e fracasso. Para a PNL, o fracasso não existe, o que existe são resultados, e estes podem ser utilizados como *feedback*. Com isso, é possível fazer correções significativas e encontrar possibilidades para enxergar e aprender algo que passou despercebido. O *feedback* é responsável por manter o foco no objetivo, por seguir o rumo sem distanciamento. O fracasso não tem horizonte, ele é apenas uma maneira de descrever um resultado indesejável.

> **O que é?**
>
> Falamos aqui sobre a aplicação da ferramenta *feedback* na PNL dentro de uma estrutura de comportamento. Mas, em outras circunstâncias, o que é *feedback*?
>
> *Feedback* é uma ferramenta de comunicação, "uma palavra inglesa que significa **realimentar** ou **dar resposta** a um determinado pedido ou acontecimento" (Padilha, 2020).
>
> Resposta enviada à origem sobre o resultado de uma tarefa que já foi realizada; resposta.
>
> Processo em que a mensagem emitida obtém uma reação de quem a recebe, sendo usada para avaliar os efeitos desse processo: feedback positivo ou feedback negativo.
>
> Reação a um estímulo; resultado retroativo que atinge o momento anterior à sua ocorrência. (Feedback, 2021)
>
> O *feedback* deve ter como objetivo ajudar. Ele serve para esboçar o futuro em vez de deixar o indivíduo preso ao passado. O resultado de um *feedback* deve ser a construção de um plano de ação.
>
> Essa técnica é utilizada em diversas áreas, como administração de empresas, psicologia, engenharia elétrica e educação. A prática do *feedback* está bastante difundida nos processos de avaliação de qualquer natureza.

*Feedback* e fracasso, nesse sentido, são formas totalmente antagônicas e que expressam maneiras de pensar.

A quarta estrutura de comportamento está atrelada às possibilidades, e não às necessidades. Observe que novamente o enfoque é a mudança do ponto de vista. Nesse sentido, deve-se ponderar o que pode ser feito, ou seja, encontrar opções, não se concentrando nos limites da situação. Frequentemente, é possível constatar que os obstáculos são bem menores do que pareciam ser.

Finalmente, a quinta estrutura de comportamento se relaciona à adoção de atitudes de curiosidade e fascinação em vez de ideias preconcebidas.

> Esta é uma ideia bastante simples, mas que tem consequências profundas. Crianças pequenas aprendem muito rapidamente porque são curiosas sobre tudo o que as rodeia. Elas não sabem, e sabem que não sabem. Portanto, não se preocupam em parecer bobas se perguntarem. Ora, houve um tempo em que todo mundo "sabia" que o Sol girava em torno da Terra, que algo mais pesado do que o ar não podia voar e que, evidentemente, correr dois quilômetros em menos de quatro minutos era fisiologicamente impossível. A mudança é a única constante que existe. (O'Connor; Seymour, 1990, p. 23-24)

Ainda sobre resultados, é importante salientar que todos têm ou podem criar recursos interiores para atingir seus objetivos. E, para tal, é fundamental ter a certeza de que isso é possível e não duvidar nunca de suas potencialidades.

O'Connor e Seymour (1990, p. 26) apresentam uma metáfora muito esclarecedora sobre a PNL.

> Se a PNL fosse apresentada em um seminário de três minutos, ocorreria mais ou menos o seguinte:
>
> O apresentador diria: "Senhoras e senhores, para ter sucesso na vida, uma pessoa só precisa ter em mente três coisas.
>
> "Primeiro, saber o que quer. Ter uma ideia clara do objetivo desejado em qualquer situação.
>
> "Segundo, estar alerta e receptiva para observar o que está conseguindo.
>
> "Terceiro, ter flexibilidade para continuar mudando até conseguir o que quer".

Depois, escreveria na lousa:

RESULTADO

ACUIDADE

FLEXIBILIDADE

e sairia da sala. Fim do seminário.

Esse exemplo demonstra a importância dos resultados na PNL, ou seja, todos os aspectos da PNL concentram-se no resultado. Lembre-se sempre disso em sua jornada de conhecimento sobre PNL. É preciso ter o rumo bem definido, isto é, saber o **resultado pretendido**. Se souber a sua direção, saberá onde quer chegar.

Um elemento fundamental da PNL é o treinamento da percepção sensorial. Isso significa desenvolver a capacidade de observar aspectos que não eram notados anteriormente. Isso só acontece quando concentramos nossa atenção para ampliarmos ou modificarmos nossos filtros. Essa é a percepção sensorial do momento presente, quando acontece a comunicação com outras pessoas. Significa que devemos perceber os sinais, que podem ser pequenos, mas muito significativos para entendermos suas reações. Quando nos comunicamos conosco – o que ocorre quando pensamos –, podemos potencializar a percepção das imagens, das sensações e dos sons manifestados em nosso interior.

Exercitamos a **acuidade** (sensibilidade) quando observamos se o que fazemos nos conduz ao que almejamos. Se suas ações não geram resultados, é preciso mudá-las. Sinta, ouça e perceba para poder elaborar uma gama numerosa de respostas.

O objetivo da PNL é oferecer aos indivíduos diversas opções de ação. Quando executamos ações apenas de uma forma, significa que não temos escolhas. Uma única maneira nem sempre funcionará. Assim, sempre existirão situações com as quais teremos dificuldade de lidar. Havendo duas escolhas, a pessoa se encontrará diante de um dilema. Possibilidades de escolha abrangem, no mínimo, três alternativas.

Sempre que se tiver mais opções, haverá maior **flexibilidade** de atitudes e consequentemente, mais condições de controle de uma situação. "Se você só fizer aquilo que sempre fez, só obterá aquilo que sempre obteve. Se o que você está fazendo não está dando resultado, faça outra coisa" (O'Connor; Seymour, 1990, p. 27).

Para entender o funcionamento dessas técnicas, tomemos como exemplo um passeio exploratório por uma trilha em uma floresta. Você decide aonde ir: eis o objetivo inicial. É esse objetivo que define o resultado desejado. Começa a andar e vai abrindo caminho: acuidade sensorial. Em seguida, verifica a direção e o mapa – ou usa o GPS. Você está na direção que o levará onde pretende? Compare o caminho que está percorrendo com o destino estabelecido e, se o caminho estiver errado, corrija o rumo: isso é flexibilidade. Esse ciclo pode ser repetido tantas vezes quanto for necessário para chegar ao destino estabelecido.

Depois, busque outro destino. O objetivo final pode ser restabelecido em qualquer ponto da caminhada. Assim, você pode desfrutar de sua jornada, conhecer e adquirir novos conhecimentos no percurso. Na maioria das vezes, essa caminhada é cheia de voltas e raramente haverá um caminho certo, claro e direto até o ponto que foi definido como final.

A acuidade e a flexibilidade são pilares da PNL que já estudamos anteriormente, dentro dos princípios da PNL, mas vale a pena abordá-los novamente para reafirmá-los. São eles:

1. **Rapport**: Estar plenamente sintonizado com outra pessoa. Nesse processo, a pessoa compreende e se sente compreendida.
2. **Meta**: Está voltada para a solução e os resultados. Para efetivar a PNL, é preciso estabelecer mentalmente o resultado.
3. **Acuidade sensorial**: É refinar os sentidos e conseguir perceber o que está funcionando e o que não está. Se não estiver, será preciso fazer algo para que dê certo.
4. **Flexibilidade**: É a possibilidade de retornar aos processos sempre que necessário; realizar abordagens diferentes, reelaborar seus objetivos e traçar novos caminhos.

Reitera Sampaio (2018, p. 33, grifo do original) sobre essa temática:

> Esses são os quatro pilares para você atuar com PNL de forma efetiva: você precisa de [...] **rapport** (sintonia com [o] outro), **meta** (objetivo claro e muito bem definido), **acuidade sensorial** (percepção sobre o sucesso ou não do que você está fazendo) e **flexibilidade** (capacidade de mudar o comportamento até conseguir o resultado que você quer).

Observe que princípios, pilares e pressupostos se interseccionam, pois todos fazem parte dessa prática tão especial de autoconhecimento. Além disso, eles ajudam as pessoas e estão ao alcance de todos, sem distinção alguma. Por isso, a PNL se consolidou como um instrumento para a construção de vidas melhores.

## 5.2 Objetivos e resultados

Como definir os objetivos? Eles são os alvos que pretendemos atingir. É necessário que sejam precisos e positivos para que sejam formulados. Assim, à medida que programamos nosso cérebro para que ele procure e perceba possibilidades, maior será a possibilidade de obtermos o que desejamos.

O'Connor e Seymour (1990) utilizam um trecho do clássico da literatura infantil *Alice no País das Maravilhas*, de Lewis Carroll, para demonstrar a relevância da definição de objetivos para uma vida de sucesso.

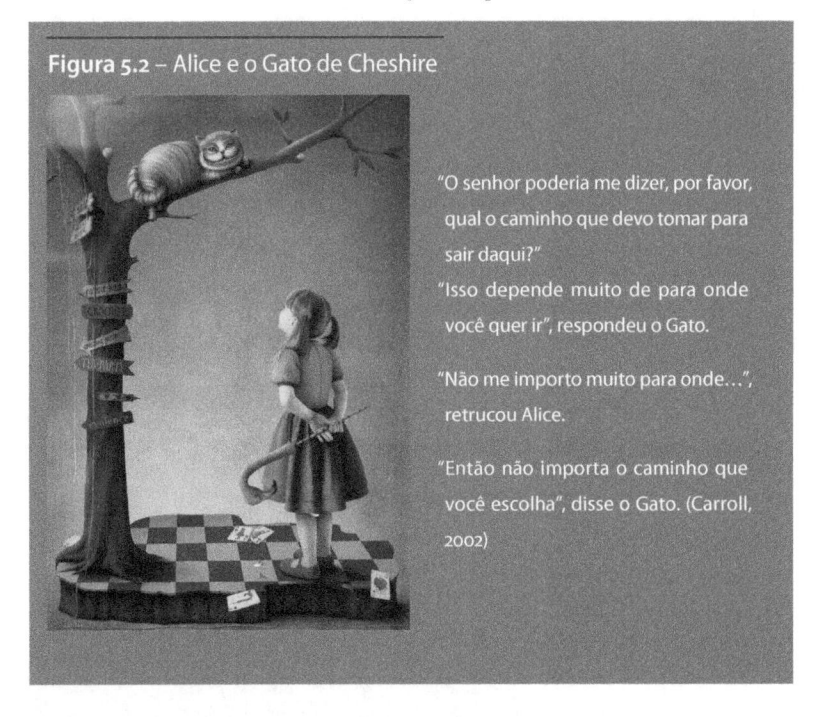

**Figura 5.2** – Alice e o Gato de Cheshire

"O senhor poderia me dizer, por favor, qual o caminho que devo tomar para sair daqui?"

"Isso depende muito de para onde você quer ir", respondeu o Gato.

"Não me importo muito para onde...", retrucou Alice.

"Então não importa o caminho que você escolha", disse o Gato. (Carroll, 2002)

Para poder encontrar um caminho, precisamos saber onde queremos ir. Uma pessoa eficiente consegue produzir os resultados desejados. Para começar, precisa escolher; se não escolhe, permite que outros escolham por ela.

Mas de que forma podemos saber o que desejamos? Formulando um objetivo. Definindo uma meta. É necessário estabelecer objetivos, metas, sonhos e desejos com muita convicção.

Em seu livro *O poder sem limites*, Robbins (2017) propõe uma reflexão: Já tentou montar um quebra-cabeças sem conhecer a imagem previamente? Em seguida, ele explica: "O mesmo acontece quando se tenta compor a vida sem conhecer a fundo o resultado. Quando você sabe seus efeitos, dá a seu cérebro uma figura clara e seu sistema nervoso sabe quais informações recebidas tem a prioridade máxima. Você precisa de mensagens claras para atuar com eficácia" (Robbins, 2017, p. 132).

Robbins (2017) esclarece que existem pessoas que aparentam sempre estar confusas, perdidas em meio a uma densa névoa, movimentando-se de um lado para o outro a fim de encontrar um caminho. Elas trocam de direção e retornam ao ponto de partida sem que consigam chegar a algum lugar. Por que isso acontece? Simples: elas não sabem o que realmente querem.

Robbins (2017) dedica 10 páginas desse livro à formulação dos objetivos, à definição de metas e aos resultados desejados no capítulo intitulado "Livrando-se da limitação: o que você quer?".(Robbins, 2017).

Observe o Quadro 5.1 e realize o exercício para estabelecer seus objetivos. Faça isso quantas vezes forem necessárias. Faça consigo mesmo e oriente outras pessoas a fazerem também, e lembre-se: não existem limites para os objetivos.

Quadro 5.1 – **Como estabelecer objetivos**

| Estabelecendo objetivos/ componentes-chave | |
|---|---|
| Específico | O que exatamente você quer? |
| Baseado nos sentidos | O que você vê? <br> O que você ouve? <br> O que você cheira? <br> O que você saboreia? |

*(continua)*

## Processos que compõem a programação neurolinguística (PNL)

*(Quadro 5.1 – conclusão)*

| Estabelecendo objetivos/ componentes-chave | |
|---|---|
| Estado desejado/ Estado presente | O que você quer? O que está acontecendo agora? Qual é a diferença? |
| Procedimento evidente | Como saber se os objetivos foram alcançados? |

Fonte: Elaborado com base em Robbins, 2017.

Observe quão diretas são as perguntas. Elas são realmente objetivas. Ao fazê-las, você conseguirá estabelecer suas metas. Defina o que quer, pois essa é a única forma de conseguir alcançar resultados plenamente satisfatórios.

O objetivo deve ser formulado afirmativamente. É mais efetivo dirigir-se na direção do que se quer do que ir ao encontro do que não se quer. Além disso, é preciso participar ativamente da execução de seu objetivo: o resultado precisa estar ao seu alcance. Quando um objetivo depende da ação de outra pessoa, esse objetivo foi mal formulado.

Com base no Quadro 5.1, você conseguirá projetar muito especificamente seu(s) objetivo(s). Reproduza-o(s) para si mesmo, use muitos detalhes e verbalize-os. Quanto mais completa for sua descrição, melhor seu cérebro poderá compreendê-la.

Robbins (2017) sugere cinco práticas para elaborar objetivos com eficácia:

1. exprimir os objetivos positivamente, dizendo o que você realmente deseja;
2. ser muito específico na formulação, usando todos os sentidos na descrição dos resultados esperados;
3. evidenciar os procedimentos, sabendo como você ficará ao alcançar os resultados, o que verá, sentirá e ouvirá no mundo exterior;
4. manter o controle sobre seus objetivos;
5. verificar se o objetivo está ecologicamente salutar e desejável, fazendo uma projeção de seu futuro ao alcançar os objetivos, avaliando as consequências e se os resultados devem beneficiar outras pessoas.

Para O'Connor e Seymour (1990), ao elaborar ou (re)elaborar seus objetivos, existem sempre muitas perguntas que devem ser feitas. O detalhamento precisa ter a definição do contexto para sua realização. Além disso, também deve-se verificar se existem contextos em que o objetivo não deve ser acessado.

Observe na Figura 5.3 uma síntese desse tópico tão importante para a PNL.

Figura 5.3 – **Resumo dos objetivos**

## OBJETIVOS

**POSITIVO**
Pense naquilo que deseja em vez de pensar naquilo que não deseja.
Pergunte-se: "O que eu gostaria de ter?"
"O que realmente desejo?"

**ESPECIFICAÇÃO**
Imagine o objetivo da maneira mais clara possível.
Pergunte-se: "Quem, onde, quando, o quê, como, exatamente?"

**AÇÃO INDIVIDUAL**
Pense no que terá que fazer pessoalmente para atingir seu objetivo, que também deve estar ao seu alcance.
Pergunte-se: "O que terei que fazer para atingir meu objetivo?"
"Como devo começar e manter minha ação?"

Objetivo mais amplo
Segmentação para cima — Se eu obtiver este resultado, o que ele faria por mim?
↑
**OBJETIVO**
↓
Segmentação para baixo — O que me impede de atingir o objetivo?
Objetivo menor

**DEMONSTRAÇÃO**
Pense nas evidências sensoriais que lhe mostrarão que você obteve aquilo que desejava.
Pergunte-se: "O que verei, ouvirei e sentirei quanto tiver obtido o que desejo?"
"Como saberei que já obtive aquilo que queria?"

**RECURSOS**
Você tem os recursos adequados e as opções necessárias para atingir seu objetivo?
Pergunte-se: "De que recursos preciso para atingir meu objetivo?"

Fonte: Elaborado com base em O'Connor; Seymour, 1990, p. 30-31.

Ainda dentro da síntese da elaboração dos objetivos, há outro item que merece atenção: o **tamanho**.

Se for uma tarefa ou uma missão muito extensa, com um objetivo muito complexo, pergunte-se se existe algum impedimento para alcançá-lo. Fragmente essa tarefa em objetivos menores e sequenciais e vá atingindo um a um. À medida que as conquistas surgirem, mais motivação você terá para o próximo objetivo.

O contrário também acontece: uma tarefa ou missão com um pequeno objetivo. Não se satisfaça com isso e questione: "O que posso fazer após conquistar esse resultado?". Então, estabeleça mais objetivos para que o pequeno o leve a uma grande realização. Assim, você terá um objetivo estimulante que o impulsionará a novas conquistas.

Por fim, para objetivos bem formulados e com resultados eficientes, é necessário observar sua estrutura ecológica.

### Estrutura ecológica do objetivo

Verifique as consequências da obtenção do objetivo tanto na sua vida como em seus relacionamentos.

Pergunte-se: "A quem mais isto afetaria?"

"O que aconteceria se eu conseguisse o que desejo?"

"Se pudesse tê-lo neste exato momento, eu o aceitaria?"

Preste atenção aos sentimentos de dúvida, que começam com [...]: "Sim, mas..."

O que representam esses sentimentos de dúvida?

Como modificar seu objetivo para levá-los em consideração?

Agora verifique esse novo objetivo, utilizando os critérios de fixação de objetivos acima expostos, para verificar se está bem formulado.

A última recomendação é **agir**.

Você tem que dar o primeiro passo.

Uma jornada de mil quilômetros começa com um pequeno passo.

Se o objetivo estiver bem formulado, será estimulante e terá maior probabilidade de ser atingido.

Fonte: O'Connor; Seymour, 1990, p. 32, grifo do original.

Como é possível perceber, podemos estruturar nossos objetivos utilizando os principais tópicos, como recursos, especificação, tamanho e demonstração individual. Na próxima seção, iremos nos aprofundar em um deles, muito importante para a PNL: a estrutura ecológica.

## 5.3 Estrutura ecológica

Dentro da PNL, *ecologia* significa harmonia, equilíbrio. É uma maneira de beneficiar o próprio sujeito e o ambiente em que ele está inserido, e corresponde ao que atualmente denomina-se *ecologia humana*. Ao aplicar técnicas de PNL, é necessário levar em conta todas as repercussões que uma mudança pode acarretar.

O objetivo principal da ecologia humana é buscar maneiras para que os seres humanos vivam com autonomia e aproveitem todo seu potencial e o potencial que o ambiente pode lhes oferecer. Os homens precisam aprender de que forma podem atender às necessidades de proteção, realização e autoabastecimento. A ecologia na PNL diz respeito a preocupar-se com a totalidade dos estilos de relacionamentos entre um ser e seu ambiente; refere-se também aos padrões de valores, atitudes e estratégias que um indivíduo expressa em relação a si próprio (ecologia interna). Verificar a ecologia é como investigar se um medicamento produz efeitos colaterais e danos mesmo que esteja curando uma doença.

Assim, faz parte de todas as técnicas de PNL verificar se ela não se transformou em manipulação e se suas intervenções não estão beneficiando quem as aplica e prejudicando quem está sendo orientado. Isso é ecologia. Verifica-se, também, se a mudança ocasionada está em harmonia com o restante de sua vida e com seus relacionamentos. Quando você verifica a ecologia, assegura-se também de que não está manipulando a si mesmo, adotando algum procedimento do qual poderá se arrepender futuramente.

> **Para saber mais**
> 
> Ecologia interna e ecologia externa: Como isso funciona? O que é ser ecológico em PNL?
> 
> A palavra *ecologia* está relacionada ao estudo do meio em que vivemos, porém, o termo não é aplicado apenas às peculiaridades externas dos sujeitos. Situações emocionais da vida de um ser humano podem ser analisadas por essa perspectiva, denominada *ecologia interna*. O ser humano é o resultado de uma soma de emoções, manifestações físicas e sensações. Em seu cotidiano, as pessoas lidam com situações que exigem uma pausa para reestruturar alguns pontos de sua vida para continuarem. Podem ser situações no trabalho, na escola ou até mesmo na família.

> Confira a seguir o que diz Luiza Lopes a respeito desse tema.
>
> ECOLOGIA – Pressupostos da PNL. **Indesp**, 15 fev. 2019. 2 min. Disponível em: <https://youtu.be/afyDY38AQ9c>. Acesso em: 4 maio 2021.

## 5.4 Estado atual e estado desejado

Aplicando técnicas de PNL, é possível traçar uma rota, um caminho entre seu estado atual e o estado desejado, utilizando suas capacidades e recursos internos, ultrapassando obstáculos, vencendo distâncias e superando resistências. Contudo, para que isso aconteça, é preciso tomar consciência do estado atual e determinar com certeza o estado desejado. Poderão aparecer pensamentos sabotadores e crenças limitantes, então, nesse momento, seu autoconhecimento será muito importante, pois você conseguirá detectar o que está interferindo e dar continuidade à sua caminhada.

1º: É comum algo dentro de nós não querer mudar. Identifique a intenção positiva deste comportamento e adeque ao seu objetivo.

2º: Crie o cenário perfeito do seu estado desejado e viva esse momento, pois muitas vezes a pessoa não faz ideia do que deseja alcançar e aceita qualquer caminho.

3º: Se permita, se dê a oportunidade de enxergar outros caminhos e alternativas.

Lembre-se: quando nos organizamos para chegar ao nosso estado desejado iniciamos, inconscientemente, um processo de transformação que nos direciona para este objetivo.

Ou seja, nosso cérebro também organiza nossos comportamentos para que possamos atingir aquela meta. Por fim, reflita se esta trajetória, entre o estado atual e o desejado, está de acordo com os seus valores. (Augusto, 2019)

O comportamento, os pensamentos e os sentimentos evidenciados no estado atual serão bastante diferentes dos do estado desejado. A mudança de um estado para outro exigirá recursos.

A motivação é a energia inicial para começar. Assim, o estado desejado é definido com objetivos e resultados claros. Se houver ressalvas, isso significa que a ecologia está desalinhada. Portanto, para empreender a jornada, é preciso querer, acreditar e ter objetivos válidos e possíveis de serem atingidos. Para atingi-los, utilizam-se técnicas e estados mentais positivos, que envolvem nosso estado fisiológico, nossa nutrição, nossa energia e nossa força.

## 5.5 Estados fisiológicos e liberdade emocional

É bastante comum dizermos ou ouvirmos que se alguém está com nível físico-emocional baixo, está em um "péssimo estado". Da mesma forma, se quisermos expressar a excelência para realizar alguma atividade, diremos que será necessário estar em um "bom estado mental".

E o que seria um bom estado mental? O estado mental é o conjunto de pensamentos, emoções e sentimentos que a fisiologia expressa em certo momento. Ele é composto de todos os padrões de respiração e postura física, bem como das imagens projetadas pela mente, pelos sons e pelos sentimentos. Mencionamos diversas vezes a natureza única do ser, que se constitui de corpo e mente. Portanto, nossos pensamentos influenciam na fisiologia, assim como a fisiologia influencia nossos pensamentos.

É indiscutível que nosso estado mental se modifica continuamente. Ao mudarmos o estado de espírito, o mundo exterior também se modifica – isso é o que nos parece. É bem mais frequente termos maior consciência do estado emocional do que do estado fisiológico, como a respiração e a postura física. Comumente cremos que as emoções estão fora do comando consciente, por isso não distinguimos a fisiologia nem os processos escondidos dentro delas. Não é possível modificar as emoções sem modificar o estado mental, e, na maioria das vezes, é o que se faz: tenta-se modificar as emoções com recursos artificiais, como medicamentos ou força de vontade. É por isso que as emoções são reveladas pela postura e pela fisionomia.

Existem exercícios para livrar as pessoas desses estados negativos da mente que tanto prejudicam a fisiologia. É aconselhável uma atividade física para movimentar o corpo e direcionar a tensão para algo completamente oposto ao pensamento anterior. Dê alguns pulinhos, corra em volta da sala, olhe para o horizonte. Em seguida, observe as sensações físicas provocadas por esses movimentos.

Para a PNL, essas atividades se chamam *mudanças de estado*, e, se você experimentá-las, verá o quanto são benéficas. Isso poderá impedir a imersão em um estado mental negativo.

Certas pessoas encontram-se aprisionadas por esses estados mentais negativos – aquelas que sofrem de depressão, por exemplo. Por outro lado, existem outras que conseguem alterar seu estado emocional sempre que desejam. Elas conseguem desenvolver uma liberdade emocional que lhes confere uma qualidade de vida bem relevante. Mesmo que vivenciem altos e baixos emocionais, conseguem se reerguer, seguir em frente, sem que prolongue uma dor emocional desnecessária.

## Exercício resolvido

É comprovado que os indivíduos que definem claramente seus objetivos são aqueles que obtêm mais sucesso em suas empreitadas. Formular bem os objetivos é o primeiro passo para a PNL. Quando estabelecemos objetivos claros e específicos, informamos a nossa mente um caminho igualmente claro, fazendo com que os filtros da mente inconsciente entendam o processo de mudança. A respeito da formulação dos objetivos, é correto afirmar:

a) Os objetivos que são bem formulados dependem basicamente da ação de outras pessoas. Concentrar-se naquilo que deve ser feito é melhor para provocar a reação dos outros.
b) O objetivo deve ser indicado de forma positiva. É muito difícil ir na direção daquilo que se quer, bem como fugir daquilo que não se quer. Podemos encontrar a direção daquilo que queremos mesmo sem saber o que é.

c) A formulação de um objetivo deve ter uma participação ativa de quem o elabora e o resultado desejado deve estar ao alcance do indivíduo. O objetivo também precisa ter um tamanho adequado.

d) À medida que programamos nosso cérebro para que ele procure e perceba possibilidades, diminuímos as probabilidades de formular um objetivo que realmente atinja resultados.

Gabarito: c

*Feedback* **do exercício**: Os objetivos que dependem basicamente da ação de outras pessoas não são bem formulados; o objetivo deve ser indicado de forma positiva; é mais fácil ir na direção daquilo que se quer do que fugir daquilo que não se quer; o objetivo deve ser indicado de maneira afirmativa e ter um tamanho adequado; ao programar o cérebro, aumentam-se as possibilidades de formular um bom objetivo e obter resultados excelentes.

Certas pessoas se queixam de ter objetivos que não conseguem atingir. Isso acontece porque formulam objetivos vagos e generalizados ou porque os elaboram de forma negativa, como: "Não quero ficar sem dinheiro" ou "Não quero mais sofrer". O que se observa é que, muitas vezes, o que falta nessas pessoas é ação e clareza para formular os resultados desejados.

## 5.6 Comunicação

A comunicação está presente em todas as relações e interações entre as pessoas, seja em uma conversa informal, seja em uma negociação, seja na educação.

Pode-se dizer que, apesar de ser

> um substantivo estático, [...] a comunicação é um ciclo ou um laço que engloba pelo menos duas pessoas. Ninguém pode se comunicar com um boneco de cera, pois não existe nenhuma reação. Quando nos comunicamos com outra pessoa, percebemos sua reação e reagimos de acordo com nossos sentimentos e pensamentos. (O'Connor; Seymour, 1990, p. 33)

O comportamento humano é gerado pelas reações internas que se manifestam sobre o que ele vê e ouve. Apenas ao se prestar a atenção no outro é que as intenções deste são percebidas; assim, é possível decidir o que dizer ou fazer. A outra pessoa reage e se manifesta da mesma forma.

A comunicação se dá por meio de palavras, tom de voz, posturas, gestos e expressões corporais. Ela acontece continuamente, até mesmo quando a pessoa permanece parada e sem dizer nada. Logo, a comunicação abrange uma mensagem passada de um indivíduo para outro. No entanto, nem sempre o outro entende a mensagem de acordo com a intenção de quem a emitiu, sendo bastante frequente que as interpretações sejam divergentes. O tom da voz e a intencionalidade impressa podem proporcionar interpretações diferentes para um mesmo enunciado. Portanto, as palavras são apenas uma parte do processo de comunicação. Existem outros fatores que concorrem para a emissão de uma mensagem, e é por isso que, de acordo com a PNL, **o significado da comunicação é a reação que se obtém**. Observe no Gráfico 5.1 os percentuais dos elementos da mensagem.

Gráfico 5.1 – **A mensagem na comunicação**

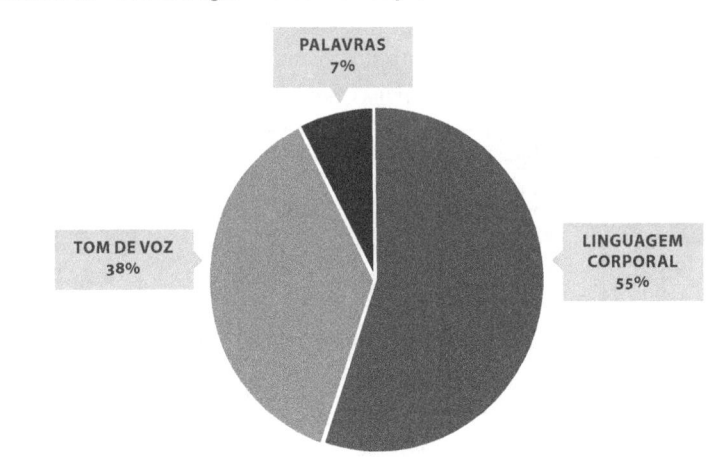

PALAVRAS
7%

TOM DE VOZ
38%

LINGUAGEM CORPORAL
55%

Fonte: O'Connor; Seymour, 1990, p. 35.

Tendo em vista esses dados, podemos constatar que não existe uma garantia de que o que se está comunicando será compreendido pela outra pessoa. Para que haja uma comunicação eficiente, é preciso focar no objetivo final, na acuidade e na flexibilidade.

As habilidades de comunicação são usadas frequentemente para influenciar pessoas. Os procedimentos terapêuticos, gerenciais ou educacionais, exigem capacidade para influenciar e comunicar. Essa capacidade pode, muitas vezes, ser confundida com *manipulação*, termo que tem uma conotação negativa, como se, de alguma forma, se estivesse forçando o outro a fazer algo que ele não queira.

Esse contexto não se aplica à PNL, pois ela é fundamentada em sensatez, ecologia e ética.

> A PNL proporciona a capacidade de reagir de maneira eficaz aos outros e de compreender e respeitar seu modelo. A comunicação é circular; o que fazemos influencia outras pessoas, e o que elas fazem nos influencia. E é impossível que isto não aconteça. Cada um pode se responsabilizar pela parte que lhe toca neste círculo. Como estamos sempre influenciando outras pessoas, nossa única opção é termos ou não consciência dos efeitos que provocamos. A pergunta então seria: é possível influenciar com integridade? A influência que exercemos está de acordo com nossos valores? (O'Connor; Seymour, 1990, p. 36)

As técnicas de PNL são neutras e sua forma de utilização depende de quem as utiliza e das finalidades para as quais se destinam.

### Exemplificando

Duas pessoas que têm habilitação e carros iguais saem com seus carros. Uma tem como destino o trabalho; a outra, uma festa. Uma, responsável, obedece à sinalização e aos limites de velocidade. A outra dirige perigosamente, sem obedecer à sinalização e aos limites de velocidade. A finalidade para a qual essas pessoas usaram os carros depende, portanto, de suas capacidades e intenções. Os carros, por sua vez, são neutros, assim como as técnicas de PNL.

Como em tudo na vida, sempre se tem a opção de escolha. Na PNL, as escolhas devem estar alinhadas às ecologias interna e externa e aos princípios éticos.

## 5.7 Comunicação e escuta

Quando pensamos em técnicas de PNL ou em processos de coaching, logo nos vêm à mente o diálogo e a troca de informações e de conhecimentos. Uma das habilidades mais importantes dos seres humanos

## Processos que compõem a Programação Neurolinguística (PNL)

é a comunicação oral. No entanto, mesmo tendo essa capacidade tão desenvolvida, muitas pessoas apresentam dificuldade para expressar seus sentimentos e suas ideias ou para repassar informações.

Acontece que, em muitas situações, não há um diálogo estabelecido. Existem pessoas falando uma com a outra, porém, sem que haja entendimento. Essa ausência de interpretação pode ocorrer em razão da falta de concentração, do excesso de dados ou de haver muitos estímulos alheios à situação.

Com tantas coisas acontecendo velozmente ao nosso redor, muitas vezes se torna difícil desligar-se de tantos estímulos e destinar a devida atenção aos nossos interlocutores, ouvirmos o que eles têm a nos dizer em toda a sua essência, prestando atenção ao que está sendo dito e, com isso, estabelecer uma interação real e de qualidade.

Podemos dizer que, na PNL, a comunicação é um conjunto de estratégias e ferramentas naturais que são acionadas e utilizadas para expor reações e sentimentos que se expressam por meio de comportamentos e discursos. Para que ocorra a comunicação, é preciso que haja o outro para quem comunicamos. Dessa forma, ao receber a mensagem, o outro irá gerar um comportamento ou discurso de resposta.

Como na PNL se busca a resolução de problemas atingindo resultados eficientes e eficazes, a comunicação precisa atender aos requisitos que a tornem eficaz. Há muitos treinamentos e cursos de oratória, mas está na hora de criarmos cursos de "escutatória". Talvez você concorde com essa afirmação, já que, atualmente, vivemos uma crise de comunicação eficaz.

### 5.7.1 Escuta ativa e empática

Pensando na mudança desse cenário e nas técnicas que temos estudado em PNL, vamos refletir sobre escuta ativa e empática.

> **O que é?**
> Escuta ativa é uma técnica de comunicação que se refere à instauração de um diálogo eficiente e eficaz entre falante e ouvinte ou à utilização de termos técnicos dos elementos da comunicação entre emissor e receptor. Já a escuta técnica consiste em um sujeito transmitindo a mensagem e o outro ouvindo, interpretando, compreendendo, dedicando toda a atenção às informações fornecidas, sejam verbais, sejam não verbais.

Vale salientar que, para praticar uma escuta ativa, o ouvinte não deve receber muitas informações de forma passiva. Ele precisa demonstrar interesse pelo que o outro está comunicando e, dessa forma, estabelecer um vínculo com seu interlocutor.

Vejamos, então, de que forma podemos desenvolver a escuta ativa.

- **Evitar distrações:** Comece por eliminar ao máximo as distrações e interrupções durante a interação (*e-mails*, celulares, conversas paralelas, ruídos etc.). Essas interferências podem prejudicar muito um diálogo.
- **Treinar a mente:** Aprenda a controlar seus pensamentos e concentrar sua atenção em quem está falando. Isso exige muito exercício e foco.
- **Demonstrar interesse genuíno:** Deixe seu interlocutor à vontade, reaja aos relatos dele, use sua linguagem não verbal para demonstrar seu interesse – o olhar e as expressões faciais são grandes aliados.
- **Ouvir na essência:** Significa prestar realmente a atenção no que está sendo dito e também naquilo que fica implícito; é estar atento à fala e ao corpo de seu interlocutor. Conforme já explicamos, o corpo fala. Para isso, é importante desenvolver a sensibilidade para ouvir na essência e aproveitar ao máximo o que o outro tem a dizer.
- **Suspender todo e qualquer julgamento:** Fuja da tentação humana de julgar. Não tire conclusões precipitadas e tenha um comportamento compreensivo, característico de alguém aberto ao diálogo e disposto a buscar soluções para o problema – se houver –, seja ele qual for. Com essa prática, você conquistará a confiança das pessoas e estará desenvolvendo ainda mais sua habilidade de escutar seus interlocutores.
- **Perguntar:** Ao questionar, você demonstra seu interesse, deixando explícito que está ouvindo e prestando atenção. Perguntar ajuda o ouvinte e o falante, garantindo que a mensagem está sendo transmitida e, se houver dúvidas, elas podem ser sanadas.
- **Colocar a empatia na interação:** Sentir como o outro, colocar-se em seu lugar, deixar claro que você está com ele, conectado com suas dores e seus anseios, é muito importante. Quando se tem empatia, é possível compreender as necessidades, motivações e expectativas do outro. Essa conexão produz efeitos positivos para ambos.

- **Oferecer** *feedbacks*: Quando a interação for concluída, ofereça *feedbacks*, demonstrando como as informações foram absorvidas e interpretadas, fazendo críticas construtivas, elogios e sugestões de melhorias. Se for o caso, deixe claro que a conversa foi muito importante para você.

### Alguns benefícios da escuta ativa

- Promover o relacionamento interpessoal.
- Minimizar os conflitos organizacionais.
- Gerar confiança.
- Desenvolver a comunicação eficaz.
- Otimizar o tempo.
- Promover o trabalho em equipe.
- Aumentar a segurança.
- Desenvolver a empatia.

## Exercício resolvido

André Sampaio (2018), *trainer* em PNL e cofundador do Instituto Superando Seus Limites, afirma que, por meio da PNL, é possível desenvolver uma consciência maior sobre a comunicação interna e os padrões comunicacionais interpessoais. Assim, adquirimos maior capacidade de ouvir de maneira eficaz. É por isso "que temos dois ouvidos e uma boca: para ouvir mais do que falar" (Sampaio, 2018, p. 20). Para Sampaio (2018), ter a capacidade de ouvir a partir de uma escuta ativa é uma importante habilidade de comunicação que precisa ser desenvolvida, além da percepção da comunicação não verbal (a linguagem corporal, por exemplo), habilidade que também deve ser aprimorada.

As ponderações anteriores referem-se à comunicação e a algumas de suas implicações. A respeito disso, é **incorreto** afirmar:

a) A escuta ativa é uma técnica que melhora a comunicação. Para exercitá-la, devemos ser empáticos, perguntar, eliminar distrações, ouvir na essência e não julgar.

b) Na escuta ativa, o ouvinte se predispõe a entender seu interlocutor, colocar-se em seu lugar e prestar muita atenção às suas colocações, porém, sem estabelecer vínculos com o falante.

c) No ambiente corporativo, é comum a busca pela excelência no relacionamento interpessoal. Nesse sentido, a boa comunicação pela prática da PNL é um benefício para aprimorar e qualificar esses relacionamentos.

d) A percepção correta das mensagens enviadas e recebidas e a prática da escuta ativa são habilidades desenvolvidas pela PNL. Por meio delas, podemos otimizar o tempo, promover o trabalho em equipe e aumentar a segurança.

Gabarito: b

***Feedback* do exercício**: Por meio da escuta ativa, potencializamos a comunicação, beneficiamos e somos beneficiados sendo empáticos, eliminando distrações, não julgando e ouvindo atentamente. Na escuta ativa, entendemos e somos empáticos – como o próprio nome diz, a escuta é ativa, portanto, devemos participar para estabelecer vínculos com o interlocutor. O bom relacionamento interpessoal é um benefício da escuta ativa. Além disso, ter habilidade para escutar e perceber o que o outro pretende comunicar traz muitos benefícios, entre eles a otimização do tempo, o trabalho em equipe e a segurança de ser entendido.

## 5.8 Níveis de aprendizagem

De forma simplificada, a aprendizagem é um método de tentativa e erro, independente de orientação. Sempre buscamos a melhor opção entre as que estão disponíveis. Para realizar a melhor escolha, é possível fazer várias tentativas até encontrar a certa. Para aprender a escrever, cantar, ler ou saber que o sinal verde do semáforo representa "siga", o ponto de partida é a incompetência inconsciente, e, por meio do círculo de aprendizagem, chega-se à competência consciente.

A partir do momento que uma reação se transforma em um hábito, cessa o aprendizado. Seria possível agir de maneira diferente, porém, na prática, seguimos o hábito. Os hábitos são úteis, pois tornam mais simples e automáticos fatos da nossa vida para que não tenhamos de parar para pensar a respeito deles. Existem ações que executamos espontaneamente, como colocar uma roupa. Imagine se cada vez que tivesse de realizar essa tarefa a gente precisasse pensar em como executá-la. Seria muito cansativo.

Tomemos como exemplo uma criança: ela exercita seus níveis de aprendizagem ao longo de seu crescimento, aprendendo, desenvolvendo habilidades e criando hábitos. Ao chegar na fase adulta, aprendemos menos e temos muitos hábitos. Nossa mente se torna preguiçosa e diminuímos nosso ritmo de aprendizagem. Para que isso não aconteça, é preciso exercitar a mente e lembrar a todo momento que existe um processo. E sempre que ocorrer uma situação de aprendizado, é necessário lembrar que há um processo e que, para alcançar os objetivos, é preciso seguir o método

Devemos internalizar e seguir, um a um, os quatro estágios da aprendizagem, que são:

1. Incompetência inconsciente.
2. Incompetência consciente.
3. Competência consciente.
4. Competência inconsciente.

Figura 5.4 – Ciclo de aprendizagem

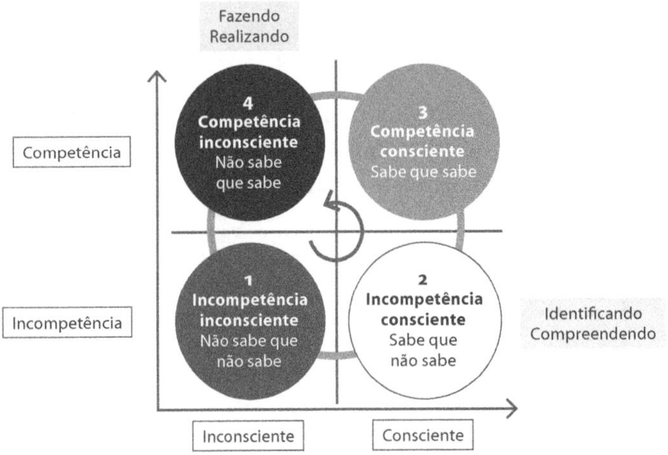

Fonte: Mancilha, 2010, p. 3.

A Figura 5.4 ilustra o ciclo de aprendizagem por meio das quatro fases aliadas à competência e à consciência. Além disso, indica como a aprendizagem se desenvolve nesse ciclo. Vejamos o detalhamento dessas etapas.

- **Etapa 1 – incompetência inconsciente:** Essa é a etapa em que o aprendiz "**não sabe que não sabe**". O que isso significa? Que não temos consciência da ausência de habilidade necessária para realizar alguma atividade ou função.
- **Etapa 2 – incompetência consciente:** É a fase na qual a pessoa percebe que "**sabe que não sabe**". É quando o aprendiz tem consciência da sua falta de habilidade para realizar a atividade.
- **Etapa 3 – competência consciente:** Nessa fase, o aprendiz "**sabe que sabe**" e está aprendendo corretamente. A pessoa tem consciência de que evoluiu na aprendizagem, de que desenvolveu as habilidades para executar uma ação ou função. Praticando e repetindo as habilidades, estas se tornam quase automáticas.
- **Etapa 4 – competência inconsciente:** É a fase em que a pessoa faz sem perceber que faz – ela "**não sabe que sabe**". Nessa etapa, a pessoa deixa de ser aprendiz. Depois de muitas repetições e práticas, ela aprendeu e realiza a ação automaticamente, passando a operá-la no piloto automático; afinal, tornou-se capaz de executar várias atividades ao mesmo tempo. O processo passa a fazer parte do inconsciente, tornando-se, assim, um hábito.

Esse processo se aplica ao desenvolvimento de qualquer habilidade. Busque realizá-lo sempre que começar um novo aprendizado. Por ser um ciclo, pode ser refeito e realimentado sempre.

## 5.9 Múltiplas inteligências e a aprendizagem

Já ressaltamos a questão da inteligência emocional. Vejamos agora outras inteligências que todos temos, mas que, por questões culturais, educacionais, genéticas, ambientais e outros fatores, não desenvolvemos plenamente.

Figura 5.5 – Múltiplas inteligências

Ativar e usar mais de uma inteligência nas atividades e tarefas de aprendizagem potencializa e acelera o processo, auxilia a reter as informações e facilita o aprendizado. De acordo com Mancilha (2010), possuímos oito tipos de inteligência, e quanto mais tipos conseguirmos usar, maior será a atividade cerebral e, consequentemente, melhores serão os resultados. São elas (Mancilha, 2010):

- **Linguística**: Inteligência com competências desenvolvidas para escrever, falar e comunicar-se muito bem.
- **Lógica e matemática**: Competências desenvolvidas para raciocínio, pensamento lógico e abstrato; facilidade em realizar operações matemáticas e lidar com números.
- **Visual e espacial**: Competência na criação de imagens e desenhos; ajuda a visualizar e ter uma excelente orientação espacial.
- **Musical**: Capacidades desenvolvidas para conhecer e entender de música; tocar algum instrumento, cantar ou compor.
- **Corporal ou cinestésica**: Capacidade para utilizar as mãos e o corpo.
- **Interpessoal ou social**: Competência para relacionar-se com outras pessoas.

- **Intrapessoal:** Competência desenvolvida para a capacidade de autopercepção; entrar em sintonia com os próprios sentimentos e realizar autoanálise.
- **Naturalista:** Capacidade para trabalhar e perceber a natureza utilizando corretamente seus benefícios.

Segundo Mancilha (2010), essas múltiplas inteligências foram identificadas pelo pesquisador estadunidense Howard Gardner.

Quando executamos uma modelagem em PNL, podemos, certamente, buscar modelos que nos permitam desenvolver todas essas inteligências e, dessa forma, atingir níveis de excelência que proporcionarão alcançar objetivos e obter os melhores resultados possíveis.

## Exercício resolvido

A PNL é uma excelente ferramenta para criar modelos de excelência para que as pessoas atinjam seus objetivos e obtenham sucesso em suas empreitadas. É também uma ótima possibilidade para desenvolver processos de aprendizagem. Uma premissa da PNL é a de que tudo que fizermos deve estar focado no resultado. Para isso, temos de elaborar objetivos corretamente. Com base nisso, é **incorreto** afirmar:

a) Sobre os objetivos: é preciso expressá-los positivamente, dizendo o que realmente se quer que aconteça; ser muito específico na sua formulação; usar todos os sentidos na descrição dos resultados esperados.

b) Sobre os resultados: uma pessoa eficiente consegue produzir os resultados desejados; deve-se concentrar os esforços para descobrir o que se deseja, procurar os recursos disponíveis e usá-los efetivamente para atingir os resultados desejados.

c) Sobre a aprendizagem: a aprendizagem é um método de tentativa e erro que conta com quatro níveis de aplicação, que são a incompetência inconsciente, a incompetência consciente, a competência consciente e a competência inconsciente.

d) Sobre os estados em relação aos objetivos: existem dois níveis, o estado atual e o estado desejado, e os dois independem da vontade do indivíduo. Trata-se de estágios estabelecidos externamente nos quais não se pode interferir.

Gabarito: d

*Feedback* do exercício: A respeito dos objetivos, Robbins (2017) estabelece cinco ações que devem ser executadas: expressar os objetivos positivamente, ser específico, manter o controle, ser evidente e verificar a ecologia. Os esforços concentrados e o foco produzem resultados eficientes. A aprendizagem conta com quatro níveis e, ao se atingir o quarto nível, são realizadas várias atividades ao mesmo tempo automaticamente. Nesse sentido, é preciso ter consciência do estado atual e determinar com certeza o estado desejado, pois assim será possível interferir e chegar ao verdadeiro estado desejado.

Para entender a aprendizagem humana, devemos, além dos níveis de aprendizagem e múltiplas inteligências, observar também os níveis neurológicos, os quais nos auxiliam na compreensão das etapas de aprendizagem que já estudamos.

## 5.10 Níveis neurológicos

Para entender melhor a mudança pessoal, a comunicação e a aprendizagem, Robert Dilts, um dos principais pesquisadores da PNL, elaborou um modelo bastante preciso e simplificado, no qual constam as noções de contexto, relacionamento, posições de percepção e níveis de aprendizagem. Esse modelo foi denominado *campo unificado da PNL* (O'Connor; Seymour, 1990).

A mudança e a aprendizagem podem acontecer em níveis diferenciados. O'Connor e Seymour (1990) apresentam os níveis neurológicos da seguinte forma:

- **Espiritual**: Esse é o nível mais profundo. Nele estão as vivências e os questionamentos metafísicos, bem como a busca de um direcionamento, dos fundamentos para a existência. Mudanças nesse nível repercutem em todos os outros níveis.
- **Identidade**: É o que se sente sobre si próprio, a representação dos valores mais profundos e a missão de vida.
- **Crenças**: Dizem respeito às diversas ideias que tomamos por verdadeiras e que são a base para as ações do cotidiano. Elas representam permissões e concessões, mas também limitações.

- **Capacidade:** É a reunião dos talentos, dos comportamentos, das habilidades e das estratégias que são utilizados para viver.
- **Comportamento:** Compõe-se do conjunto de ações singulares que realizamos e independem das capacidades adquiridas.
- **Meio ambiente:** São todos e quaisquer elementos a que reagimos, tudo e todos que cercam quem quer que seja.

> **Perguntas e respostas**
>
> **Como podemos identificar esses diferentes níveis em uma única ação do indivíduo?**
>
> Tomemos como exemplo a reflexão de uma professora a respeito de seu trabalho.
>
> **Ambiente:** "Essa escola tem um projeto que me interessa muito".
> **Comportamento:** "Ministrei várias aulas hoje".
> **Capacidade:** "Posso ministrar aulas de uma disciplina nova".
> **Crença:** "Se me sair bem com essa disciplina, poderei ser titular".
> **Identidade:** "Sou uma boa professora".
>
> Esse é um exemplo bem-sucedido, porém, o mesmo modelo pode ser aplicado a um problema. Vejamos: ao elaborar um projeto, você se esqueceu de inserir um item, o de custos. Podemos atribuir esse fato ao meio ambiente: havia muito barulho na sala e isso o distraiu. Ou podemos ir ao nível do comportamento: você se esqueceu de inserir custos no projeto. Poderíamos ser mais genéricos e questionar a capacidade de elaborar projetos ou colocar a identidade em xeque, dizendo que você é desatento.

O campo unificado reúne as diferentes partes da PNL apresentando uma estrutura elaborada a partir das noções de níveis neurológicos, tempo e posição da percepção.

> Ele nos permite compreender o equilíbrio e o relacionamento dos diferentes elementos presentes em nós mesmos e nos outros. A chave da questão é o equilíbrio. Os problemas surgem da falta de equilíbrio, e o campo unificado permite identificar quais os elementos que tomaram uma importância demasiada e quais os que estão ausentes ou são muito fracos. (O'Connor; Seymour, 1990, p. 96)

Processos que compõem a programação neurolinguística (PNL)

A estrutura do campo unificado proporciona uma análise desses níveis neurológicos, permitindo identificar pontos de desequilíbrio. Desmembre a situação que o está incomodando e coloque-a dentro do modelo, em cada etapa. Esse é um primeiro passo para encontrar maneiras de alcançar o equilíbrio e, consequentemente, uma vida mais saudável e harmônica.

## 5.11 *Practitioner*

Há alguns capítulos estamos estudando a PNL e, provavelmente, você está buscando mais informações sobre o tema externamente, em vídeos, livros, *podcasts* etc. Então, é bem provável que você já tenha se deparado com o termo *practitioner*, e como você se determinou a seguir essa jornada, verá esse termo mais vezes. Trata-se de uma palavra da língua inglesa cuja tradução é "praticante". Portanto, o *practitioner* é aquele que pratica a PNL.

Essa pessoa estuda, busca formação e adéqua suas atitudes para melhorar a dinâmica de suas ações na vida; desenvolveu e continua desenvolvendo habilidades para utilizar os recursos linguísticos, sejam eles quais forem, para que atuem em seu benefício. Ao conhecer, praticar e treinar a PNL, esse indivíduo desenvolve positivamente suas capacidades de relacionamento intra e interpessoais. Dessa maneira, sua comunicação, seu equilíbrio emocional e seu dinamismo são aperfeiçoados, e ele consegue elaborar estratégias para solucionar diversos problemas, aplicando modelos adequados para cada situação. Suas competências o habilitam a utilizar ferramentas a fim de alcançar seus objetivos, bem como a auxiliar outras pessoas a fazê-lo. Além disso, ele consegue eliminar todos os acessórios desnecessários para seu cérebro, identificando crenças limitantes e transformando-as em potencialidades positivas, de modo a evidenciar um comportamento flexível, que se modula de acordo com a realidade do momento.

Um *practitioner* atua em si e nos outros, fazendo uma espécie de **recondicionamento comportamental**, penetrando na mente, criando situações de reeducação psíquicas e gerando, com isso, harmonia e centralidade. Dessa maneira, são realizadas mudanças para que seja possível atingir qualquer meta. Ao desenvolver e aplicar as técnicas da PNL, o *practitioner* cria um campo mental de desenvolvimento vigoroso para melhoria das relações.

Basicamente, um *practitioner* é um interventor positivo e universal. Ao mesmo tempo que aprende a gerir uma mudança pessoal, pode canalizar isso por meio de outras pessoas e ajudá-las.

Fazendo um paralelo, podemos enxergá-lo como um coaching comportamental, já que, por meio deles:

- livramos nossas fobias;
- aprimoramos nossas qualidades;
- desenvolvemos nossa comunicação;
- e forma positiva de pensar.

Ao invés de focar nos problemas, passamos a trabalhar nas soluções graças a ajuda do trabalho dele. (Constelação Clínica, 2021)

Enfim, o praticante de PNL é um agente de mudanças para sua vida e para todos a quem dedicar seus conhecimentos, reformulando comportamentos, desenvolvendo a percepção sistêmica, sabendo definir claramente seus objetivos com ênfase no resultado e na solução, criando e utilizando modelos de excelência para as mais diversas situações que se apresentam na vida.

Concluímos, assim, mais um capítulo, no qual abordamos tópicos notáveis da PNL, fundamentais para a execução das técnicas e estratégias para atingir resultados de excelência.

Você está pronto para criar modelos que produzam resultados fantásticos e contribuam para melhorar a vida das pessoas? Mesmo que pense que sim, continue estudando e buscando informações: é preciso aprender durante toda a vida.

## Síntese

- A PNL se estrutura para produzir resultados eficientes, que buscam mudar e melhorar a vida das pessoas.
- Resultado, acuidade sensorial e flexibilidade são fundamentais nas técnicas de PNL.

- Formular corretamente os objetivos é essencial para obter resultados de excelência.
- Tony Robbins sugere cinco leis para elaborar objetivos com eficácia.
- Objetivos bem elaborados obedecem a etapas indispensáveis. São elas: positividade, ação individual, demonstração, especificação, recursos, tamanho e estrutura ecológica.
- A estrutura ecológica se ocupa do bem-estar dos envolvidos para a realização de um objetivo.
- A PNL traça uma rota para a obtenção dos resultados e o alcance dos objetivos. Nessa rota, analisamos e partimos do estado atual para o estado desejado, considerando-se também os estados fisiológico e emocional.
- A comunicação na PNL é um conjunto de técnicas e ferramentas de expressão. Por meio dela, são elaboradas as interações e os diálogos necessários para o estabelecimento dos modelos de excelência. Dentro da comunicação, ocorre o processo de escuta ativa e empática.
- Como a PNL se dedica à modelagem de processos e atitudes que produzam resultados excelentes, é preciso estudar e entender os níveis de aprendizagem e as múltiplas inteligências, bem como os níveis neurológicos que concorrem para produzir tais resultados.
- Ao entender e praticar as técnicas e estratégias de PNL, o pesquisador recebe o nome de *practitioner*, que significa "praticante".

# 6 Programação neurolinguística (PNL) como processo de coaching e desenvolvimento de equipes de alta performance

Conteúdos do capítulo:

- Coaching: processos, metodologia e abordagens e elementos.
- Tipos de coaching.
- A programação neurolinguística (PNL) como processo de coaching.
- Equipes de alta performance: características e competências.
- Desenvolvendo equipes de alta performance.
- A liderança nas equipes de alta performance.
- Gestão de equipes de alta performance.

Após o estudo deste capítulo, você será capaz de:

1. definir coaching e suas aplicações;
2. identificar processos, abordagens, metodologias e elementos essenciais do coaching para a aplicação de procedimentos de desenvolvimento de pessoas e equipes;
3. definir as principais características das equipes de alta performance;
4. reconhecer as competências necessárias para a implantação de equipes de alta performance;
5. identificar tipos e funções da liderança na constituição de equipes de alta performance;
6. aplicar processos de gestão de equipes de alta performance.

Nos capítulos anteriores, apresentamos a PNL e seus pressupostos, técnicas e aplicações. Sabemos que se trata de um conjunto de técnicas que podem ser aplicadas em diversas áreas, como na psicologia, nos esportes, na saúde, na educação, e, com toda certeza, em um processo de coaching. Independentemente do estado que se deseje para o coachee, a PNL se aplica a qualquer situação em que seja necessário mudar, aperfeiçoar atitudes e pensamentos e, ainda, transformar comportamentos.

Fobias, travamentos, timidez, dificuldade de concentração e baixa autoestima, entre outras tantas dificuldades que impedem as pessoas de atingirem seus objetivos, podem ser tratados por meio de um processo de coaching, e a PNL é uma poderosa aliada para isso. Aplicar técnicas de PNL em sessões de coaching pode produzir muitas vantagens, trazendo evolução e autoconhecimento para o coachee.

*Coaching* é uma metodologia que viabiliza a potencialização do desempenho individual ou coletivo, buscando tornar o ser humano muito melhor em qualquer área. A esse desempenho chamamos de *alta performance*.

## 6.1 O processo de coaching

O ser humano busca constantemente maneiras para viver melhor, solucionar conflitos internos e externos e expandir sua consciência. Desenvolver o autoconhecimento e as potencialidades individuais para alcançar os mais diversos objetivos impulsiona as pessoas a estudar, aprofundar, conhecer e aplicar técnicas que as auxiliem nessa jornada. Para isso, surgiram os processos de desenvolvimento humano, tanto individual quanto profissional, como o coaching e a formação de equipes de alta performance.

O coaching é definido como uma metodologia que desenvolve competências e habilidades nas pessoas. Para Samuel Magalhães, coach de finanças e fundador do portal *Invista Fácil*, "o coaching nada mais é do que um processo fundamentado em uma série de questionamentos e reflexões no qual um coach (profissional de coaching) auxilia seu coachee (cliente) a descobrir o caminho mais adequado para que ele atinja seus objetivos" (Lubk, 2016, p. 11).

Tais objetivos controlam as mais diversas áreas de nossas vidas: relacionamentos, saúde, finanças, intelecto, profissão, família etc. É o coach que conduzirá o coachee na resolução de uma demanda específica, como conseguir novo emprego, melhorar seu desempenho na empresa ou ter um(a) namorado(a), por exemplo. Durante o processo de coaching, coach e coachee atuarão em parceria para atingir o objetivo traçado (Lubk, 2016).

> **O que é?**
> **Coaching**: "Processo de treinamento que auxilia alguém a praticar um esporte, a fazer melhor um trabalho ou a aperfeiçoar uma habilidade: grandes empresas utilizam sessões de coaching para melhorar o desempenho de seus funcionários. [...] Do inglês *coaching*" (Coaching, 2021).
> **Coach**: "Pessoa cujo trabalho consiste em ajudar uma ou várias pessoas a desenvolver suas habilidades (profissionais ou pessoais). Pessoa especializada que, através de instruções e direcionamentos, busca ajudar uma ou várias pessoas a alcançar um objetivo ou a desenvolver completamente suas habilidades. [...] Do inglês *coach*, 'treinador, instrutor'" (Coach, 2021).
> **Coachee**: "É o cliente do coach. É o termo utilizado para se referir ao indivíduo que está passando pelo processo de coaching" (Coachee, 2021).

São variadas as teorias a respeito da origem do coaching. Não iremos nos debruçar sobre esse assunto, mas vale mencionar brevemente algumas possibilidades. Uma hipótese é de que o termo *coaching* tenha surgido na Hungria, em uma cidade chamada Kocs, entre os séculos XV e XVI. A palavra estava ligada ao transporte, designando uma carruagem com cobertura. Mais tarde, passou a ser associada ao esporte e recebeu o significado de "treinador". Tanto a carruagem quanto o treinador conduzem as pessoas a um lugar ou a um objetivo (Oliveira-Silva et al., 2018).

Quanto às abordagens, há uma diversidade de definições de *coaching*, e muitos questionamentos sobre a transversalidade das perspectivas que tornam o estudo sobre coaching factível.

Ives (2008, citado por Oliveira-Silva et al., 2018) propõe o estudo da essência do coaching partindo de um exame daquilo que as diversas concepções têm em comum. Então, conclui-se que, de modo geral, o coaching diz respeito ao desenvolvimento e à performance dos indivíduos, tendo também como foco principal a conquista de metas definidas com clareza.

Confira no Quadro 6.1 algumas abordagens de coaching.

Quadro 6.1 – **Abordagens do coaching**

| Abordagem | Essência do coaching |
|---|---|
| **Humanista** | "[...] crescimento e mudança do ser humano" (Stober, 2006, p. 17). |
| **Existencial** | [...] baseada nos três princípios da condição humana: necessidade de relacionamento, incerteza e ansiedade existencial. [...] |
| **Ontológica** | [...] baseada no engajamento de três esferas da existência humana – linguagem, emoções e fisiologia (postura corporal) (Sieller, 2014). |
| **Transpessoal** | [...] visa aprimorar a conscientização da dimensão transpessoal da vida e facilitar a experiência de se conectar com os outros de forma a gerar sentimentos de alegria e completude (Rowan, 2014). |
| **Análise transacional** | Abordagem interacional baseada em diversas noções, tais como [...] estados do ego, roteiros de vida e padrões interacionais (Napper & Newton, 2014). |
| **Comportamental** | "O propósito [...] é a mudança de comportamento" (Peterson, 2006, p. 51). |
| **Desenvolvimento adulto** | [...] é sobre ajudar clientes a amadurecer (Ives, 2008). |
| **Cognitivismo** | é [...] sobre o desenvolvimento de pensamentos adaptativos (Ives, 2008). |
| **Orientação para metas** | "[...] orientado para metas e soluções" (Grant, 2006, p. 156). |
| **Psicologia positiva** | "Desviar a atenção do que causa dor para o que energiza e impulsiona as pessoas a seguirem adiante" (Kauffman, 2006, p. 220). |
| **Centrada na pessoa** | Abordagem baseada na tendência das pessoas a desenvolver-se de forma positiva e construtiva quando as condições apropriadas estão presentes (Joseph, 2014). |

*(continua)*

*(Quadro 6.1 – conclusão)*

| Abordagem | Essência do coaching |
|---|---|
| Gestalt | Enfatiza a necessidade da consciência momento-a-momento em relação às experiências, [ao] mundo externo e [a] bloqueios à consciência do indivíduo, ressaltando a importância da experiência subjetiva (Bluckert, 2004). |
| Aprendizagem adulta | Uma abordagem [...] que permite que aprendizes autodirecionados possam refletir e crescer com suas experiências (Ives, 2008). |
| Cognitivo-comportamental | [...] visa à melhora da qualidade do pensamento do indivíduo, com a ajuda de intervenções habilidosas. Enfatiza a importância de identificar metas realistas e facilitar a autoconsciência de barreiras cognitivas e emocionais subjacentes em relação ao alcance de metas (Williams, Palmer & Edgerton, 2014). |
| Neurolinguística | [...] tem como objetivo ajudar os clientes a explorar sua realidade. Através da programação neurolinguística (PNL), é possível identificar padrões que representam a forma pela qual os indivíduos constroem sua realidade, controlando sua experiência interior em vários contextos ambientais (Grimley, 2014). |
| Foco em soluções | Abordagem baseada na premissa de que saber como um problema surgiu não necessariamente indica como resolvê-lo. Visa auxiliar o cliente a definir um estudo futuro desejado e construir uma trilha de pensamento e ação que o conduza a tal estado (Grant & Cavanagh, 2014). |
| Sistêmica | "[...] é uma jornada em busca de padrões" (Cavanagh, 2006, p. 313). |

Fonte: Oliveira-Silva et al., 2018, p. 367.

É importante observar as diferenças mencionadas na literatura a respeito de termos que podem gerar confusão: coaching, *mentoring* e treinamento.

*Mentoring*, de acordo com Oliveira-Silva et al. (2018), é a transmissão de conhecimentos por alguém (mentor) que detém *expertise*, domínio em um tema específico, para outra pessoa com menos conhecimento. Essa atividade não demanda que o mentor seja hábil em técnicas de coaching.

O coaching, por sua vez, é o processo em que o coach (quem conduz) atua como um facilitador do aprendizado do coachee (quem aprende).

Para isso, o coach não precisa ser expert na área do coachee; deve ter experiência para conduzir e facilitar o processo de aprendizagem do coachee e auxiliá-lo no aprimoramento de seu desempenho (Oliveira-Silva et al., 2018).

Por fim, treinamento se trata de um processo determinado, com organização e execução de acordo com as necessidades de uma organização (Grant, 2004, citado por Oliveira-Silva et al., 2018).

## 6.2 Tipos de coaching

São muitas as discussões fomentadas por pesquisadores e profissionais sobre as características dos tipos de coaching, pois há o envolvimento de muitas particularidades, relacionadas especialmente ao tipo de demanda no processo de coaching e à natureza da atuação. Segundo Oliveira-Silva et al. (2018), não existe um consenso sobre as definições, e um dos motivos é a profusão de áreas nas quais o coaching pode ser empregado.

Figura 6.1 – **Coaching**

HowLettery/Shutterstock

Outro motivo pode ser a quantidade de exigências que se apresentam, tanto as mercadológicas quanto as humanas – dada a flexibilidade do coaching, a todo momento surgem novos tipos de aplicação. Para os pesquisadores, isso também contribui para o aumento de dúvidas e questionamentos sobre a validade e credibilidade da aplicação e também para a diversidade de metodologias (Oliveira-Silva et al., 2018).

A seguir, listamos alguns tipos de coaching:

- executivo;
- de vida ou pessoal;
- no trabalho;
- de carreira;
- empresarial ou de negócio;
- de liderança;
- para equipes.

## 6.3 Elementos do coaching

Para desenvolver pessoas por meio do coaching, são necessários dois elementos fundamentais: o coach, profissional que auxilia o cliente e conduz o processo; e o coachee, o cliente que será introduzido a um método específico para o alcance de metas e objetivos (Oliveira-Silva et al., 2018). Para Oliveira-Silva et al. (2018), existe um consenso a respeito da importância da confiança e do vínculo que devem existir entre coach e coachee, pois essa ligação é responsável pela eficácia do processo.

Para desenvolver o processo de coaching, existem alguns elementos essenciais: foco, ação, sentimento/sensação, evolução contínua e resultados. O coaching representa uma metodologia para orientar as ações do coachee (que é o cliente), e tem como objetivo realizar suas metas, seus desejos e suas aspirações. Essa orientação leva em consideração o aprimoramento pessoal e o desenvolvimento de competências socioemocionais do cliente, preparando-o para utilizar ferramentas de conhecimento pessoal, bem como para oportunidades que permitam-lhe expandir-se por meio dos seguintes processos:

- investigação, reflexão e conscientização;
- autorrevelação dos pontos fracos e das qualidades;
- ampliação da consciência de si mesmo;
- potencialização da capacidade de comprometer-se pela própria vida;
- construção de estrutura e foco;
- elaboração de *feedback* realista;
- oferecimento e recebimento de apoio.

A formação essencial para um profissional atuar como coach também é um fator diferencial como elemento do coaching, já que a profissão é exercida por profissionais de diferentes áreas e níveis de escolaridade e não existem exigências específicas para a formação do coach.

Os *backgrounds* mais comuns incluem formação e/ou experiência em administração, negócios, treinamento, desenvolvimento, educação, aconselhamento e psicologia do esporte (Oliveira-Silva et al., 2018).

O que se observa é que, como não há regulamentação para a profissão, não há uma formação acadêmica específica exigida para o exercício do coach; porém, trata-se de um processo multidisciplinar que admite diversas formações.

Conforme Oliveira-Silva et al. (2018), existem posicionamentos bastante críticos sobre como a atividade do coach se organiza, pois muitos não utilizam técnicas cientificamente validadas. Assim, por não haver um padrão de técnicas e um conselho regulamentador, as pessoas podem ficar à mercê de pessoas mal-intencionadas e mal preparadas. Cabe, aqui, uma provocação a todos que buscam uma formação em coaching, a fim de qualificar cada vez mais a categoria e organizar-se para regulamentar a profissão, bem como para realizar trabalhos de cunho científico para atribuir a esse estudo relevância científica.

## Exercício resolvido

Cury (2015) diz que o coach deve ter em mente que ele não é só um treinador: é também um eterno aprendiz. Assim, para que a transformação aconteça e o coachee realmente consiga obter os melhores resultados, é fundamental estabelecer vínculos. Uma relação de confiança entre o coach e o coachee é fator primordial para o sucesso do processo e a manutenção das mudanças implementadas. A respeito do que é um processo de coaching, é correto afirmar:

a) Existem alguns elementos essenciais para o desenvolvimento do coaching. São eles: foco, ação, sentimento/sensação, evolução contínua e resultados.
b) Não há necessidade de formação para atuar como coach. Essa formação é intuitiva, já que a profissão é exercida por profissionais de diferentes áreas e níveis de escolaridade.

c) O coaching é uma metodologia para orientar ações do coach e tem como objetivo treinar metas e desejos. É exclusivamente direcionado ao desenvolvimento profissional.
d) Um coach precisa ser *expert*, ou seja, deve conhecer profundamente a área do coachee. Ele precisa também ter experiência para conduzir e facilitar o processo de aprendizagem do coachee.

Gabarito: a

*Feedback* **do exercício**: Foco, ação, sentimento/sensação, evolução contínua e resultados são elementos do coaching. É necessário que o coach tenha uma formação específica para atuar como tal, seja qual for a sua área; afinal, o coach orienta o coachee e pode direcioná-lo a qualquer segmento (profissional, pessoal ou de outros âmbitos). O coach não precisa dominar a área do cliente, mas ter experiência para conduzir o cliente em seu processo de aprendizagem.

Pode-se constatar que a prática do coaching é relativamente recente, não apenas no Brasil, mas no mundo inteiro. Em virtude disso, traz muitos desafios que são característicos de qualquer campo emergente.

## 6.4 Coaching com PNL

Aplicar PNL em processos de coaching significa conduzir uma mudança de dentro para fora, identificando comportamentos verbais e não verbais e buscando ajudar as pessoas com base na construção de novos modelos de atitudes.

O coach assume um compromisso de conduzir uma pessoa ou grupo para alcançar determinado resultado, como já explicamos. Para a PNL, o mais importante é o resultado, é saber priorizar a solução e não o problema. Além disso, o coach precisa ter consciência de que seu modelo para atingir determinados resultados pode não ser o modelo ideal para seu coachee, já que cada indivíduo tem suas peculiaridades, características e metas específicas.

Os grandes heróis de nossa cultura, ao trilharem suas jornadas, tinham alguém em quem se apoiar – um mestre, um amigo que exercia este papel: Rei Arthur e Merlin, Pinóquio e Grilo Falante, Virgílio e Dante, Luke Skywalker e Yoda.

Coaching é um processo de alto impacto na produtividade. Mentoring ajuda no aprendizado e crescimento individual e da equipe. Ambos criam o ambiente que Peter Senge chama de organizações que aprendem, criando vínculos entre as pessoas, compromisso com resultados e com autodesenvolvimento. (Cury, 2021)

Muitas técnicas e ferramentas de coaching têm como base a PNL. Observe alguns conhecimentos utilizados pelos coaches que fazem parte dessa técnica:

- pressupostos básicos da PNL;
- canais representacionais: visual, auditivo e cinestésico;
- modalidades e submodalidades;
- metáforas;
- ressignificação;
- formulação de objetivos: transformando sonhos em realidade;
- reestruturação em seis passos (método de Robbins).

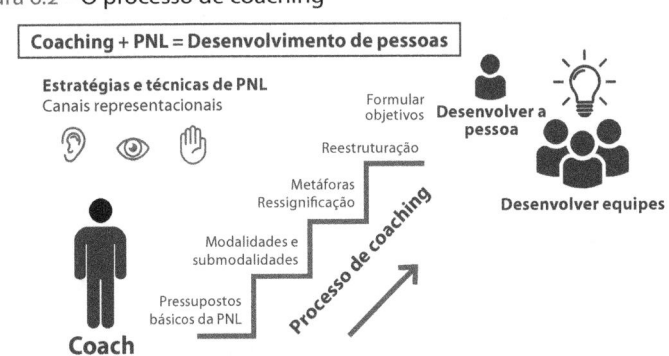

Figura 6.2 – O processo de coaching

Podemos afirmar que a maioria das pessoas que desenvolve uma formação como *practitioner* se intitula *coach*, embora muitos o façam apenas para um desenvolvimento individual e pessoal, sem que usem suas competências para desenvolver outras pessoas, que é a prática de coaching.

## 6.5 Competências de alta performance

A vida atual, repleta de situações competitivas, aliada a um desejo humano de viver melhor e conquistar objetivos nas mais diversas áreas, praticamente obrigou os profissionais que se dedicam ao estudo e à prática de teorias e técnicas para conduzir as pessoas ao que chamamos *alta performance* a experimentarem e implantarem procedimentos que permitam alcançar esse estado. Salientamos que, apesar de se tratar de uma busca da modernidade, o homem sempre perseguiu esses ideais. O que notamos é que, por inúmeros fatores, essa busca tornou-se bastante difundida, gerando possibilidades para profissionais e negócios.

Tanto as práticas de coaching quanto a PNL e as técnicas e teorias de desenvolvimento de alta performance são temas cuja discussão é recente, visto que começaram a partir da metade do século XX. Por essa razão, há uma carência de documentos teórico-científicos sobre o tema. A literatura existente a esse respeito, embora abundante, não apresenta bases científicas. Porém, é importante ressaltar que é por meio da prática e da comprovação de resultados que se consolidam as práticas científicas. Sendo assim, você, com seus estudos, está no caminho certo para erguer alicerces sólidos com relação à PNL e ao coaching.

Sobre os registros na literatura, há diversos livros e *sites* de organizações e profissionais consagrados que podem oferecer orientações bastante relevantes. Abordaremos, mais adiante, o desenvolvimento de equipes de alta performance. No entanto, antes das equipes, vejamos como é possível obter um procedimento de alta performance individualmente (Febracis, 2021):

- **Definir metas claras e progressivas**: Saber onde se quer chegar, começando com uma meta menor e, à medida que esta é alcançada, traça-se outra com mais complexidade, e assim por diante.
- **Planejar sempre**: Planejamento é um dos pilares da alta performance. Portanto, é preciso buscar as melhores possibilidades de agenda, de acordo com o perfil de cada pessoa.
- **Cuidar do corpo físico**: O corpo é o templo. Logo, para desenvolver alta performance, é preciso estabelecer uma rotina para manter-se alerta e com bom funcionamento do corpo. Exercícios e alimentação são pontos que merecem atenção.

- **Gerenciar o tempo:** Aprender a gerenciar o tempo é fundamental. Por isso, deve haver um planejamento para saber o que e quando algo precisa ser feito.
- **Considerar o *feedback* como uma ferramenta de crescimento:** Compreender que não existe o *feedback* negativo.
- **Cultivar o foco e ter uma produtividade dinâmica:** Produzir com eficácia, eliminar distrações e valorizar a produtividade.
- **Fazer o que é importante e não o que é urgente:** Não se deve deixar as coisas importantes para depois. Assim, mesmo que existam tarefas urgentes, dê prioridade a elas por importância, e não por urgência.
- **Ter autocontrole:** É preciso saber dizer não – para os outros e para si mesmo. Muitas vezes, para atingir uma meta, é preciso dizer não aos possíveis desvios do caminho.
- **Ser um perito naquilo que se faz:** O perito é um *expert* naquilo que faz. Portanto, não importa qual é a atividade, é preciso especializar-se e ter o hábito de continuar aprendendo sempre.
- **Ter práticas para atingir todos esses pressupostos:** Buscar todos os recursos possíveis para se manter em nível de alta performance. Cursos, leituras, seminários, trocas de experiências, experimentos novos, tudo sempre é bem-vindo para manter o estado de excelência.

Ao iniciarmos o tópico, dissemos que se tratava de procedimentos para um indivíduo tornar-se uma pessoa de alta performance. Observe que muitos desses procedimentos são também aplicáveis aos grupos. Além disso, um indivíduo com alta performance com certeza buscará atingir um nível de excelência nas equipes onde estiver atuando.

## 6.6 Equipes de alta performance

Desenvolver equipes de alta performance nas organizações tornou-se uma prioridade no mundo dos negócios, embora surjam muitas divergências e questionamentos tanto para colaboradores quanto para gestores.

O que é uma equipe de alta performance e como ela pode auxiliar um negócio a prosperar?

Equipes que apresentam um desempenho excelente se destacam na competitividade de empresas. No entanto, é necessário um padrão de excelência nos serviços e produtos entregues.

> **Para saber mais**
>
> O técnico de vôlei Bernardo Rezende, conhecido como Bernardinho, falou em um TEDx sobre como estabelecer a cultura da excelência nas equipes. É fundamental conhecer as premissas e impressões sobre como atingir objetivos para liderar equipes.
>
> Na palestra mostrada no vídeo a seguir, Bernardinho discorre sobre como buscou a excelência durante sua carreira e como perseverar está na essência do sucesso.
>
> REZENDE, B. Estabelecendo a cultura da excelência. **TEDx Talks**, 23 jul. 2019. 18 min. Disponível em: <https://youtu.be/j5e-56_X000>. Acesso em: 6 maio 2021.

### 6.6.1 O que são equipes de alta performance e quais são suas características?

Equipes de alta performance são aquelas que apresentam altas competências e se comprometem com as atividades e a empresa como um todo.

> As equipes de alta performance destacam-se nas organizações pois apresentam características diferenciais como: flexibilidade, alta produtividade, conhecimento organizacional e esforços conjuntos. Embora, estes aspectos sejam necessários em qualquer equipe, somente as de alta performance conseguem atingi-los de maneira satisfatória na obtenção da maioria dos resultados organizacionais. (Dreher et al., 2021, p. 1)

Os colaboradores de uma equipe de alta performance conhecem e compartilham visão, valores e objetivos, além de saberem distinguir as habilidades, os saberes e as competências individuais, buscando unir tudo isso em um conjunto que contribui para atingir os melhores resultados. Por meio de metas definidas e espírito colaborativo, empenham-se na motivação constante para criar e manter rumos bastante produtivos.

Equipes de alta performance apresentam características bastante peculiares e necessitam de desenvolvimento, potencialização e excelência – lembrando que esse é um processo contínuo, pois uma equipe precisa de atualização e realimentação constante.

São características das equipes de alta performance:

- **Liderança:** É a capacidade que um indivíduo detém de conduzir um grupo. Em uma equipe de alta performance, é necessário que haja uma pessoa com liderança estabelecida para que o grupo saiba a quem se dirigir e buscar apoio nas decisões. Um líder deve estar presente nas rotinas de trabalho, motivando, influenciando e sempre incentivando seus liderados.
- **Autogerenciamento:** Se falamos em líder, como, logo após isso, falamos em autogerenciamento? Isso não é contraditório? A resposta é não. Dentro de uma equipe de alta performance, cada participante é responsável pelo seu processo e por suas atividades, e deve gerenciá-las para que o todo possa fluir.
- **Multidisciplinaridade:** Para que exista a excelência, são necessários diversos saberes e olhares. Se todos forem especialistas na mesma coisa, não há troca de informações. Portanto, para que haja multidisciplinaridade, é importante que uma equipe tenha especialistas de diversas áreas. Assim, cada um emite seu parecer e, ao compartilhar esses pareceres, surgem ideias e soluções diferentes e inovadoras.
- **Antecipação:** Trata-se de olhar sempre para o futuro, projetar os resultados e estar atento às tendências. Essa conduta evita problemas e situações que podem comprometer o desempenho do grupo.
- **Comunicação assertiva:** É importante saber se comunicar. As equipes de alta performance fazem isso com excelência, pois seus membros têm consciência de que uma comunicação eficaz e eficiente causa impacto nos resultados. Para que isso aconteça, devem ser realizadas reuniões periódicas, com trocas de experiências, alinhamentos e realinhamentos, compartilhamento de *feedbacks* e valorização da comunicação interna.
- **Colaboração:** Tudo aquilo que se realiza com colaboração e cooperação tem grandes chances de ser muito bem-sucedido. Isso vale totalmente para as equipes de alta performance. Os membros não devem se concentrar apenas em suas tarefas, mas também em colaborar com todos para, assim, conseguirem entregas consistentes.

- **Autonomia:** É a chave para a alta performance. Isso porque, nas atividades diárias e em momentos cruciais, o grupo deve ser capaz de tomar as próprias decisões, sendo assertivo com base no princípio da colaboração.
- **Diversidade:** A diversidade não se refere apenas à técnica, mas também à diversidade cultural, social e de gênero. Isso auxilia equipes a se tornarem aptas a lidarem em cenários diversos.

Pela diversidade, pode-se enxergar soluções novas e antecipar impasses que possam surgir no desenvolvimento de projetos.

> **Para saber mais**
>
> Como desenvolver lideranças para melhorar a performance das equipes? Neste TEDx, Ricardo Cerqueira apresenta reflexões indispensáveis a quem busca desenvolvimento pessoal ou quer ajudar pessoas a se desenvolverem. Aspectos como otimismo, pessimismo, liderança e melhoria da performance são apresentados por ele.
>
> Ricardo Cerqueira é diretor da GP Master Consultoria, associado-fundador do Instituto de Assessoria para o Desenvolvimento Humano (IADH), consultor credenciado do Sebrae e coach com formação pelo Integrated Coaching Institute (ICI), certificado pelo International Coach Federation (ICF). Além disso, atua como facilitador de processos de desenvolvimento e como colaborador de ONGs, empresas privadas e governamentais.
>
> CERQUEIRA, C. Liderança local e alta performance. **TEDx Talks**, 16 jan. 2018. 15 min. Disponível em: <https://youtu.be/KSwiHqqtC-Q>. Acesso em: 6 maio 2021.

Resumindo as considerações já feitas, podemos afirmar que as equipes se encontram em seu melhor desempenho quando:

- suas ações estão alicerçadas em uma visão conjunta e em um forte senso de propósito para tornar sua visão palpável;
- desenvolvem suas relações utilizando uma comunicação aberta e confiança;
- o respeito mútuo entre seus membros é fortalecido;
- compartilham a liderança, denotam eficácia em seus procedimentos de trabalho e exploram as diferenças individuais. Tudo isso para criar e inovar.

## 6.7 A importância da liderança para as equipes de alta performance

O coach Amarílio Silva oferece excelentes orientações sobre como ser um líder inspirador para suas equipes. Observe, a seguir, algumas de suas dicas.

Nos momentos mais desafiantes em que precisa motivar a sua equipe é importante a valorização de cada membro dela, agradecendo por tudo que eles fizeram, valorizando as conquistas, deixando bem claro a importância de cada um.

Assuma atitudes e responsabilidades para o progresso próprio e coletivo. Não adianta você pensar só no seu setor, na sua equipe, é preciso pensar na organização como um todo. Se o seu setor é fundamental para o desenvolvimento da empresa, pense em como você pode criar uma integração entre os setores de forma que todos sejam fortes, parceiros, trabalhando como equipe, onde um apoia o outro, criando uma harmonia entre os setores dentro da organização. (Silva, 2016)

Existem diversas definições de *liderança*. A depender do contexto, da área de atuação ou da situação, os conceitos se constituem com base em visões diferentes. No entanto, a principal definição está ligada à habilidade de influenciar a comunicação, a integridade, a visão ou o serviço (Silva et al., 2011). Segundo Maxwell (2008, p. 15, citado por Silva et al., 2011), a liderança se resume apenas ao processo de exercer influência. De forma bastante simplificada, trata-se exatamente disto: influenciar pessoas.

### Exercício resolvido

A competitividade nas empresas, a necessidade de se destacar no mercado e a satisfação pessoal e profissional fizeram com que as pessoas buscassem alternativas para se desenvolver e crescer. Assim, empresários e gestores perceberam que, por meio de ferramentas e técnicas específicas, é possível transformar grupos de trabalho em equipes de alta performance. Essa percepção trouxe uma nova visão para as empresas e proporcionou

a possibilidade de grandes realizações. A respeito das características das equipes de alta performance, é correto afirmar:
a) As características de equipes de alta performance podem ser determinadas pelos membros das próprias equipes, de acordo com suas necessidades e as necessidades das empresas.
b) Equipes de alta performance contam com características muito específicas e que necessitam ser desenvolvidas. São elas: liderança, autonomia, diversidade, colaboração, multidisciplinaridade, antecipação, comunicação assertiva e autogerenciamento.
c) Autonomia e liderança são as únicas características essenciais para as equipes de alta performance. Para desenvolvê-las, as empresas buscam treinamentos e formações específicas.
d) Não há necessidade de se desenvolver a colaboração e a comunicação assertiva nas empresas, pois essas características devem ser inatas aos colaboradores e eles mesmos devem se desenvolver.

Gabarito: b

*Feedback* do exercício: Não é possível determinar especificamente as características de uma equipe de alta performance, embora as seguintes características devam ser desenvolvidas em todas as equipes: liderança, autonomia, diversidade, colaboração, multidisciplinaridade, antecipação, comunicação assertiva e autogerenciamento.

---

Em *O monge e o executivo* (Hunter, 1989), *best-seller* que ensina a como ser um líder, encontra-se a seguinte definição de liderança: "É a habilidade de influenciar pessoas para trabalharem entusiasticamente visando atingir os objetivos identificados para o bem comum" (Hunter, 2004, p. 25).

O conceito de Hunter (2004) extrapola o papel do líder que busca resultados. Segundo o autor, por meio do trabalho em equipe, o líder deve colocar em prática sua habilidade de influenciar o grupo, a fim de alcançar os objetivos pretendidos. Essa habilidade está relacionada às características desenvolvidas pelo indivíduo ao longo de sua trajetória, que conduziram à aquisição do *know-how* de líder. Porém, o mais importante nesse processo é a maneira como o líder exerce sua influência.

Retornemos, então, a um princípio que permeia toda e qualquer ação humana: a comunicação. Segundo Silva et al. (2011), é por meio de uma comunicação eficaz que o líder influencia seus liderados para atingir objetivos organizacionais. Nada se efetiva se não houver comunicação e diálogo. O entendimento só acontece por intermédio da comunicação, seja ela verbal, seja ela cinestésica.

Continuemos com os pressupostos de Silva et al. (2011) sobre integridade, visão e serviço na liderança. A integridade é outro valor de um líder. É por meio dessa característica que ele poderá conquistar credibilidade e confiança e exercer influência, pois ela proporciona uma relação sincera e verdadeira.

Outro fator preponderante para o líder é o serviço, pois ele tem de atender às necessidades expressas pela equipe, acompanhando seu desenvolvimento e o de cada membro, com a construção de relacionamentos e obtenção de resultados (Silva et al., 2011).

Quando uma relação sólida é estabelecida entre líder e liderados, é possível a formulação de um objetivo mais ambicioso para a equipe. Surge, então, a visão, que se dedica à construção de um futuro promissor (Silva et al., 2011).

Quando Silva (2016) menciona "pessoas de atitude" nas organizações, refere-se às competências necessárias para uma carreira de sucesso como um líder inspirador. Para o autor, isso ocorre mediante a incorporação da ética como parte de sua vida, o estudo constante – lembre-se do conceito *lifelong learning* ou "educação ao longo da vida" –, a elevação de expectativas e o aumento da produtividade, o agradecimento a todos que participarem de suas conquistas, a ampliação dos relacionamentos profissionais e o cultivo de mestres e amigos vencedores, além de ter metas claras e definidas, compartilhando decisões com a equipe (Silva, 2016).

Para Silva (2016, p. 22), ao desenvolver essas habilidades, cria-se

> um poder pessoal contagiando e motivando toda equipe, passando uma atitude positiva e desenvolvendo a autoconfiança, autocontrole e autonomia. A partir do momento que você souber lidar com as adversidades e estiver preparado para liderar, construirá uma equipe forte e vencedora com resultados extraordinários.

Essas são algumas considerações importantes sobre liderança e equipes de alta performance – algumas porque sempre é possível acrescentar pontos positivos a um tema tão relevante. São princípios básicos para os quais um líder comprometido conseguirá criar desdobramentos que aumentem ainda mais sua performance e a de sua equipe.

### 6.7.1 O líder e a construção dos resultados

O líder exerce um importante papel para a construção dos resultados nas organizações, já que ele orienta, treina e avalia a equipe no seu desempenho, acompanhando o desenvolvimento dos objetivos e das pessoas. Assim, exerce sua influência desde os primeiros passos da equipe e, mais adiante, quando se atinge um patamar de alta performance. O líder, então, passa de influenciador a facilitador, compartilhando responsabilidades e decisões. Falamos, aqui, de um processo de empoderamento (*empowerment*).

Quando uma equipe começa a se desenvolver, ela necessita do líder coach, o treinador, responsável pelo seu desenvolvimento para que alcance os resultados estabelecidos pela organização. Dessa forma, o coach estabelecerá com a equipe uma relação de aprendizagem e desenvolvimento, que pode ajudar na realização de uma mudança de ângulos desfavoráveis do desempenho ou na aquisição de novas competências e objetivos importantes para o grupo ou a organização.

O líder desenvolve os potenciais de seus liderados sabendo que tal atitude só trará benefícios. Ele estabelece as metas e os objetivos necessários para um desempenho de excelência. Além disso, de acordo com as características da equipe, o líder busca ferramentas para desenvolver tanto o grupo quanto as pessoas individualmente, a fim de que adquiram uma identidade e tenham competências e habilidades para atingir os melhores resultados.

Ao desenvolver uma equipe de alta performance, o líder coach, junto com ela, conduzirá a empresa ao alcance mais célere de resultados consistentes. Esses resultados podem ser expressos por meio de lucro e retorno financeiro ou pela satisfação dos clientes.

### 6.7.2 Liderança compartilhada

Ao falar em *liderança*, é comum se abordar o princípio do "manda quem pode; obedece quem tem juízo". Você pode ter ouvido isso de seus avós, mas ainda nos dias de hoje existem pessoas que acreditam nesse ditado popular.

Os tempos mudaram e, quando falamos em liderança e em equipes de alta performance, temos de considerar que o modelo de liderança compartilhada pode, com toda certeza, gerar inúmeros benefícios para a equipe e a empresa.

Na seção anterior, apresentamos as características de um bom líder para conduzir uma equipe ao alto desempenho. Mesmo falando em *líder*, destacamos a necessidade de compartilhamento, cooperação e flexibilidade. O modelo de liderança compartilhada mantém essas características, mas elas são delegadas e distribuídas aos membros de toda a equipe.

### Exemplificando

Você chega a uma empresa para uma visita de trabalho. Ela conta com um sistema de hierarquias bem definido. Então, você é recebido por alguém de muita importância e com um cargo superior no setor que está visitando. Trata-se de um gerente, supervisor, um chefe.

Organizações com esse modelo de gestão estão estruturadas em uma hierarquia. Por meio desse sistema, são estabelecidos os departamentos, as equipes e os dirigentes de cada uma delas e seus líderes.

Esse modelo se expressa nas organizações que têm a convicção ou o costume de ter um gestor, gerente ou líder para conduzir uma equipe. Esse hábito está fundamentado no pressuposto de que não é viável alcançar o sucesso e resultados satisfatórios sem um comandante.

No entanto, existem outros modelos que vêm sendo implantados com êxito. Conheça essa forma de gestão e veja como as organizações estão adequando seus costumes e aprimorando o conceito mais antigo de liderança para esse novo sistema, chamado *liderança compartilhada*.

Na liderança compartilhada, não há a necessidade de um líder que gerencia uma equipe, mas de uma equipe formada por líderes que coordenam a si próprios. São colaboradores que desfrutam da oportunidade de crescer e aprender trabalhando juntos, podendo se tornar mais competentes por meio de experiências extraordinárias. Uma liderança compartilhada permite a vivência de colaboração, na qual existe a coordenação e o gerenciamento das próprias tarefas sem que haja a necessidade da figura de uma única pessoa como líder. O princípio é a ausência de hierarquia e a presença de um trabalho colaborativo.

> Para que um sistema de liderança colaborativo seja implantado, é necessário que se estabeleça um diálogo extenso, criterioso e consciente. No caso de uma organização já constituída, serão necessários diversos encontros para conhecimento e apropriação do conceito, discussões com *feedbacks* e uma implantação gradual. Em se tratando de uma empresa a ser criada, também são necessárias muitas discussões, pois, na maioria das vezes, as pessoas esperam que alguém guie os processos. Assim, é fundamental que se tenha o modelo muito bem delineado. Seja qual for a situação, é preciso lembrar que se trata de uma mudança de *mindset* (mentalidade) por parte dos integrantes das organizações.
>
> Todas as atividades e tarefas desempenhadas pelo líder de um modelo convencional são igualmente desempenhadas na liderança compartilhada. O acompanhamento das metas e dos objetivos, por exemplo, que é fundamental para mensurar os resultados, continua sendo executado e pode, com isso, ser potencializado em virtude de vários olhares que o estudarão. Tanto o modelo de liderança convencional quanto o de liderança compartilhada, quando bem entendidos e aplicados, podem conduzir equipes de trabalho a uma alta performance.

## 6.8 Desenvolvimento de equipes de alta performance

O processo de desenvolvimento de equipes é dinâmico. Quase sempre as equipes se encontram em um modo contínuo de transformação. No entanto, mesmo sem alcançar estabilidade permanente, elas apresentam um padrão que indica sua evolução. Segundo Dreher et al. (2021, p. 4, grifo nosso), Robbins e Decenzo definem cinco estágios que são evidenciados no desenvolvimento de equipes, a saber:

> **formação** (caracterizado pela incerteza sobre o propósito, estrutura e liderança); **tormenta** (é o conflito inicial entre os membros do grupo); **normalização** (estágio onde se desenvolvem os relacionamentos e os membros passam a demonstrar coesão); **desempenho** (a estrutura é completamente funcional e aceita pelos integrantes. Suas energias [...] para querer conhecer e entender uns aos outros são focadas para o desempenho das tarefas); **interrupção** (nesse estágio, ao término do trabalho ou projeto a equipe é preparada para sua dispersão).

Esse processo de desenvolvimento de equipes, segundo Guerra (2002, citado por Dreher et al., 2021), é um recurso para desenvolver novos valores, atitudes e formas de atuação, e pode ser aplicado tanto em equipes já constituídas que necessitam de aprimoramento para funcionar e produzir quanto em novas equipes que buscam atender demandas urgentes em uma empresa.

O desenvolvimento de equipes pode atuar como um programa direcionado a grupos correlatos que precisam reunir energias para solucionar problemas e melhorar procedimentos da organização. Para tal, é imprescindível aperfeiçoar e inovar conhecimentos e técnicas de dinâmicas de grupo e de desenvolvimento interpessoal, tudo de acordo com o contexto da empresa.

As práticas e os conceitos aplicados são variados e proporcionam a análise da eficiência e dos estilos de desempenho do grupo pelos próprios integrantes. Servem, ainda, como prática de diagnóstico organizacional e de implantação de metas. Com isso, é possível promover a ampliação dos laços afetivos de um grupo a fim de que consiga trabalhar de forma colaborativa para a obtenção dos resultados.

Quanto ao treinamento e ao desenvolvimento para a alta performance, é necessário ter em mente que eles devem ser sistemáticos e formados com base em quatro elementos:

> **indução e socialização** (acelerar o aprendizado cultural e transmitir a mensagem de que realmente se importam com o funcionário e estão fazendo o possível para assegurar o seu sucesso na organização); **trabalho conjunto** (embora a empresa tenha alguns membros brilhantes que queiram trabalhar sozinhos, a empresa deverá mostrar a eles que o trabalho em equipe certamente é o meio mais eficaz e produtivo de efetuar o trabalho); **feedback e instrução em tempo real** (o feedback e a instrução oferecidos as pessoas devem ser criteriosos, proveitosos e em tempo real); **acompanhamento responsável** (é um acompanhamento sistemático e está relacionado com o feedback recebido). (Dreher et al., 2021, p. 6, grifo nosso)

Assim, implantar um processo de desenvolvimento para equipes de alta performance é uma tarefa bastante complexa e um dos maiores desafios enfrentados pelas organizações e suas lideranças. Para isso, sempre é importante lançar mão de recursos e ferramentas de diversas áreas. Lembre-se de todo o aprendizado que desenvolvemos com a PNL, que pode ser fundamental na hora de montar um treinamento para sua equipe, por exemplo, e também quando você estiver se preparando para preparar.

A seguir, elencamos mais alguns pontos indispensáveis aos procedimentos de uma equipe de alta performance.

### Elaborar metas desafiadoras

As equipes precisam ser desafiadas e incentivadas a perseguir os resultados propostos, tendo certeza de que seus esforços terão bons resultados. Metas desafiadoras não admitem inércia e impulsionam os membros de uma equipe.

> **Perguntas e respostas**
>
> **De que forma é possível elaborar metas desafiadoras?**
> Definir metas desafiadoras é fundamental para promover de modo saudável a competitividade da empresa e entre os colaboradores. Algumas dicas para elaborar essas metas são: observar a realidade atual da empresa; conhecer os pontos fortes e fracos das equipes; levar em conta o planejamento estratégico da empresa; estabelecer metas que estejam conectadas com as emoções dos colaboradores; observar a materialidade das metas; verificar a relevância e a importância dessas metas; e certificar-se de que o nível de dificuldade das metas é razoável.

### Aprimorar a comunicação interna

Comunicação é um "ato que envolve a transmissão e a recepção de mensagens entre o transmissor e o receptor, através da linguagem oral, escrita ou gestual, por meio de sistemas convencionados de signos e símbolos" (Comunicação, 2021). Essa definição pode ser transposta literalmente para o mundo corporativo.

Esse é um item muito controverso nas empresas e de difícil consenso, pois é de conhecimento geral que há muitas dificuldades na comunicação interna das empresas. Existem algumas providências que podem otimizar esse processo, como padronizar os processos de comunicação, usar novas tecnologias e ferramentas (intranet, redes sociais corporativas, *software* de RH, *e-mail*, mural etc.), aplicar a cultura organizacional, valorizar as ações dos colaboradores, estabelecer um lugar para divulgar as informações e tornar as informações acessíveis.

### Estabelecer uma política de recompensas

Um sistema de recompensa é formado pela implantação de instrumentos alinhados com os objetivos das organizações, que definem inúmeras maneiras de recompensar seus colaboradores em virtude dos resultados produzidos na empresa por meio de seu desempenho profissional. Eles servem para reforçar a motivação e a produtividade de cada colaborador e também para nivelar comportamentos e atitudes de acordo com os objetivos estabelecidos pela organização.

Um sistema de recompensa tem diversas vantagens, como a retenção de funcionários, o aumento da produtividade pela satisfação e profissionais que buscam qualificação. "**Além de oferecer recompensas temporárias**, como viagens e bônus, a organização também deve oferecer recompensas de longo prazo, como progressão de carreira de acordo com o desempenho profissional" (Up Brasil, 2018, grifo do original).

### Definir e realizar o acompanhamento dos indicadores de desempenho

Só se consegue melhorar aquilo cuja situação é conhecida. Não é possível melhorar um desempenho que não se consegue mensurar. Os indicadores de desempenho, como o nome diz, são ferramentas que medem o desempenho em uma empresa. São divididos em dois grandes grupos: os indicadores estratégicos e os indicadores de qualidade. Por meio de metodologias de análise desses indicadores, é possível definir novas metas, realinhá-las, reestruturar setores, planejar treinamentos e, dessa forma, atingir a excelência das equipes de alta performance.

### Desenvolver as competências dos colaboradores por meio de treinamentos

É importante realizar sondagens diagnósticas para detectar a necessidade de aprimoramento de seus colaboradores. Existem diversas competências necessárias às organizações que podem não fazer parte do portfólio dos colaboradores. Isso também varia de acordo com cada organização. Uma empresa de pequeno porte, por exemplo, pode precisar desenvolver em sua equipe competências relacionadas ao uso da tecnologia, enquanto uma empresa de grande porte pode precisar desenvolver competências de domínio de uma língua estrangeira. Por isso, é importante o diagnóstico para ser assertivo nos treinamentos.

> **O que é?**
> *Competência* é a reunião de conhecimentos, habilidades, atitudes e comportamentos que, mobilizados por uma pessoa, possibilitam desempenhar com eficácia determinadas tarefas. Ser competente é saber usar todos esses saberes para realizar determinada ação. O conjunto dessas habilidades ficou conhecido como CHA: **conhecimento** (domínio intelectual, conhecimento, informação), **habilidade** (capacidade de saber fazer) e **atitude** (capacidade de agir, de comportar-se, de tomar decisões).

### Desenvolver lideranças de alta performance

Já falamos sobre liderança e sobre os benefícios que um líder inspirador proporciona a uma equipe e, consequentemente, a uma empresa.

Augusto Cury, coach, psiquiatra, psicoterapeuta e escritor, aborda a formação de líderes como mentes empreendedoras e inovadoras. Ele argumenta que, para desenvolver uma mente empreendedora e criativa, é preciso iniciar um processo de observação detalhado e intenso – ele precisa ser multifocal, multiangular e deve depender de um olhar amplo dirigido à multiplicidade de focos, ângulos e lados (Cury, 2015). É preciso conseguir interpretar sem a influência de tendências. Para o autor, um líder empreendedor e inovador observa muito e fala pouco, bem como não tem a necessidade compulsiva de ser o centro das atenções. Para desenvolver equipes de alta performance, é necessário buscar e aplicar mais a sabedoria do que a inteligência. "Os inteligentes aprendem com os seus erros, os sábios aprendem com os erros dos outros" (Cury, 2015, p. 136).

Equipes de alta performance possibilitam diversos benefícios e vantagens às empresas. À medida que as características são desenvolvidas, as organizações podem contar com equipes que evidenciam:

1. Maior maturidade
2. Aumento da competitividade
3. Visão mais estratégica
4. Mais autonomia
5. Fortalecimento das lideranças
6. Aumento dos lucros
7. Melhoria contínua de processos, produtos e serviços
8. Diminuição da taxa de turn over
9. Gestão mais consistente
10. Aumento da produtividade (O que..., 2018)

Pesquisas indicam que indivíduos que atuam em equipe são mais produtivos, realizam tarefas com qualidade superior, expressam maior satisfação com o trabalho e, consequentemente, tornam os clientes mais satisfeitos. A excelência dos resultados de uma empresa acontece quando suas equipes de trabalho evidenciam os seguintes comportamentos: realizam as tarefas corretamente de primeira; acarretam lucratividade e crescimento para a empresa; antecipam-se às necessidades dos clientes; planejam e gerenciam as mudanças; demonstram espírito de equipe, com participação efetiva dos colaboradores; comprometem-se, evidentemente, com os objetivos da organização.

Quando nos referimos às "equipes de trabalho", temos consciência de que existem equipes que realizam suas entregas da forma esperada, no prazo estabelecido e com qualidade de acordo com o padrão. Entretanto, existem equipes que atuam com paixão, surpreendem, vão muito além do padrão e do que foi estabelecido. Essas são as equipes de alta performance ou alto desempenho. Elas são o sonho de todo o gestor.

Já apresentamos várias "dicas" de como implementar equipes de sucesso, como utilizar os conhecimentos de coaching e a PNL para potencializar as competências individuais e coletivas. O consultor Ricardo Tocha (2021) apresenta algumas sugestões relevantes para formar equipes de alto desempenho, conforme demonstra a Figura 6.3.

Figura 6.3 – Montando equipes de alta performance

#1ª Dica: Escolha as melhores pessoas
Os melhores membros da sua equipe não são aqueles que detêm conhecimento técnico. Os melhores profissionais são aqueles que se envolvem com o propósito e gostam de desafios.

Você precisa equilibrar a contratação de profissionais experientes e com conhecimento técnico, com pessoas que estão muito interessadas em aprender e realizar coisas grandes. A mescla de especialistas com profissionais mais juniors pode ser uma boa escolha.

#2ª Dica: Desperte a paixão
Uma equipe de alto desempenho só existe quando os membros são apaixonados pelo que fazem. Como conseguir isso? Há algumas **atitudes de liderança** que podem ajudar:
- mostre o objetivo e engaje o grupo, faça-o acreditar no propósito e lutar para alcançá-lo;
- estabeleça metas que as pessoas acreditem ser grandiosas, atingíveis e desafiadoras;
- estabeleça estratégias para todas as missões e mostre-as para todos os membros. Lembre-se: missões sem estratégias são apenas aventuras, não têm alma!

#3ª Dica: Estabeleça condições de autonomia e responsabilidade
A criação de equipes de alta performance deve estar sempre alinhada à **gestão estratégica da empresa**. Em outras palavras: a empresa deve estar preparada para fornecer autonomia e responsabilidade aos membros das equipes.

Crie mecanismos e tenha atitudes que demonstrem aos membros da sua equipe que as ideias e a colaboração são fundamentais. Como líder, não reprima as falhas, fale em lições aprendidas, evite que os profissionais tenham medo de se arriscar.

#4ª Dica: Seja um líder inspirador
Liderança é inspiração, é exemplo, é facilitação. Para ser um líder inspirador é preciso fazer o seu melhor e conseguir que as pessoas deem o seu melhor. Saber ouvir, aceitar sugestões, delegar com simpatia e real interesse no envolvimento também são atributos dos líderes inspiradores.

Um líder inspirador consegue manter sua equipe em constante motivação sem sobrecarregar, sem fazer cobranças desnecessárias, dando autonomia e confiando na maneira das pessoas realizarem suas atividades. A palavra é inteligência emocional!

#5ª Dica: Invista em comunicação interna
Todos precisam saber para onde vão, como podem chegar lá e estar em constante ciência de qual altura do caminho estão percorrendo. Então, **a comunicação interna é fundamental**.

Estabeleça uma comunicação periódica pessoal, por meio de reuniões presenciais ou à distância – utilize a tecnologia a seu favor (WhatsApp, Hangout, conference calls etc) – e mantenha meios como a intranet, murais de recados, SMS e etc.

*(continua)*

*(Figura 6.3 – conclusão)*

#6ª Dica: Construa uma identidade de equipe
Pense nos esportes. Os times de futebol têm um nome, uma identidade visual, um mascote. Simbolicamente ou literalmente, é possível criar esta identidade na sua equipe. Isso a tornará mais forte e motivada. Tem a ver com a forma como você lidera, com a liberdade que você dá para que todos os membros apresentem ideias e tomem atitudes para alcançar os objetivos, mas também tem a ver com os rituais do dia a dia.

De acordo com o seu ramo de atuação e o perfil dos profissionais que atuam na sua equipe, estabeleça costumes como reuniões fora do horário de trabalho, comemorações de aniversários e de cumprimentos de metas etc. Torne estes costumes rotineiros, estabelecendo a cumplicidade entre as pessoas.

**O desenvolvimento de uma equipe de alto desempenho é, em grande parte, responsabilidade dos líderes!**

Fonte: Tocha, 2015, grifo do original.

## 6.9 Gerenciamento de equipes de alta performance

Os desafios para desenvolver equipes de alta performance envolvem uma série de procedimentos que começam com uma seleção, passam por treinamentos e capacitação dos membros, até chegarem ao nível de alta performance. Porém, o processo não para: é preciso fazer a gestão, manter o nível sempre elevado e conservar os profissionais motivados para que permaneçam na empresa. Isso é retenção de talentos.

> As equipes altamente eficazes ou de alto desempenho, são compostas por grupos de indivíduos comprometidos que confiam uns nos outros; tem um claro sentido de propósito em relação ao seu trabalho; são eficazes comunicadores dentro e fora da equipe; certificam-se que todos na equipe estão envolvidos nas decisões do grupo; e seguem um processo que os permitem planejar, tomar decisões e garantir a qualidade de seu trabalho [...]. (Dreher et al., 2021, p. 3)

Algumas orientações para gestão de equipes de alta performance são:

- Metas, objetivos e equipes precisam estar constantemente alinhados e de acordo com o que foi estabelecido previamente. É o alinhamento que garante atingir os resultados almejados.
- O líder e o gestor precisam ter pleno conhecimento das habilidades e competências de seus liderados. É necessário monitorar e avaliar a evolução dos membros de sua equipe. Assim, é possível delegar funções e tarefas, aproveitando ao máximo os talentos de todos. Dessa forma, certamente haverá um impacto positivo nos resultados.
- Gerir equipes de alta performance pressupõe confiança entre todos. Líder e liderados devem manter relações de confiabilidade mútua. Essa atitude proporciona intercâmbio e fluidez de ideias, mantendo em alta a criatividade e a inovação.
- A gestão de equipes de alta performance exige que o gestor motive seus colaboradores. Uma forma de motivação é o reconhecimento dos esforços individuais e coletivos.
- Outra exigência é de que haja o constante acompanhamento das metas estabelecidas. Sem isso, é bem provável que as metas percam sua efetividade, tornando-se um problema em vez de uma solução, além de gerar retrabalho e perda de tempo.

Estudos sobre desenvolvimento de equipes indicam discussões nas áreas da psicologia, da administração e de mercado/consultoria que ressaltam pontos relevantes sobre os caminhos para a implantação de equipes de alta performance em diversos setores empresariais. Liboreiro e

Borges (2018) relatam que as tendências atuais estão ligadas às metodologias que identificam competências e o funcionamento das equipes, bem como a aplicação de práticas para atender à demanda do elevado desempenho.

"O nível de autonomia, a qualidade da comunicação e o conhecimento dos líderes sobre gestão de equipes são características que contribuem significativamente para o desenvolvimento das equipes, e por isso, aparecem nas discussões atuais sobre o tema" (Liboreiro; Borges, 2018, p. 12).

A horizontalização das organizações[1], aliada a um nível de hierarquização menor, gera alterações no modo de organizar as atividades em equipe. Assim, as equipes se reinventam e os núcleos se tornam cada vez menores e com um grau de autonomia maior.

## Exercício resolvido

Implantar em uma organização uma equipe de alta performance exige a compreensão, por parte de todos os envolvidos, de que é essencial absorver a missão e os valores da empresa, bem como considerar a seleção desses componentes que devem evidenciar capacidades e habilidades diversas. Assim, será possível desenvolver um verdadeiro espírito de equipe, destacando-se o progresso nos resultados pretendidos. Tendo em vista essas informações, é **incorreto** afirmar:

a) Na gestão, é preciso ter metas, objetivos e equipes plenamente alinhados com o que foi estabelecido anteriormente. O alinhamento garante os resultados e evita distorções no entendimento.
b) A liderança compartilhada possibilita o exercício da colaboração. Os membros de uma equipe se autogerenciam e compartilham decisões. É um modelo que pode ser produtivo em equipes de alta performance.
c) Existem quatro etapas que devem ser observadas para a condução de um treinamento para equipes de alta performance: indução e socialização, trabalho conjunto, *feedback*, instrução em tempo real e acompanhamento responsável.

---

[1] Gestão horizontal: departamentos, pessoas e processos independentes da liderança formal.

d) Características, flexibilidade, alta produtividade, conhecimento organizacional e esforços conjuntos são aspectos necessários apenas para desenvolver equipes de alta performance. Outros estilos de grupos de trabalho não precisam desse desenvolvimento, pois não há preocupação com o resultado.

Gabarito: d

*Feedback* do exercício: São características de equipes de alta performance a flexibilidade, a alta produtividade, o conhecimento organizacional e os esforços conjuntos. Essas características são exigências para essas equipes, mas também são comuns a todos os grupos de trabalho, embora não sejam, muitas vezes, tidas como indicadores de desempenho.

A autonomia e o empoderamento de equipe atuam de forma muito positiva no desempenho das equipes, melhorando a satisfação e aumentando o comprometimento.

Resultados de diversos estudos científicos indicam que há uma grande associação entre o grau de empoderamento, a dimensão de autonomia das equipes, os resultados de desempenho e a satisfação dos clientes. Dessa forma, líderes e gestores que buscam melhorar a performance de suas equipes precisam levar em conta que times com alto desempenho necessitam de maiores níveis de autonomia, pois demonstram graus de maturidade superiores.

Há também outro destaque no que diz respeito à qualidade da comunicação entre os membros da equipe. Para uma alta performance, é preciso um alto nível de comunicação, com apoio às opiniões divergentes, consideradas fonte de criatividade e produtividade. Uma comunicação eficaz promove, entre os membros, união, empatia, coesão e confiança mútuas. Também é importante conhecer os padrões de comportamento de uma equipe. Com isso, é possível analisar e assumir riscos calculados, reduzindo esforços com atividades de rotina.

Outra forma de gerir equipes é valorizar o aprendizado, observando como seus membros se relacionam em todos os aspectos da comunicação, como a energia empregada nas trocas, o engajamento no compartilhamento dessa energia e, ainda, o garimpo de informações fora dos limites das equipes, que geram inovação e criatividade (Liboreiro; Borges, 2018).

O conhecimento que os líderes detêm sobre desenvolvimento de equipes de alta performance também é um fator importante. As conclusões de Edmondson (2012, citado por Liboreiro; Borges, 2018) apontam que líderes que dominam o tema aceleram as entregas e contribuem para a superação dos desafios. Isso significa que a habilidade do líder em promover a complementaridade, ao colocar perfis determinados para atuarem em conjunto e combinarem suas experiências e saberes, só produz resultados positivos. O estudo apresenta oito práticas a serem desenvolvidas para o sucesso de equipes de alta performance, conforme demonstra o Quadro 6.2.

Quadro 6.2 – Práticas para desenvolvimento de equipes de alta performance

| Fator | Prática |
| --- | --- |
| Comunicação | Divulgar o relacionamento cooperativo, dar visibilidade aos investimentos e ao que está sendo feito pela organização, desenvolver planos de comunicação efetivos. |
| Modelagem de comportamento colaborativo | Altos executivos devem dar o exemplo mostrando que a organização valoriza e fomenta o comportamento altamente colaborativo. |
| Cultura | Cada membro deve ser incentivado a ajudar como mentor ou *coaching*, especialmente de forma informal para que redes de relacionamento possam ser construídas e mantidas. |
| Treinamento | Assegurar e garantir que os membros das equipes possuam as habilidades complementares necessárias para o trabalho. |
| Comunidade | Apoiar um forte senso de comunidade para que os membros da equipe fiquem à vontade para consultar uns aos outros, compartilhando o conhecimento com facilidade. |
| Liderança | Formação de líderes de equipe orientados tanto para a tarefa como para o relacionamento, pois os líderes tendem a focar na tarefa esquecendo que os relacionamentos, a interação e a coesão da equipe são igualmente importantes. |

*(continua)*

*(Quadro 6.2 – conclusão)*

| Fator | Prática |
|---|---|
| Familiaridade | Dentro do possível, as equipes devem ser formadas de modo que pessoas que já se conhecem tenham a oportunidade de trabalhar juntas, pois laços fortes de relacionamento aceleram as etapas do desenvolvimento de equipes. |
| Definição de papéis | O entendimento claro dos papéis e a distribuição das tarefas reduzem as incertezas e estabelecem limites e responsabilidades dentro das equipes. |

Fonte: Elaborado com base em Liboreiro; Borges, 2018, p. 18.

Assim, podemos concluir que a formação e a gestão de equipes de alta performance são etapas essenciais dentro do contexto atual de competitividade no universo do trabalho. As atuações em equipe são de extrema importância, e encontrar resultados coletivos e integrados é imprescindível para atividades empresariais. Entretanto, esse também é um desafio para as empresas, já que existem dificuldades para alcançar a cooperação nessa era de competição.

A partir do crescimento do uso das tecnologias e da concorrência que se instaura pela disputa de mercados, as organizações se veem obrigadas a mudar não somente suas técnicas e estratégias, mas também o paradigma do seu funcionamento, focando nas pessoas e nas relações entre elas, valorizando os talentos humanos como o melhor produto a ser ofertado.

## 6.10 A PNL e o coaching formando líderes e equipes de alto desempenho

Cada vez mais líderes de todos as áreas buscam técnicas, ferramentas e metodologias testadas e comprovadas que conduzam ao sucesso e ajudem a atingir objetivos de excelência e liderança. O desejo de todos é encontrar novos ritmos e formas inovadoras de liderar, gerenciar suas equipes e, dessa forma, construir um futuro brilhante.

A PNL oferece a esses líderes ferramentas avançadas de resolução de problemas e comunicação que garantem êxito e resultados positivos em suas vidas. Por meio das técnicas e conhecimentos de PNL, é possível encaminhar pessoas para o autodesenvolvimento e a autoliderança executando os objetivos estratégicos da empresa e incrementando suas equipes para que apresentem alto desempenho.

As ferramentas de PNL capacitam o coach, que, por sua vez, desenvolve um processo que transforma pessoas, tornando-as líderes extraordinárias, e estas elaboram entregas muito além do esperado, relacionam-se com as pessoas dentro das mais sofisticadas técnicas de comunicação e despertam em todos as potencialidades que ficam incubadas dentro de cada um.

Quem conhece e domina as ferramentas e técnicas da PNL e do coaching tem os instrumentos para encontrar a excelência dos relacionamentos.

A PNL é a ciência da excelência do ser humano. Trata-se de um estudo profundo sobre o funcionamento das estruturas do pensamento, das emoções e do comportamento, visando atingir resultados e objetivos específicos.

Para desenvolver lideranças, é possível obter resultados muito satisfatórios utilizando a PNL. Ela pode auxiliar uma pessoa na elaboração de um diagnóstico comportamental de si própria e dos colaboradores da equipe, tendo como ponto de partida o estado atual, identificando o ponto em que ela se encontra e definindo o estado desejado, onde todos almejam chegar. Foi o que demonstramos neste livro. Já o coaching é um processo que busca desenvolver competências e habilidades específicas para alcançar metas e objetivos. O coaching está em um contexto que visa criar resultados para empresas e pessoas por meio de diversas ferramentas (a PNL, por exemplo). Esse processo deve ser orientado por um profissional qualificado.

Um líder pode ser um líder coach: com capacidade e competência para liderar e desenvolver os elementos de sua equipe, ele utiliza a metodologia coaching para desenvolver

> habilidades e competências de gestão emocional, comunicação, feedback transformacional, administração do tempo, liderança positiva, construção de equipes de alta performance e dos demais aspectos que aperfeiçoam o desempenho pessoal e profissional. Gera o empoderamento para si próprio e para sua equipe [...] transformando objetivos em resultados reais e concretos. (Sá, 2015)

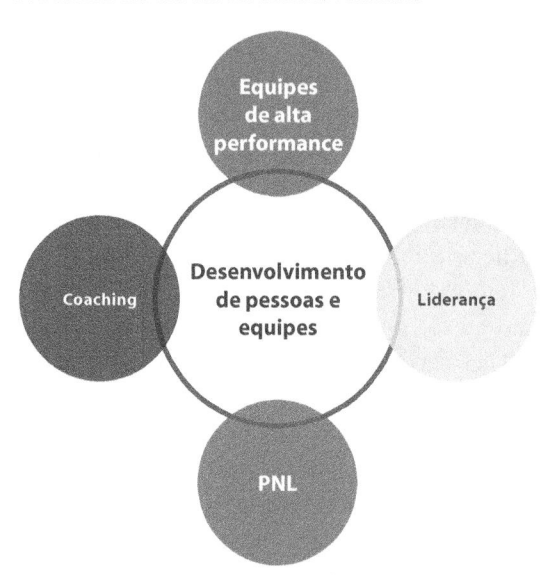

Figura 6.5 – Processos de desenvolvimento humano

[Diagrama: Desenvolvimento de pessoas e equipes — Equipes de alta performance, Coaching, Liderança, PNL]

Dessa maneira, podemos concluir que o coaching é um processo colaborativo que tem como objetivos principais o foco, a ação, os resultados e a melhoria contínua das equipes e das pessoas. Ao combinarmos PNL e coaching, obtemos o que existe de mais atual e inovador, além de comprovadamente eficaz, para a formação de um líder eficiente e competente que, com toda certeza, conseguirá desenvolver e administrar equipes de alta performance.

## Síntese

- Coaching é um processo, uma metodologia para desenvolver pessoas. Conta com diversas abordagens, que objetivam melhorar a performance dos indivíduos nas mais diversas áreas.
- São elementos essenciais ao processo de coaching: foco, ação, sentimento, sensação, evolução contínua e resultado. Com base nisso, o coach orienta seu cliente para realizar suas metas.
- As técnicas e os procedimentos da PNL são muito utilizados no processo de coaching. Estabelecer um modelo para a aplicação do processo é uma dessas técnicas.

- As práticas de coaching e as técnicas de PNL visam melhorar o desempenho das pessoas para que elas desenvolvam competências e alta performance.
- Desenvolver equipes de alta performance é uma tendência nas organizações.
- As equipes de alta performance apresentam características que as diferenciam no mercado.
- A liderança é um ponto essencial no trabalho de equipes de alta performance.
- Tanto a liderança convencional quanto a compartilhada podem ser aplicadas nas equipes e ambas podem gerar excelentes resultados.
- Para desenvolver equipes de alta performance, é necessário observar diversos pressupostos.
- O processo de gerenciamento das equipes de alta performance é necessário para saber se os resultados estão sendo atingidos.

# Considerações finais

A programação neurolinguística (PNL) surgiu com base na observação e na adaptação de um modelo de estudo de linguística. Trata-se de uma área que utiliza as funções do pensamento para estabelecer seus modelos, razão por que começamos nossos estudos pela linguagem (suas funções e teorias), analisando o embasamento teórico acerca dos conceitos de língua, comunicação e linguagem.

Nesta obra, aprofundamos os conhecimentos em linguística sobre língua e linguagem, a fim de esclarecer os processos de comunicação e suas implicações. Fizemos, ainda, uma rápida abordagem sobre a sociolinguística, a neurolinguística e as relações entre língua e sociedade.

Além disso, dedicamo-nos ao estudo da PNL, começando pela sua história e de seus fundadores. Nesse sentido, indicamos os fundamentos e princípios da PNL, demonstrando que as crenças são importantes para nossas vidas, tanto as limitantes quanto as fortalecedoras. Também explicamos os conceitos de metamodelo, sistemas e linguagens na PNL.

Outra questão que apontamos foram as técnicas para aplicação da PNL, bem como as estratégias e outras abordagens feitas por diversos pesquisadores, escritores e *practitoners*, que compartilham seus conhecimentos de PNL difundindo uma prática que só beneficia as pessoas.

É importante sublinhar os conhecimentos sobre níveis neurológicos, as múltiplas inteligências e a inteligência emocional. A prática da escuta ativa e a empatia, um ponto fundamental, podem auxiliar na definição dos resultados.

Demonstramos, também, a aplicação da PNL no processo de coaching e na atuação do coach. Além disso, indicamos conceitos, benefícios e aplicações e apresentamos o conceito de equipe de alta *performance*, analisando processos de gestão, implantação e avaliação.

Dessa maneira, traçamos nossa jornada de estudos, mergulhando em um universo cheio de mistérios e conexões que compõem essa fantástica máquina formada por mecanismos complexos sob um comando: o cérebro. Nesse cenário, a máquina fantástica e perfeita somos nós, seres humanos.

## Estudo de caso

### Texto introdutório

Desenvolver equipes de alta performance é uma maneira de melhorar a competência e o comprometimento dos colaboradores de uma organização. São times integrados por membros que compartilham a mesma visão e os mesmos valores e objetivos.

A união e o foco proporcionam à equipe de alta performance prontidão para suportar dificuldades e superar obstáculos na hora de alcançar resultados de excelência para a empresa.

### Texto do caso

A Empresa X está em processo de ampliação, visto que seus negócios vão bem. Diante desse novo contexto, surgiram novas reflexões e necessidades. Primeiramente, foi preciso realizar novas contratações.

A empresa, que sempre trabalhou com um modelo de gestão convencional e conservador, decidiu que é hora de inovar e ampliar seus horizontes. Alguns colaboradores, identificados pelo proprietário/gerente/diretor como líderes, foram chamados para uma reunião em que, junto com a gestão de pessoas, o diretor expôs as ideias de expansão. Em conjunto, decidiu-se iniciar um processo para implantação de equipes de alta performance. Todos concordaram e admitiram que seria um processo longo e desafiador, porém necessário, diante do cenário atual do mercado.

### Resolução

O processo foi iniciado com uma agenda de reuniões periódicas para discussões e avaliações constantes.

A princípio, foi preciso reunir os colaboradores em times multifuncionais, a fim de se conhecer os integrantes e suas habilidades distintas – que poderiam, de alguma forma, se completar. Assim, tornou-se possível que se adaptassem sozinhos na busca por melhores resultados.

Na sequência, iniciou-se um processo de liberação de autonomia aos colaboradores, por meio do qual surgiu o engajamento. Nesse sentido, buscou-se informações e treinamentos para manter a melhoria contínua dos processos, bem como aperfeiçoamento e aquisição de novas competências.

Também foi dado início a rodas de discussão sobre o estilo de liderança, sempre tendo em mente a necessidade de este ser democrático, conciliador e motivador.

Por isso, optou-se por experimentar a liderança compartilhada. Investiu-se em contratações que estivessem alinhadas aos objetivos da empresa.

Estudou-se profundamente a missão, os valores e os objetivos da empresa.

Foram definidas estratégias de comunicação para que toda a empresa tivesse ciência do processo e das deliberações.

Foram definidos os papéis a serem desempenhados.

Todos os envolvidos ficaram cientes de suas responsabilidades. No entanto, embora tenham optado pela implementação da liderança compartilhada, os líderes de transição sabem que precisam ter pleno conhecimento dos projetos em andamento e conhecer os colaboradores e suas aptidões.

Durante as reuniões de planejamento, designou-se um momento para coaching, estabelecendo-se um processo de autoconhecimento e integração.

Outras providências provavelmente surgirão ao longo do processo, porém, pode-se afirmar que a empresa está seguindo os passos corretos e que deverá logo perceber isso nos resultados atingidos.

O processo não se encerra, pois se trata de um procedimento contínuo que exige realimentação e atualização para se manter com excelência.

### Dica 1

Para formar equipes de alta *performance*, é preciso técnica, método e conhecimento. No vídeo a seguir, o apresentador fala de um método chamado *Team Management Profile*. Trata-se de um instrumento que possibilita o desenvolvimento de equipes, tornando-as de alta *performance* e melhorando sua produtividade.

Trata-se de uma excelente ferramenta para gerir equipes de alta performance.

TMP® – Formação de times de alta performance. **Fellipelli Consultoria**, 6 maio 2014. 5 min. Disponível em: <https://youtu.be/tPehwSQhKvQ>. Acesso em: 28 abr. 2021.

### Dica 2

O tema gestão de equipes de alto desempenho é bastante controverso e exige atualização e estudo, visto que é relativamente novo. A literatura científica não é muito abundante, embora haja livros de gestão de pessoas, de psicologia e de administração que tragam abordagens bastante relevantes. Revistas científicas também têm publicado algumas produções. Leia:

LIBOREIRO, K. R.; BORGES, R. S. G. e. Gestão de equipes de alto desempenho: abordagens e discussões recentes. **Gestão e Regionalidade**, São Caetano do Sul v. 3, n. 102, p. 1-18, set./dez. 2018. Disponível em: <https://seer.uscs.edu.br/index.php/revista_gestao/article/view/4316>. Acesso em: 23 abr. 2021.

**Dica 3**
Ao pensar em implantar uma equipe de alto desempenho, é preciso ter bem definidos os papéis, as funções e os objetivos dessas equipes. A seguir, indicamos uma entrevista bastante esclarecedora feita com Carlos Hoyo, especialista em desenvolvimento humano.

CAMINHOS corporativos – O que é uma equipe de alta performance. **Mosquito Elétrico**, 22 maio 2017. 6 min. Disponível em: <https://youtu.be/61zCVOuGSpA>. Acesso em: 28 abr. 2021.

# Referências

ANDRÉAS, S.; ANDRÉAS, C. **A essência da mente**: usando o seu poder interior para mudar. Disponível em: <http://espacoviverzen.com.br/wp-content/uploads/2017/06/AEssenciada-Mente_Steve-Andreas-2.pdf>. Acesso em: 22 abr. 2021.

ARAGÃO, F. **Preconceito linguístico**: o que é, como se faz. São Paulo: Edições Loyola, 2019.

ARITA, L. PNL: 3 dicas para desenvolver inteligência emocional. **Arita Treinamentos**, 25 jul. 2018. Disponível em: <https://arita.com.br/portal/pnl-dicas-desenvolver-inteligencia-emocional/>. Acesso em: 23 abr. 2021.

AUGUSTO, B. Estado atual e estado desejado. **Instituto Você**, 3 jun. 2019. Disponível em: <http://www.1234voce.com/estado-atual-e-estado-desejado/#:~:text=A%20PNL%20nos%20ensina%20que,os%20obst%C3%A1culos%20e%20as%20resist%C3%AAncias>. Acesso em: 23 abr. 2021.

AZEVEDO, R. M. **Programação neurolinguística**: transformação e persuasão no metamodelo. 188 f. Dissertação (Mestrado em Ciências da Comunicação) – Universidade de São Paulo, São Paulo, 2006. Disponível em: <https://www.teses.usp.br/teses/disponiveis/27/27142/tde-01122006-173633/pt-br.php>. Acesso em: 23 abr. 2021.

BAGNO, M. Linguagem. **Glossário Ceale**. Disponível em: <http://www.ceale.fae.ufmg.br/app/webroot/glossarioceale/verbetes/linguagem>. Acesso em: 23 abr. 2021.

BANDLER, R.; GRINDER, J. **A estrutura da magia**: um livro sobre linguagem e terapia. Tradução de Raul Bezerra Pedreira Filho. Rio de Janeiro: J. Zahar, 1977.

BANDLER, R.; GRINDER, J. **Resignificando**: programação neurolingüística e a transformação do significado. Tradução de Maria Sílvia Mourão Netto. 8. ed. São Paulo: Summus, 1986.

BARBOSA, J. P. Do professor suposto pelos PCNs ao professor real de língua portuguesa: são os PCN praticáveis? In: ROJO, R. (Org.). **A prática de linguagem em sala de aula**: praticando os PCNs. Campinas: Mercado de Letras, 1992. p. 149-182.

BARRADAS, L. e S. M. **A Gestalt-Terapia e Frederick Perls**. 27 abr. 2013. Disponível em: <http://aumagic.blogspot.com/2013/04/a-gestalt-terapia-de-frederick-perls.html>. Acesso em: 23 abr. 2021.

BARRETO, C. do E. S. Um estudo sobre a Gestalt-Terapia na contemporaneidade. **Psicologia.pt**, 2 jul. 2017. Disponível em: <https://www.psicologia.pt/artigos/textos/TL0411.pdf>. Acesso em: 23 abr. 2021.

BARTHES, R. **O rumor da língua**. Tradução de Mário Laranjeira. São Paulo: Brasiliense, 1988.

BECKER, F. Tony Robbins – 06 passos para mudar qualquer coisa em sua vida. **Coach Becker**. Disponível em: <https://fernandobecker.com.br/tony-robbins-06-passos-para-mudar-qualquer-coisa-em-sua-vida/>. Acesso em: 23 abr. 2021.

BOVO, V.; KERTH, W. H. **A estrutura da magia**: um livro sobre linguagem e terapia. Resumo livre. Disponível em: <https://www.idph.com.br/2019/07/23/a-estrutura-da-magia-um-livro-sobre-linguagem-e-terapia/>. Acesso em: 23 abr. 2021.

BRASIL. Decreto n. 5.626, de 22 de dezembro de 2005. **Diário Oficial da União**, Poder Executivo, Brasília, DF, 23 dez. 2005. Disponível em: <http://www.planalto.gov.br/ccivil_03/_ato2004-2006/2005/decreto/d5626.htm>. Acesso em: 23 abr. 2021.

CALVET, L.-J. **Sociolinguística**: uma introdução crítica. Tradução de Marcos Marcionilo. São Paulo: Parábola, 2002.

CARROLL, L. **Alice no País das Maravilhas**. Tradução de Clélia Regina Ramos. Petrópolis: Arara Azul, 2002. Disponível em: <http://www.ebooksbrasil.org/eLibris/alicep.html>. Acesso em: 23 abr. 2021.

CASTILHO, A. T. de. O que se entende por língua e linguagem? **Museu da Língua Portuguesa – Estação da Luz**, São Paulo, 2017. Disponível em: <http://museudalinguaportuguesa.org.br/wp-content/uploads/2017/09/O-que-se-entende-por-li%CC%81ngua-e-linguagem.pdf>. Acesso em: 23 abr. 2021.

CEZARIO, M. M.; VOTRE, S. J. Sociolinguística. In: MARTELOTTA, M. E. (Org.). **Manual de linguística**. São Paulo: Contexto, 2008. p. 141-155.

COACH. In: **Dicionário Online de Português**. Disponível em: <https://www.dicio.com.br/coach/>. Acesso em: 23 abr. 2021.

COACHEE. In: **IBC – Instituto Brasileiro de Coaching**. Disponível em: <https://www.ibccoaching.com.br/portal/coaching/o-que-significa-coach-coaching-coaches-coachee/#:~:text=Coachee%20%C3%A9%20o%20cliente%20do,passando%20pelo%20processo%20de%20Coaching>. Acesso em: 23 abr. 2021.

COACHING. In: **Dicionário Online de Português**. Disponível em: <https://www.dicio.com.br/coaching/>. Acesso em: 23 abr. 2021.

COMUNICAÇÃO. In: **Michaelis**. Disponível em: <https://michaelis.uol.com.br/moderno-portugues/busca/portugues-brasileiro/comunica%C3%A7%C3%A3o/>. Acesso em: 23 abr. 2021.

CONSTELAÇÃO CLÍNICA. **Practitioner em PNL**: o que faz, onde estudar? 10 set. 2019. Disponível em: <https://constelacaoclinica.com/practitioner-em-pnl/#:~:text=Um%20practitioner%20em%20PNL%20%C3%A9,de%20a%C3%A7%C3%B5es%20em%20sua%20vida.&text=As%20t%C3%A9cnicas%20aprendidas%20por%20um,de%20rela%C3%A7%C3%B5es%20intra%20e%20interpessoais>. Acesso em: 23 abr. 2021.

COSTA, M. A. Estruturalismo. In: MARTELOTTA, M. E. (Org.). **Manual de linguística**. São Paulo: Contexto, 2008. p. 113-126.

CURY, A. **Gestão da emoção**: técnicas de coaching emocional para gerenciar a ansiedade, melhorar o desempenho pessoal e profissional e conquistar uma mente livre e criativa. São Paulo: Benvirá, 2015.

CURY, G. C. **Coaching com PNL**. Disponível em: <https://www.pnl.com.br/coaching-com-pnl/#:~:text=O%20Coaching%20com%20PNL%20significa,construir%20novos%20modelos%20de%20comportamento>. Acesso em: 23 abr. 2021.

DREHER, M. T. et al. **Equipes de alta performance e obtenção de resultados**: avaliação de desempenho na empresa de intercâmbio CI em Blumenau – SC. Disponível em: <https://www.aedb.br/seget/arquivos/artigos08/304_Artigo%20Seget_corrigido.pdf>. Acesso em: 23 abr. 2021.

ELLERTON, R. Rapport. **Golfinho**, 8 jan. 2013. Disponível em: <https://golfinho.com.br/artigo/rapport.htm>. Acesso em: 23 abr. 2021.

ENTENDA o que é programação neurolinguística e como aplicá-la na estratégia de marketing da sua empresa. **Rockcontent**, 24 maio 2018. Disponível em: <https://rockcontent.com/br/blog/programacao-neurolinguistica/#:~:text=Nas%20empresas%2C%20a%20aplica%C3%A7%C3%A30%20das,e%2C%20claro%2C%20das%20vendas>. Acesso em: 23 abr. 2021.

FARACO, C. A. Estudos pré-saussurianos. In: MUSSALIN, F.; BENTES, A. C. (Org.). **Introdução à linguística**: fundamentos epistemológicos. São Paulo: Cortez, 2004. v. 3. p. 27-52.

FEBRACIS – Coaching Integral Sistêmico. **Desenvolvimento pessoal**: como ter uma vida de alta performance. Disponível em: <https://s3.amazonaws.com/static.febracis.com.br/novo/wp-content/uploads/2020/04/22092749/Guia-Desenvolvimento-Pessoal-Como-Ter-Uma-Vida-de-Alta-Performance-Febracis.pdf>. Acesso em: 23 abr. 2021.

FEEDBACK. In: **Dicionário Online de Português**. Disponível em: <https://www.dicio.com.br/feedback/>. Acesso em: 23 abr. 2021.

FEZA, A. P. **Os aspectos da linguagem escrita em alunos de salas de recursos**. São Paulo: Clube dos Autores, 2013.

GALVÃO, H. M.; CAPUCHO, H. G.; ALVARELI, L. V. G. Programação neurolinguística: um diferencial para formação de gestores. In: SIMPÓSIO DE EXCELÊNCIA EM GESTÃO E TECNOLOGIA, 14., 2017, Resende. **Anais...** Resende: AEDB, 2017. Disponível em: <https://www.aedb.br/seget/arquivos/artigos17/24125361.pdf>. Acesso em: 23 abr. 2021.

GARDNER, H. **Inteligências múltiplas**: a teoria na prática. Tradução de Maria Carmen Silveira Barbosa. Porto Alegre: Artes Médicas, 2005.

GREELANE. **O que é a Lei de Grimm em linguística?** 20 jan. 2020. Disponível em: <https://www.greelane.com/pt/humanidades/ingl%C3%AAs/what-is-grimms-law-1690827/>. Acesso em: 23 abr. 2021.

HUNTER, J. C. **O monge e o executivo:** uma história sobre a essência da liderança. Tradução de Maria da Conceição Fornos de Magalhaes. 17. ed. Rio de Janeiro: Sextante, 2004.

ILARI, R.; BASSO, R. **O português da gente:** a língua que estudamos, a língua que falamos. São Paulo: Contexto, 2012.

IPPNL – Instituto Paulista de PNL. **Pressupostos básicos da PNL**. Disponível em: <https://www.ippnl.com.br/pressupostos-basicos-da-pnl/>. Acesso em: 23 abr. 2021.

KLEIN, L. R. **Fundamentos teóricos da língua portuguesa**. 2. ed. Curitiba: Iesde, 2009.

KROMBAUR, S.; SOARES, A. S. F. Preconceito linguístico e a identidade social. In: PARANÁ. Secretaria da Educação. **Os desafios da escola pública paranaense na perspectiva do professor PDE:** artigos. 2016. v. 1. Disponível em: <http://www.diaadiaeducacao.pr.gov.br/portals/cadernospde/pdebusca/producoes_pde/2016/2016_artigo_port_unioeste_silvanakrombaur.pdf>. Acesso em: 23 abr. 2021.

KUNSCH, M. M. K. Gestão integrada da comunicação organizacional e os desafios da sociedade contemporânea. **Comunicação e Sociedade**, São Bernardo do Campo, n. 32, p. 69-88, 1999. Disponível em: <https://www.metodista.br/revistas/revistas-ims/index.php/CSO/article/view/7914/6818>. Acesso em: 23 abr. 2021.

LABOV, W. **Padrões sociolinguísticos**. Tradução de Marcos Bagno, Maria Marta Pereira Scherre e Caroline Rodrigues Cardoso. São Paulo: Parábola, 2008.

LAMEIRA, A. P.; GAWRYSZEWSKI, L. de G.; PEREIRA JR., A. Neurônios espelho. **Psicologia USP**, São Paulo, v. 17, n. 4, p. 123-133, 2006. Disponível em: <https://www.scielo.br/pdf/pusp/v17n4/v17n4a07.pdf>. Acesso em: 23 abr. 2021.

LEONTIEV, A. **Linguagem e razão humana**. Lisboa: Presença, s/d.

LEONTIEV, A. **O desenvolvimento do psiquismo**. Tradução de Manuel Dias Duarte. Lisboa: Horizonte, 1978.

LEYSER, K. D. dos S. **Fundamentos da neurofisiologia e neuropsicologia**. Indaial: Uniasselvi, 2018. Disponível em: <https://www.uniasselvi.com.br/extranet/layout/request/trilha/materiais/livro/livro.php?codigo=29218>. Acesso em: 23 abr. 2021.

LIBOREIRO, K. R.; BORGES, R. S. G. e. Gestão de equipes de alto desempenho: abordagens e discussões recentes. **Gestão e Regionalidade**, São Caetano do Sul, v. 34, n. 102, p. 1-18, set./dez. 2018. Disponível em: <https://seer.uscs.edu.br/index.php/revista_gestao/article/view/4316>. Acesso em: 23 abr. 2021.

LIMA JÚNIOR, R. M. A hipótese do período crítico na aquisição de língua materna. **Revista (Con)Textos Linguísticos**, Vitória, v. 7, n. 9, p. 225-250, 2013. Disponível em: <http://www.repositorio.ufc.br/handle/riufc/17966>. Acesso em: 23 abr. 2021.

LUBK, R. (Ed.). **Coaching**: gerando transformações. São Paulo: INC, 2016.

LURIA, A. R. **Pensamento e linguagem**: as últimas conferências de Luria. Tradução de Diana. Lichtenstein e Mário Corso. Porto Alegre: Artes Médicas, 1986.

LURIA, A. R.; YUDOVICH, F. I. **Linguagem e desenvolvimento intelectual na criança**. Tradução de José Cláudio de Almeida Abreu. Porto Alegre: Artes Médicas, 1987.

MANCILHA, J. **Programação neurolinguística aplicada ao ensino e à aprendizagem**. Rio de Janeiro: Inap, 2010. Disponível em: <http://www.rbenche.com.br/intranet/upload/apostilaprogramacaoneurolinguistica.pdf>. Acesso em: 23 abr. 2021.

MARQUES, A. O poder da ressignificação. **Administradores.com**, 5 jul. 2019. Disponível em: <https://administradores.com.br/artigos/o-poder-da-ressignifica%C3%A7%C3%A3o>. Acesso em: 23 abr. 2021.

MARQUES, J. R. Aprenda como utilizar as técnicas de neurolinguística. **IBC – Instituto Brasileiro de Coaching**, 14 jun. 2018a. Disponível em: <https://www.ibccoaching.com.br/portal/coaching-e-psicologia/aprenda-como-utilizar-tecnicas-neurolinguistica/>. Acesso em: 23 abr. 2021.

MARQUES, J. R. O que são sistemas representacionais? **IBC – Instituto Brasileiro de Coaching**, 2 jun. 2018b. Disponível em: <https://www.ibccoaching.com.br/portal/o-que-sao-sistemas-representacionais/>. Acesso em: 23 abr. 2021.

MCCLEARY, L. **Sociolinguística**. Florianópolis: UFSC; CCE, 2009. Disponível em: <http://www.libras.ufsc.br/colecaoLetrasLibras/eixoFormacaoBasica/sociolinguistica/assets/547/TEXTO-BASE_Sociolinguistica.pdf>. Acesso em: 23 abr. 2021.

MENGARDA, E. J. **Fundamentos da linguística**. Indaial: Uniasselvi, 2012. Disponível em: <https://www.uniasselvi.com.br/extranet/layout/request/trilha/materiais/livro/livro.php?codigo=12352>. Acesso em: 23 abr. 2021.

MONTEIRO, G. **PNL: Em que se baseiam suas escolhas?** Disponível em: <https://www.wemystic.com.br/pnl/>. Acesso em: 23 abr. 2021.

NÉBIAS, C. Formação dos conceitos científicos e práticas pedagógicas. **Interface**, Botucatu, v. 3, n. 4, p. 133-140, fev. 1999. Disponível em: <https://www.scielo.br/pdf/icse/v3n4/11.pdf>. Acesso em: 23 abr. 2021.

NEURO-SEMANTICS. **Diferenças entre PNL e neuro-semântica**. Disponível em: <https://neuro-semantica.com.br/a-diferenca-da-pnl/>. Acesso em: 23 abr. 2021.

O'CONNOR, J.; SEYMOUR, J. **Introdução à programação neurolinguística**: como entender e influenciar as pessoas. 2. ed. Tradução de Heloisa Martins Costa. São Paulo: Summus, 1990.

OLIVEIRA, M. K. de. **Vygotsky**: aprendizado e desenvolvimento – um processo sócio-histórico. São Paulo: Scipione, 2006.

OLIVEIRA-SILVA, L. C. et al. Desvendando o coaching: uma revisão sob a ótica da psicologia. **Psicologia – Ciência e Profissão**, Brasília, v. 38, n. 2, p. 363-377, abr./jun. 2018. Disponível em: <https://www.scielo.br/j/pcp/a/yb5jLS4xZvnv7pvxxJfYftx/?lang=pt&format=pdf>. Acesso em: 23 abr. 2021.

O QUE são equipes de alta performance, afinal? **Siteware**, 3 set. 2018. Disponível em: <https://www.siteware.com.br/gestao-de-equipe/o-que-sao-equipes-alta-performance/>. Acesso em: 23 abr. 2021.

PADILHA, A. Feedback: significado, feedback positivo e negativo. **Significados.com**, 1º jul. 2021. Disponível em: <https://www.significados.com.br/feedback/>. Acesso em: 23 abr. 2021.

PALANGANA, I. C. **Desenvolvimento e aprendizagem em Piaget e Vigotski**: a relevância do social. 3. ed. São Paulo: Summus, 2001.

PIRES, C. R. da S. Estudos do português do Brasil: implicações linguísticas e históricas. **Estudos da Lingua(gem)**, Vitória da Conquista, v. 9, n. 1, p. 191-205, jan. 2011. Disponível em: <http://periodicos2.uesb.br/index.php/estudosdalinguagem/article/download/1147/991/1946>. Acesso em: 23 abr. 2021.

PRETI, D. **Sociolinguística**: os níveis da fala. 6. ed. São Paulo: Edusp, 1987.

PRETI, D. **Sociolinguística**: os níveis da fala. 9. ed. São Paulo: Edusp, 2003.

PRIETO, R. G. Atendimento escolar de alunos com necessidades educacionais especiais: indicadores para análise de políticas públicas. **Revista Undime**, Rio de Janeiro, Ano III, n. 1, 2002.

ROBBINS, A. **Poder sem limites**: o caminho do sucesso pessoal pela programação neurolinguística. Tradução de Muriel Alves Brazil. Rio de Janeiro: Best Seller, 2017.

SÁ, M. O poder da PNL e do coaching na liderança. **Administradores.com**, 14 maio 2015. Disponível em: <https://administradores.com.br/artigos/o-poder-da-pnl-e-do-coaching-na-lideranca>. Acesso em: 23 abr. 2021.

SAAD, M. P. Meu filho "travou": quando a educação bilíngue tem início no ensino fundamental. **Revista Digital Facespi**, São Paulo, n. 1, p. 79-130, 2018. Disponível em: <http://revistadigital.facespi.com/uploads/revista/2018/11/revista-digital-facespi-n-1.pdf>. Acesso em: 23 abr. 2021.

SAMPAIO, A. **Advanced Certified Practitioner em PNL**. Módulo 11 – Enquadramento. 2017. Disponível em: <http://pnl.superandoseuslimites.com.br/wp-content/uploads/2017/07/ACPPNL-Apostila-Modulo-11.pdf>. Acesso em: 23 abr. 2021.

SAMPAIO, A. **Curso de Introdução à PNL**: programação neurolinguística. 2018. Disponível em: <http://lp.superandoseuslimites.com.br/wp-content/uploads/2018/04/Curso-Introducao-a-PNL_Andre-Sampaio.pdf>. Acesso em: 23 abr. 2021.

SANTOS, G. da S. dos. A linguística sincrônica de Saussure e o ensino da língua portuguesa. **Linguasagem**, São Carlos, v. 30, n. 1, p. 73-83, jan./jun. 2019. Disponível em: <http://www.linguasagem.ufscar.br/index.php/linguasagem/article/download/463/266>. Acesso em: 23 abr. 2021.

SAUSSURE, F. de. **Curso de linguística geral**. Tradução de Antônio Chelini, José Paulo Paes e Izidoro Blikstein. São Paulo: Cultrix, 1972.

SBIE – Sociedade Brasileira de Inteligência Emocional. **Afinal, o que é inteligência emocional?** 2019. Disponível em: <https://www.sbie.com.br/blog/afinal-o-que-e-inteligencia-emocional/>. Acesso em: 23 abr. 2021.

SEGATTO, A. I. Sobre pensamento e linguagem: Wilhelm Von Humboldt. **Trans/Form/Ação**, São Paulo, v. 32, n. 1, p. 193-198, 2009. Disponível em: <https://www.scielo.br/pdf/trans/v32n1/12.pdf>. Acesso em: 23 abr. 2021.

SELL, F. S. F.; GONÇALVES, A. **Sociolinguística**. Florianópolis: Uniasselvi, 2011. Disponível em: <https://www.uniasselvi.com.br/extranet/layout/request/trilha/materiais/livro/livro.php?codigo=7192>. Acesso em: 23 abr. 2021.

SILVA, A. O líder que inspira. In: LUBK, R. (Ed.). Coaching: gerando transformações. São Paulo: INC, 2016. p. 18-23. **Falando de Gestão**, 30 maio 2016. Disponível em: <http://www.falandodegestao.com.br/o-lider-que-inspira/>. Acesso em: 23 abr. 2021.

SILVA, A. dos S. da et al. **Equipes de alta performance e o papel do líder como construtor de resultados**. 2011. Disponível em: <http://pg.utfpr.edu.br/expout/2011/artigos/24.pdf>. Acesso em: 23 abr. 2021.

SILVA, P. C. G.; SOUSA, A. P. de. Língua e sociedade: influências mútuas no processo de construção sociocultural. **Revista Educação e Emancipação**, São Luís, v. 10, n. 3, p. 260-285, set./dez. 2017. Disponível em: <http://www.periodicoseletronicos.ufma.br/index.php/reducacaoemancipacao/article/view/7726/4725>. Acesso em: 23 abr. 2021.

SMOLKA, A. L. B. Sobre significação e sentido: uma contribuição às propostas de rede de significações. In: ROSSETI-FERREIRA, M. C. et al. (Org.). **A rede de significações e o estudo do desenvolvimento humano**. Porto Alegre: Artmed, 2004.

TARALLO, F. **A pesquisa sociolinguística**. 2. ed. São Paulo: Ática, 1986.

TÉCNICAS PNL. **Modalidades e submodalidades**. Disponível em: <http://tecnicapnl.blogspot.com/2016/04/modalidades-e-submodalidades.html>. Acesso em: 23 abr. 2021.

TERRA, E. **Linguagem, língua e fala**. São Paulo: Scipione, 1997.

TOCHA, R. **6 dicas para formar equipes de alto desempenho**. 2015. Disponível em: <https://certificacaoiso.com.br/6-dicas-para-formar-equipes-de-alto-desempenho/>. Acesso em: 23 abr. 2021.

UP BRASIL. **Como implementar um sistema de recompensas na empresa?** 14 set. 2018. Disponível em: <https://blog.upbrasil.com/gestao-de-rh/beneficios/como-implementar-um-sistema-de-recompensas-na-empresa/>. Acesso em: 23 abr. 2021.

VYGOTSKY, L. S. **A construção do pensamento e da linguagem**. Tradução de Paulo Bezerra. São Paulo: M. Fontes, 2000.

VYGOTSKY, L. S. **A formação social da mente**. Tradução de José Cipolla Neto, Luis Silveira Menna Barreto e Solange Castro Afeche. São Paulo: M. Fontes, 1998.

VYGOTSKY, L. S. **Pensamento e linguagem**. Tradução de Paulo Bezerra. São Paulo: M. Fontes, 1987.

VYGOTSKY, L. S. **Psicologia pedagógica**. Tradução de Paulo Bezerra. São Paulo: M. Fontes, 2001.

VYGOTSKY, L. S; LURIA, A. R; LEONTIEV, A. N. **Linguagem, desenvolvimento e aprendizagem**. Tradução de Maria da Penha Villalobos. São Paulo: Ícone; Edusp, 1988.

WEISS, C. S. et al. **Comunicação e linguagem**. Indaial: Uniasselvi, 2018.

# Bibliografia comentada

BANDLER, R.; GRINDER, J. **A estrutura da magia**: um livro sobre linguagem e terapia. Tradução de Raul Bezerra Pedreira Filho. Rio de Janeiro: J. Zahar, 1977.

John Grinder e Richard Bandler são os criadores da programação neurolinguística (PNL). Essa obra é utilizada por terapeutas no mundo todo, visto que apresenta a forma como o ser humano representa suas experiências. Embora sua linguagem possa parecer difícil, à medida que você conhece a PNL, fica mais fácil absorver os ensinamentos que são apresentados.

BANDLER, R.; GRINDER, J. **Resignificando**: programação neurolingüística e a transformação do significado. Tradução de Maria Sílvia Mourão Netto. 8. ed. São Paulo: Summus, 1986.

Nesse livro, os autores dão continuidade à proposta da programação neurolinguística (PNL) apresentada em *Sapos em príncipes: programação neurolinguística* e *Atravessando: passagens em psicoterapia*, sucessores de *A estrutura da magia*. De acordo com a PNL, qualquer significado depende da "moldura" em que o percebemos. Assim, ao mudarmos a moldura, mudamos também o significado. Toda vez que (re)significamos algum comportamento ou evento que nos incomoda, atribuímos a ele novos significados e propriedades que nos permitem evoluir.

CHARAN, R. **O líder criador de líderes**: a gestão de talentos para garantir o futuro e a sucessão. Tradução de Cristina Yamagami. Rio de Janeiro: Elsevier, 2008.

O autor apresenta uma nova e revolucionária abordagem, propondo práticas para líderes e seus chefes. Trata-se de uma metodologia diferenciada para desenvolver lideranças e gerar alta performance. Essa abordagem está fundamentada nos precisos *insights* de Charan sobre como os líderes de negócios, de fato, se desenvolvem. Tendo trabalhado em estreito contato com muitos líderes de sucesso ao longo de várias décadas, Charan concluiu que os líderes são diferentes das outras pessoas, visto que desenvolvem seu talento por meio da prática e da autocorreção. Trata-se de uma leitura controversa e instigante.

CURY, A. **Gestão da emoção**: técnicas de coaching emocional para gerenciar a ansiedade, melhorar o desempenho pessoal e profissional e conquistar uma mente livre e criativa. São Paulo: Benvirá, 2015.

Para o autor, precisamos aprender a preservar nosso cérebro e a cuidar dos recursos que ele nos oferece. É preciso aprender a eliminar mágoas, dores e sofrimentos pelo que ainda não aconteceu. Preocupamo-nos excessivamente com as opiniões alheias, querendo mudar os outros. Isso pode nos tornar excelentes profissionais, mas somos péssimos conosco.

Em *Gestão da emoção*, o psiquiatra, psicoterapeuta e pesquisador Augusto Cury auxilia o leitor a identificar o mau uso da emoção e o gasto desnecessário de energia, além de sugerir ferramentas para corrigir a rota, ensinando a trabalhar melhor a emoção e a expandir as habilidades vitais da inteligência.

FISHER, R. **O cavaleiro preso na armadura**: uma fábula para quem busca a trilha da verdade. Tradução de Luiz Paulo Guanabara. 37. ed. Rio de Janeiro: Record, 2001.

Esse livro narra a história de um cavaleiro que vive em busca de seu eu perdido. Porém, ele tem um problema: não consegue tirar a armadura de guerreiro, nem mesmo quando está fora do combate. A obra fala sobre identidade, como se assumir e como ser único sem máscaras.

O'CONNOR, J; SEYMOUR, J. **Introdução à programação neurolinguística**: como entender e influenciar as pessoas. 2. ed. Tradução de Heloisa Martins Costa. São Paulo: Summus, 1990.

Os autores, por meio de uma linguagem muito acessível e de uma estrutura bastante didática, apresentam técnicas de programação neurolinguística (PNL) para o desenvolvimento pessoal, individual e de equipes. São técnicas importantes de como utilizar a linguagem corporal, criar *rapport*, influenciar pessoas, entre outros aspectos, sempre com o objetivo de alcançar resultados desejados.

ROBBINS, A. **Desperte o seu gigante interior**: como assumir o controle de tudo em sua vida. Tradução de Haroldo Netto e Pinheiro de Lemos. Porto Alegre: BestSeller, 2017.

Nessa obra, mais uma vez o autor faz uso da programação neurolinguística (PNL) e demonstra como podemos ter domínio total sobre nossa mente e também como potencializar seu uso, já que utilizamos uma parcela ínfima de nosso cérebro.

ROBBINS, A. **Poder sem limites:** o caminho do sucesso pessoal pela programação neurolinguística. Tradução de Muriel Alves Brazil. Rio de Janeiro: BestSeller, 2017.

Trata-se de um *best-seller* da programação neurolinguística (PNL). Nele, o autor trabalha o condicionamento mental, além de apresentar ferramentas para a construção de uma jornada de sucesso e uma vida plena. Segundo Robbins: "A estrada do sucesso está sempre em construção". É um texto didático, de fácil assimilação, que pode ser considerado um guia da PNL para alcançar resultados de excelência.

# Sobre as autoras

**Tania Maria Sanches Minsky** tem pós-graduação em Educação para o Profissional do Futuro pela Faculdade Senai – Santa Catarina e é graduada em Letras pela Universidade da Região da Campanha (Urcamp). Atua como docente há muitos anos em todas as modalidades de ensino, desde o fundamental até a pós-graduação. É coordenadora pedagógica e professora de Literatura, Comunicação, Metodologia e Técnicas de Pesquisa. Criou e ministrou diversos cursos na área de comunicação empresarial. Recentemente, coordenou o curso de User eXperience Design na Faculdade Senai Florianópolis. É sócia-consultora na Pyuva-Inovando Educação (consultoria para educação inovadora).

**Sílvia Cristina da Silva** é mestra interdisciplinar em Educação, Ambiente e Sociedade pelo Centro Universitário das Faculdades Associadas (Unifae), com participação docente e discente no mestrado de Análise do Discurso da Universidade Federal de Buenos Aires. É especialista em Docência do Ensino Superior e Direito e Educação e pós-graduanda em EaD pela Faculdade Campos Elíseos(FCE), além de ser graduada em Ciências Jurídicas e Sociais pelo Centro Universitário da Fundação de Ensino Octávio Bastos (Unifeob). É vice-diretora acadêmica na Agência Nacional de Estudos em Direito ao Desenvolvimento (Anedd); especialista em Investigação de Antecedentes em instituições públicas e privadas; docente e conteudista em diversas instituições educacionais para cursos de graduação e pós-graduação; elaboradora de questões para concursos públicos em várias organizações; e degravadora, redatora, tradutora e intérprete de língua espanhola.

Os papéis utilizados neste livro, certificados por instituições ambientais competentes, são recicláveis, provenientes de fontes renováveis e, portanto, um meio **respons**ável e natural de informação e conhecimento.

**FSC**
www.fsc.org
**MISTO**
Papel produzido a partir de fontes responsáveis
FSC® C103535

Impressão: Reproset
Outubro/2021